KB203414

비   정   한
도   시

일러두기

1. 이 소설은 2007년 7월 19일 아프가니스탄 카불에서 칸다하르로 향하던 23명(남자 5명, 여자 18명)
   의 대한민국 국민이 탈레반 무장 세력에 납치되었던 사건을 토대로 허구를 가미하여 재구성한 것
   입니다.

2. 본문의 2, 5장 '민유현의 일기'와 7장 '윤 선생의 일기'는 봉사단에 참여했던 유경식 강도사(당
   시)가 《본질과현상》 12호(2008년 여름)에 발표한 〈아프간을 사랑했던 사람들의 아픔〉이란 글
   을 바탕으로 저자의 상상력을 덧붙여 쓴 것임을 밝힙니다.

한 시
정
비 도

현길언 지음

홍성사

"전쟁 지역인 아프가니스탄 여행을 자제해 주십시오."

문득 출국장 입구에 놓여 있던 안내 팻말이 떠올랐다. 모두가 그 권고에 별 관심을 갖지 않았다. … 아마 온 나라가 우리 때문에 발칵 뒤집혔을 것이다. 생각할수록 얼굴이 화끈거렸다.

민유현의 일기 (1) 중에서

교회는 피랍자들의 구조를 위해 아무런 대책도 세우지 않고 있
다. … 기사는 피랍자 가족들의 안타까운 모습과 그들의 마음에
는 전혀 관심이 없었다.

위로하는 내용이기보다는 오히려 그들에 대한 부정적인 시각을 노출하고 있었다. 현선은 분노가 치밀었다.

비정한 도시 사람들 (1) 중에서

차례

프롤로그 _ 행복한 우리 집

강윤애 여사의 쉰네 번째 생일을 맞이하여 자녀들이 마련한 생일 축하 이벤트가 무르익어 갔다. 주인공 강 여사는 행복했고, 그 남편 성민구 교수도 아내의 행복한 모습에 즐거웠다.

"어머니 사랑해요. 오래오래 건강하세요. 아버지와 즐겁게 여생을 보내셔야 해요."

6월 제대 후 2학기 복학을 준비하는 아들이 쉰네 송이의 장미꽃다발을 어머니 품에 안겼다. 딸도 선물 상자를 드리며 속삭였다. '저희 마음을 꼭 읽으시고 행복하세요.' 이어 아버지께도 선물을 드렸다. 부녀가 가볍게 포옹했다.

"고맙다. 현선, 현민아. 너희가 있어 행복하구나."

강 여사는 눈물을 글썽이며 딸과 아들을 껴안았다. 오랜만에 아내의 행복한 얼굴과 자식들의 어른스런 모습을 바라보면서 성 교수의 마음은 흐뭇했다.

네 식구는 식사를 시작했다. 함께 식사하는 시간을 자주 갖지 못했기에 모두 즐거웠다.

그때였다. TV화면에서 긴장한 아나운서 목소리가 튀어나왔다.

"… 아프가니스탄으로 봉사활동을 나간 서울제2교회 봉사단 20여 명이 탈레반 무장대에 납치당했다는 외신 보도입니다. 자세한 내용이 입수되는 대로 즉각 특별뉴스로 전해드리겠습니다."

식구들은 숟가락을 든 채 멍하니 서로를 쳐다보았다. 왜 하필 이 시간에 불길한 뉴스를…. 모두들 그런 생각을 하였다. 이어서 아나운서는 아프가니스탄의 정치 상황과 미국이 지원하는 현 하미드 카르자이 정부와 탈레반 세력 간의 긴장 관계를 설명하면서 자료 화면을 계속 내보내었다.

모두 숨을 죽인 채 TV 화면에 집중했다.

"걱정 말아. 주님이 그냥 두시겠니? 곧 풀려날 게다."

교회 권사인 강 여사가 식구들의 긴장된 마음을 풀어 보려 한마디 했다. 그러나 누구에게도 그 말이 위로가 될 수 없었다.

즐거웠던 식사 분위기는 이미 흐트러져 버렸다. 탈레반에 납치당한 당사자와 그 가족들 마음이 떠올라 입맛을 잃은 것이다.

"교회가 그렇게 요란을 떨더니 결국 일을 저질렀어. 무슨 선교 봉사활동이야. 모슬렘에 선교하겠다는 생각부터가 오만이고 독선이지. 목사들이 영 독불장군이라니까."

성 교수는 계속되는 뉴스 화면을 보면서 투덜거렸다. 그런데 누구도 그 말에 대응하지 않았다.

"정부가 가만있겠어요? 한국 교회와 기독교인들이 이 사태를 그냥 두고 보시기만 하겠어요? 탈레반들이 무법자라 해도 세계 여론에 밀려서 사람을 죽이지 못하겠지요. 돈이나 좀 받고는 못 이기는 척 풀어놓아 줄 텐데….”

아들이 가라앉은 분위기를 띄워 보려 한마디 했다. 모처럼 마련한 오붓한 분위기가 뉴스 때문에 깨져 버린 것이 안타까웠다. 그동안 너무 경직되어 있던 집안 분위기를 어머니 생일을 기회로 바꾸어 보려 했던 심산이었다. 오누이는 오늘을 위해 머리를 짜고 생각을 모아 준비했던 것이다.

아들이 생일 케이크를 식탁 위에 올려놓고서 빨강색 초 다섯 자루와 파란색 초 네 자루에 불을 붙였다. 삽시간에 거실이 어두워졌다. 강 여사가 입에 힘을 모으고 촛불을 끄는 순간 폭죽이 터지며 어두웠던 방에 불이 켜졌다. 오누이가 ‘해피 버스데이’를 부르자 부부도 따라 불렀다. 아들이 아버지와 어머니를 나란히 세우고 은빛의 나이프를 건네었다. 부부가 케이크를 자르자 오누이는 즐거워하며 박수를 쳤다.

“두 분 오래오래 사랑하시고 행복하세요.”

오누이가 박수를 치면서 덕담을 건넸다.

“행복하다.”

강 여사의 눈가에 이슬이 맺혔다.

그때 뉴스 속보가 이어졌다.

“뉴스 속보입니다. 탈레반에 납치된 선교회 소속 단기선교 봉사팀의 소식을 전해드리겠습니다. 아프간 반군인 탈레반 무장 세력은 20일(현지 시간으로는 19일 오후) 한국인 23명이 전세버스를 빌려 수도 카불에서 남부 칸다하르로 이동하던 중 납치되었다고 아프간 정부가 공식 발표하였습니다. 납치 지점은 가즈니 주 카라바그 근처라고 합니다. 탈레반 무장 세력의 정체는 아직까지 확실히 밝혀지지 않았습니다. 납치자들은 오늘 정오까지 한국 군이 아프간 지역에서 철수하지 않으면 한국인 인질을 살해하겠 다는 통첩을 알 자레아 방송을 통해 전해 왔습니다. 정부는 외교 부 2차관을 본부장으로 하는 정부 합동대책본부를 설치하고 다 각도로 사태 파악에 나섰습니다. 외교부는 남자 5명, 여자 16명, 총 21명이라고 발표했으나 아프간 대변인은 공식적으로 남 5명, 여 18명으로 총 23명이 피랍되었다고 보도했습니다. 아마 현지 에서 합류한 사람도 있지 않나 싶습니다."

피랍자 이름과 사진이 화면 위에 떴다. 이들을 보낸 교회 건 물과 간판이 스쳐 지나갔다. 일행이 출국 당시 공항에서 찍은 단 체 사진 화면도 비춰졌다. 그들 중 몇은 손가락으로 'V'자를 만 들어 보이며 천진스럽게 웃고 있다. 이어 납치된 이들 명단이 소 개되었다.

"어머니, 유현 언니가…."

현선이가 소리를 질렀다.

"왜 그러니?"

"유현 언니가 피랍되었어요!"

현선이는 처음 보도를 접했을 때부터 조마조마했다. 강 여사 는 딸의 친구가 이번 봉사단에 참가했다는 사실은 알고 있었다. 현선이 역시 봉사에 참가하기로 하고 교육까지 받았지만 중도에 포기한 터였다. 현선은 요즈음 너무 바빴다. 석사학위를 받고 나 면 그다음 해에 유학을 떠날 예정인지라 여러 준비를 해야 했고, 틈틈이 지도 교수와 같이 번역 일을 진행하고 있었기 때문이다. 그런 와중에도 봉사단원으로 참여하려고 교육을 받았던 현선이

　　　　　　　　　　　　　　　비정한 도시 사람들

었다. 그런데 떠나기 두 주 전에 지도 교수가 한 달 내에 마쳐야 할 급한 번역을 부탁하는 바람에 어쩔 수 없이 포기하고 말았다.

"야, 하나님이 도우셨구나. 네가 갔더라면…. 아이고, 끔찍해."

강 여사가 두 손을 모으고 눈을 감더니 가쁜 숨을 몰아쉬면서 중얼거렸다. 순간 현선은 얼굴이 화끈거렸다. 봉사활동에 참여하지 않은 것이 다행이라니? 생각할수록 어머니의 말이 듣기에 거북했다.

"걱정 말아라. 주님이 다 해결해 주실 거다."

강 여사는 순간적으로 권사 체면에 맞지 않는 말을 했다고 생각했다.

"아버지, 정말 아무 일 없을까요?"

현민이도 안타까운 마음이었다. '봉사단원 중에 여자들이 많은데, 무장대에 끌려가서 무사할까. 누나가 그 팀에 끼어 있었다면….' 생각만 해도 숨 막히는 일이다.

"기도해야지."

강 여사는 짤막하게 대답했다.

"걱정 말아. 주님이 그냥 두시겠니? 곧 풀려날 게다."

성 교수도 아내의 말에 가만히 있을 수 없어 한마디 거들었다. 좀처럼 '주님'을 말하지 않는데, 딸의 딱한 표정을 대하고는 위로의 말을 찾았던 것이다. 현선은 그런 말들이 조금도 진정으로 와 닿지 않았다.

피랍 사건 뉴스가 계속되었다. 피랍된 대원들이 한 사람씩 소개되었다. 각각 다양한 직업과 다른 형편에 처해 있는 사람들이었다. 나이도 20대 중반에서 40대 중반까지, 직업도 대학생에서

부터 회사 간부, 자영업자도 있었다. 이번 봉사활동을 위해 오랫동안 기도로 준비했다는 직장 여성도 있다. 스물두 사람, 그들의 가족과 친구들, 모두가 고마운 존재들이었다. 단원들 중에는 봉사단에 참가하기 위해서 2년 전부터 아르바이트를 하여 여비를 모은 대학생도 있고, 적금을 들어 준비한 사람들도 있다. 1년간 휴직하고 참가한 회사 중견 간부도 있고, 부모의 반대 때문에 오래 고민한 끝에 참가한 청년도 있다. 현선은 여러 사람들의 사연을 들으면서 심한 자괴감에 빠졌다.

"한국 교회가 일을 저질렀어."

성 교수는 계속되는 뉴스 화면을 보면서 투덜거렸다.

"여보, 그런 말 마세요. 애들 앞에서."

강 여사가 얼굴을 찡그리며 남편을 나무랐다.

"사실 그렇지 않아?"

성 교수는 목소리를 낮췄으나 평소 품고 있던 교회에 대한 불만을 감추지 못했다. 그때 전화벨이 울렸다.

얼른 전화를 받은 현선이 성 교수에게 수화기를 넘겼다.

"예, 성민굽니다. 아 예, 안녕하세요. 지금 보도를 듣고 있습니다. 뭐라고요? 타국 문화권 선교에 대한 시론이요? 내일 아침 9시까지요…. 그 신문 석간이죠. 그래요. 오늘 밤 잠 자기는 틀렸네요. 이 부장의 부탁이라 거절할 수도 없고, 알았어요. 하나 만들어 봐야지요."

성 교수는 통화를 마치고 사리로 돌아오며 슬쩍 아내의 눈치를 살폈다. 그때 다시 전화벨이 울렸다. 성 교수가 전화를 받았다.

"아 예, 방송국이세요. 내일이요. 몇 시죠? 아침 8시라고요?

한국 기독교 해외 선교의 문제와 방향이란 주제로요? 피랍된 사람들과 그 가족이 고통당하고 있는데, 그런 말하는 거 괜찮을까요. 제가 크리스천이니까 제 말이 설득력이 있다고요. 제가 어떤 말을 할지 알고 그러세요. 허허허."

성 교수는 너털웃음을 터뜨리다 식구들 표정을 보고는 서둘러 말을 마무리 짓고 자리로 돌아왔다.

"당신 바쁘게 되었네요?"

강 여사가 톡 쏘듯 말했다.

"바쁘긴 뭐?"

"종교사회학을 전공하신 데다 크리스천이시니까, 아버지 지식이 한결 돋보이겠네요."

현민이도 한마디 했다.

"한국에 그렇게 사람이 없나…. 종교 문제가 터졌다 하면 단골로 신문과 방송에 얼굴을 드러내시니…."

현선은 아버지가 이번 사태에 대해서 어떤 말을 쏟아 낼지 두렵고 궁금했다.

"아버지는 유명 인사 아니니? 집안에서보다 밖에서 더 인기 있다는 거 몰랐니?"

강 여사는 은근히 남편의 처신을 꼬집었다.

다시 전화벨 소리가 울렸다.

이번에는 서로 눈치만 살피면서 얼른 전화를 받지 않았다.

"외할머니세요."

현민이가 전화를 받고서 강 여사에게 전했다.

"무슨 일이세요? 제 생일을 기억하셨어요? 고마워요. 알았어요."

통화를 마친 강 여사의 표정이 밝지 않다.

"뉴스만 보고 집에 눌러앉아 있느냐고 꾸중 들었어요. 교회에서 같이 기도할 거라고 어서 오라는데요. 밤새 기도하실 작정이신가 봐요. 어머님은 못 말려."

강 여사는 집을 비우게 되어 식구들에게 미안했다. 되도록 아이들의 의도대로 생일답게 즐거운 저녁을 보내려고 했는데, 모든 것이 무너져 버렸다.

"잘되었네. 나도 이제 신문사에서 청탁받은 원고도 써야 하고, 내일 방송도 준비해야 하니까."

성 교수는 모처럼 돌아온 아내 생일에 서로 떨어져 밤을 지내야 하는 것이 아쉬웠다. 강 여사가 일어나 안방으로 들어가자 성교수도 2층 서재로 올라갔다.

거실 TV에서는 탈레반 피랍 속보가 계속되었다.

1. 비정한 도시 사람들 (1)

I

강 여사는 친정어머니 백 권사의 전화를 받고 교회에 간 뒤 아침이 되기까지 돌아오지 않았다. 현선은 밤새 잠을 설치다가 새벽녘에야 잠깐 눈을 붙였는데 그마저도 다시 깨었다. 맞은편 성 교수 서재에서 기척이 들려 문을 열고 내다보았다.

"여덟 시에 아침 방송 나가야 하는데, 어머니 들어오셨니?"

성 교수는 아래층으로 내려가면서 딸에게 물었다. 현선은 아버지를 뒤따라 내려가 안방 문을 노크했다. 기척이 없다.

"외할머니 기도가 아직도 안 끝났나 봐요."

20년 넘게 혼자 살아온 백 권사의 기도가 끝나지 않았으니 아마 강 여사도 기도를 계속하고 있을 것이다. 3대에 걸쳐 장로와 목사를 배출한 초대교회 믿음의 집안인데, 4대째 와서 두 아들이 부모를 배신하듯 교회를 외면했다. 큰아들은 집안으로부터 벗어나고자 미국으로 유학을 가더니 돌아오지 않았다. 신학을 공부한 둘째아들은 교회 측에서 보면 완전히 이단이었다. 딸만이 집안의 신앙을 대물림하고 있다. 노인은 두 아들을 위해 여든이 넘은 나이에도 생활의 전부를 기도에 쏟았다. 그런데 믿음이 좋은 딸을 데려간 사위는 노인의 마음에 차지 않았다. 장로의 둘째아들인 사위는 겨우 부인과 처가의 체면을 세워 줄 정도로만 교회를 드나들었다. 그러면서 이따금 교회를 비판하는 데 앞장서기도 하였다. 백 권사는 사위 때문에 친구들 앞에서 얼굴을 들지 못했다.

현선은 아버지를 위해 빵을 굽고 커피를 준비했다.

"커피 향이 좋구나."

성 교수는 아침 식사를 준비하는 딸의 뒷모습에서 신혼 때의 아내를 생각했다.

현선은 유현 언니 생각에 커피 향도 제대로 느끼지 못했다.

"그 친구 때문에 걱정이 많겠구나. 그 언니 원래 교회 열성파였니? 아니면 여행을 좋아했나?"

"아니에요. 우연한 기회에…."

현선은 유현 언니가 봉사단원으로 참여하게 된 과정을 말할까 하다가 그만뒀다. 아버지는 이해할 수 없을 것이다.

"우연이라고? 혹시 모험을 좋아하나? 아마 그 친구 미인이고, 공부도 잘했을 거고, 남들이 다 부러워하는 직장에 다니고 있었겠지. 그런 젊은이일수록 자기 생활에서 벗어나고 싶어 하기 마련이거든. 그런데 요즘 교회 청년들은 왜 선교라면 그렇게 물불 안 가리고 덤비나? 젊음의 열정을 발산할 데가 없어서 그런가. 하기야 심심하겠지. 전쟁도 없고 데모도 없으니…. 사랑도 예전처럼 그렇게 목숨을 걸고 할 분위기가 아니고. 열정을 쏟을 만한 대상이 없겠구나. 삭막한 이 시대에 젊음의 열정을 발산하기에는 외국 단기선교 봉사활동이 제격이겠지. 약간의 고통이 따르긴 해도 그에 값하는 도덕성까지 얻을 수 있으니."

성 교수는 방송에 나가서 해야 할 말들을 딸 앞에서 쏟아 놓았다. 그러고 보니 이런 내용이면 방송에서 이야기해도 괜찮을 것 같았다.

"아버지, 방송에서는 그런 말씀 하시지 마세요. 봉사활동 가기 위해 얼마나 생각하고 준비하고 노력하는 줄 아세요? 가볍게 보시면 안 돼요."

현선은 아버지 생각을 알아차렸다. 왜 어른들은 젊은이들을 약삭빠르다고 판단하면서 자신의 편견을 그렇게 신뢰할까.

"그래서 고민이다. 이번 사태로 여러 가지 문제를 생각할 수 있는데, 스물세 사람이 피랍되어 생사의 기로에 있는 마당에 하고 싶은 이야기를 다할 수는 없고…."

"잘하고 오세요."

현선은 2층으로 올라가는 아버지 등에 대고 트이지 않는 목소리로 당부하듯 말했다.

조간신문은 온통 피랍 기사로 채워졌다. 〈아프가니스탄 현지 선교 봉사단원 23명 탈레반 세력에 납치 확인〉

외신을 인용해서 단편적인 내용을 모아 보도하였다. 그 외 기사들은 선교 봉사단을 보낸 선교단체와 그 단체를 후원하는 교회에 대한 내용들이었다. TV에서도 선교기관 사무실이 입주해 있는 빌딩과 간판, 그리고 교회 건물 사진과 담임목사 얼굴을 비춘 후 피랍자들의 인적 사항과 사진들로 내용을 채웠다.

그 기사를 읽는 현선의 눈에서 자꾸 눈물이 흘렀다. 좋은 대학을 나와 좋은 직장에서 최상의 보직을 맡아 상사로부터 신임을 받으며 생활하던 언니가 무엇이 모자라 그 험한 길로 접어들었을까?

출발 사흘 전이었다. 퇴근 시간 무렵 사무실 근처 카페에서 언니를 만났다. 출발 준비로 한창 바쁜 때여서 겨우 시간을 얻은 것이었다. 현선은 언니 얼굴 대하기가 민망했다. '나중에 또 기회 있을 테니 그때 함께 가면 되겠지' 하고 가볍게 불참을 결정했으나, 출발 날이 가까워 올수록 초조했다. 종종 전화로 안부를 물을 때에도 언니는 너무나 평온한 목소리로 답했고, 도리어 함께 가지 못하는 현선이가 마음에 부담을 가질까 조심스러워했다.

"다음에 같이 가자. 우리가 이 땅에 사는 동안 가진 것을 조건 없이 나눌 기회도 많지 않아. 나는 봉사하러 가는 것이 아니라 배우러 간다. 사랑을 배우고 가난을 배우고 고통을 배울 수 있겠지. 나를 필요로 하는 사람에게 뭔가 해줄 수 있다는 것은 행복이야. 비서실은 내가 몇 주 동안 자리를 비워도 아무렇지도 않아. 거기에서 난 있으나 마나 한 존재지. 그러나 아마 그곳에서는 나로 인해 조금이나마 행복해질 수 있는 사람들을 만날 수 있을 테니 얼마나 다행스러운 일이니. 이런 보람을 나만 느끼게 되어서 미안하구나."

유현은 통화할 때마다 함께 갈 수 없어서 안타까워하는 현선을 위로했다. 남을 향한 배려가 이토록 클 수 있을까. 통화를 하고 나면 현선은 마음이 잔잔해졌다.

흘낏 벽시계를 본 현선은 TV를 틀고 아버지가 출연하는 채널을 맞추었다. 사회자는 대담에 들어가기 전에 종교계와 학계 몇몇 인사와 전화 연결을 하여 이번 사태에 대한 생각을 물었다.

"이번 사태를 어떻게 보십니까? 교계에서도 비판적이고, 특히 네티즌들의 반응이 상당히 예민하던데요…."

한 시민단체 간부에게 전화를 연결하여 질문하자 이렇게 답했다.

"위험 지역 여행을 자제하도록 정부가 지시했음에도 봉사를 구실 삼아 기독교 선교단체에서 모슬렘 지역에 입국해 선교활동을 전개한다는 것은 너무 경솔한 짓이지요."

한 시민단체 간부가 선교단체의 처사를 비난하듯 말했다. 다음으로는 한 기독교 선교회 소속 인사에게 질문을 던졌다.

"지금은 피랍자들의 활동에 대해서 이야기할 때가 아니라고 생각합니다. 국민들이나 언론은 그들이 무사 귀환하도록 노력하는 게 가장 우선이지 않겠습니까? 선교활동의 문제는 나중에 진지하게 논의하는 것이 순서가 아닐까요?"

인터뷰하는 사람은 사회자의 질문에 불만을 토로하였다. 사회자의 표정이 이내 굳어졌다. 의도가 완전히 빗나간 답변이 돌아오자 서둘러 성 교수에게 이번 사태에 대한 생각을 물었다.

"한국의 기독교는 독불장군식입니다. 한국의 해외 선교는 극성스러운 면이 없지 않습니다. 21세기는 다문화가 공존하는 시댑니다. 어느 특정 종교만이 옳다는 원리주의식 태도는 곤란하지요. 서로가 믿는 종교가 다를 수도 있음을 인정할 때 종교의 의미가 살아나지요. 선교도 필요합니다. 그런데 한국 교회의 선교는 당신네 종교는 옳지 않으니 기독교만을 믿어야 한다는 식이지요. 그러한 발상은 평화를 지향하는 기독교의 본질을 외면하는 것이면서, 오히려 종교 갈등을 일으켜 분쟁을 낳을 수도 있습니다. 이번 사태가 그러한 조짐을 보여 준 한 예가 될 것입니다. 산 정상에 오르는 길은 여럿이 있지 않겠어요. 이번 기회에 세계 선교에 대한 한국 교회의 정책과 방향에 대해 냉철하게 반성해야합니다. 물론 피랍된 스물세 사람이 조속히 석방되도록 국민 모두가 노력해야 하겠지요."

성 교수는 자신 있게 말했다.

현선은 TV 전원을 껐다.

강 여사는 9시 30분이 넘어서 집에 들어왔다.

교회에서 철야기도회를 마치고 친정어머니의 집으로 가 함께 아침식사를 하면서 남편이 출연하는 방송을 봤다. 사위의 말을 듣던 어머니는 화를 내며 채널을 꺼버렸다.

강 여사는 안방으로 들어가 나오지 않았다.

12시 뉴스도 탈레반에 피랍된 선교단의 기사로 가득 채워졌다. 탈레반 측은 24시간 내에 아프가니스탄에 파병된 한국군을 철수시키고, 봉사 선교활동을 하는 종교 단체와 개인들도 24시간 안에 철수하지 않으면 그 후 발생하는 문제에 대해서 책임질수 없다고 했다.

이어서 외교부 관계자는 선교활동을 하는 한국인은 탈레반의 납치 대상이 될 수 있으니 곧장 출국하도록 조치를 내렸다. 로이터 통신도 한국인이 납치된 사실을 확인했다고 첫 보도를 내

보내었다.

　오후 2시 뉴스에서는 탈레반 무장 세력들이 '우리가 한국인들을 납치했다'고 공식 발표했다. 외신은 현지 경찰 책임자의 말을 인용하여 "이번 피랍된 한국인들은 이 지역에 들어와 봉사활동을 하고 있다는 사실을 아프간 경찰에 알리지 않았다"고 전했다. 정부는 즉각 다각적 외교 경로를 통해 피랍자 문제를 해결하고자 노력하고 있다고 보도했다.

　한 신문은 〈피랍 한국인 석방돼야 한다〉는 사설을 통해 피랍자의 석방을 촉구하는 의례적 논지를 개진했으나, 결론에서는 논조의 방향을 은근히 바꾸어 기독교 선교 문제를 지적하였다.

　… 정부는, 외교적 역량을 총동원해 피랍자들이 안전하게 돌아올 수 있도록 해야 한다. 이런 사태를 빚은 데는 우리 정부의 책임도 없지 않다. 그동안 아프간에서는 외국군 철수를 요구하려고 민간인을 납치하는 사례들이 있었다. 특히 지난 2월엔 외교통상부가 탈레반 무장세력이 한국인을 납치하려 한다는 첩보를 입수하기도 했다. 또 국내 기독교 선교단체들이 이슬람 국가인 아프간에 선교와 봉사활동을 한다며 여러 문제를 일으킴으로써 이슬람 근본주의자들인 탈레반 무장세력의 목표물이 되고 있다는 사실이 여러 경로에서 지적돼 왔다. …

　인터넷에는 이 사태를 바라보는 수많은 사람들의 다양한 의견들이 올라오기 시작했다. 무사 귀환을 기원하는 내용도 있지만, 사태의 빌미를 제공한 봉사단을 비난하는 내용이 더 많았다.

더 나아가서는 한국 기독교 해외 선교단이 타 민족과 타 문화에 대해 오만한 태도로 임했기에 현지인의 비난을 받게 되었고, 이번 사태의 근본 원인도 독선적인 선교활동에 있다는 여론이 제기되기 시작했다. 시간이 지날수록 네티즌들은 사태의 책임을 교회로 돌리며 무차별 공격을 퍼부었다. 이들은 세계 선교를 지향하는 한국 교회를 맹신주의자, 원리주의자 집단이라고 말하며 기독교만이 구원을 얻는 길이라고 주장하는 억지꾼들이라며 비난했다. 평소 교회에 대해서 큰 불만을 품고 있다가 이 일을 계기로 마구 퍼부어 대는 듯했다.

오후에 현민이 집으로 돌아왔다. 그는 현선에게 네티즌들의 글을 읽어 보라며 노트북을 내밀었다. 찬찬히 글을 읽어 보던 현선은 노트북을 얼른 닫아 버렸다.

"왜 네티즌들은 이번 사태에 대해서 그렇게 예민하게 반응할까? 정말 무서운 세상이구나. 삶과 죽음의 기로에 서 있는 사람들에게 어떻게 비수를 들이댈 수 있니?"

현선은 도저히 이해할 수 없었다.

"평소에 기독교에 대해 불만이 많았기 때문이겠지."

현민은 누나의 마음을 가라앉히려 조심스레 말했다.

"불만이라니? 교회가 그들에게 못할 짓을 했니? 그들은 남을 위한 봉사라는 것을 해볼 생각이라도 한 적 있을까? 막말로 도둑질을 하다가 잡혔더라도 그렇게 매도해서는 안 되지. 외롭고 불쌍한 아이들과 친구가 되어 주려고 간 사람들인데, 왜들 그래? 참 무섭구나."

현선은 우리 사회에 응어리진 사람들이 너무 많다는 것을 어럼풋이 느꼈다.

"우리 사회의 정직한 모습이야."

"정직한 모습?"

한참 생각에 잠겨 있던 현선은 글을 올렸다.

"여러분, 한국 교회의 선교 문제는 피랍된 이들이 돌아온 다음에 토론하도록 합시다. 23명이 생사의 기로에서 공포에 떨고 있고, 그 가족들이 눈물로 밤을 지새우고 있는데, 한마디 위로 말은 못할망정 어떻게 그리 모질게 질타할 수 있어요? 지금 피랍된 형제들의 처지와 그 가족들의 마음을 생각해 보세요. 피랍된 이들이 살아오기를 먼저 빌고 그들에게 위로의 말 한마디라도 보냅시다. 너무 비정하지 않아요?"

십 분 후 다시 들어가 댓글을 확인한 현선은 온몸이 떨렸다.

— 정신 나간 예수쟁이가 여기 또 한 사람이 있구나. 무슨 염치없는 소리로 지껄이는 거냐?"

— 온 나라를 근심의 소용돌이에 몰아넣는 장본인이 한국 교회들인데 무슨 변명이냐?"

— 얄팍한 인정주의를 앞세워 문제를 호도하려는 약삭빠른 예수꾼은 어서 뒈져라. 너는 뒈져도 할렐루야 할 테지? 천당을 갈 것이니까. 23명이 죽어도 무슨 여한이 있겠어. 다 천당 갈 텐데. 히히히. 겁을 잔뜩 먹고 있는 것을 보니 천당이란 새빨간 거짓말인가 보구나. 이 사기꾼들아!"

현선은 몸이 바들바들 떨렸다. 입술이 바짝 말라 말도 나오지 않았다.

"누나, 왜 그래?"

현민은 현선 옆으로 다가와 노트북 화면에 뜬 댓글을 읽었다.

"누나, 읽지 마. 심장 약한 사람은 견디기 어려워. 그런 말에 마음 쓰지 마. 뭐하려고 댓글을 달았어."

현민은 순진한 누나가 걱정되었다.

"문을 잠가. 아무도 못 들어오게 해줘. 무서워, 무서워…."

현선은 비명을 지르고는 그 자리에 쓰러져 버렸다.

2

탈레반 지휘부는 한국 기독교 봉사단 23명을 납치했다는 소식을 전해 듣자 환성을 지르면서 "알라신이 도우셨다"고 외쳤다. 지휘부는 곧바로 아프간 정부에 한국인을 납치하여 보호 중이니, 인질 1명당 탈레반 수감자 5명씩으로 모두 115명과 맞교환하자고 제의했다. 피랍 소식은 전 세계로 전해졌다. 워싱턴도 긴장했다. 지난번 이탈리아 기자 납치 사건 후로 이런 사태가 다시 일어날 것을 예측했던 것이다.

아프가니스탄 정부는 탈레반의 제의를 거절했다. 하미드 미르 파키스탄 GEO TV 본부장은 "하미드 카르자이 대통령은 탈레반 포로 석방은커녕 차라리 탈레반이 인질을 모두 살해해서 국제사회의 비난을 자초하기를 바라는 입장"이라고 했다.

한국의 신문들은 피랍 사건의 진전 상황을 매일 자세하게 보도했고, 방송사들은 매 시간 뉴스를 이 사건으로 채웠다. 인터넷

비정한도시

에서도 많은 사람들이 소란스럽게 뜨겁고 격렬한 논쟁을 벌였다. 특별히 기독교와 관련된 비공식 단체나 사설 연구기관에서 이 사건과 관련하여 한국 교회의 해외 선교 문제를 신랄하게 비판했다. 세계 각국 언론도 이 사건에 대해 지대한 관심을 갖고 보도하기 시작했다.

한국 정부도 탈레반의 요구에 대해 즉각 입장을 발표했다. 철군은 이미 연말로 예정되어 있다. 피랍자들은 비정치적인 순수 민간인들에 불과하다. 전쟁터에서도 의사, 간호사, 부상병들은 적군 아군 가리지 않고 보호하는 것이 룰이다. 그들은 어려운 사람들을 돕기 위해 그곳에 갔다. 그러니 어떤 정치 세력에게도 보호받아야 한다. 즉각 석방하라.

탈레반은 여유 있게 응수했다. 아프가니스탄에 룰이 있는가? 이미 미군이 그 룰을 무너뜨렸다. 이 땅에는 승리하기 위한 전략만이 있을 뿐이다. 그래서 한국인을 납치했다. 우리에게 필요한 것은 알량한 인도주의가 아니다. 승리를 위해서는 어떠한 일이라도 가리지 않고 감행할 수 있다. 그들은 자신들의 전략에 굴복하지 않을 세력이 없을 것이라고 자신만만하게 목소리를 높였다.

3

번역 원고를 완성한 현선은 서 교수와 통화했다.

"수고했어. 기한 내에 마칠 수 있을까 걱정했는데. 내일 저녁에 만나지."

교수는 맛있는 밥을 사겠다며 약속했다. 그러나 현선은 별로 즐겁지 않았다.

약속 장소인 서초동 '귀빈'이라는 중식당에는 대학 동기인 수화도 와 있었다. 수화도 이번 번역 일에 참여했다는 이야기는 들었지만 직접 만나기는 오랜만이다. 그녀는 대학 졸업 후에 미국으로 유학을 떠났고, 공부 중에 유학생을 만나 결혼하여 반 년 전에 귀국했다.

"얼마 만이니? 소식 들었었어."

서 교수는 두 사람이 서로 반가워하는 모습에 흐뭇했다.

"그런데 얼굴이 왜 그렇게 상했니? 무슨 일 있어?"

수화는 부석부석한 현선의 얼굴을 의아스럽게 바라보았다.

"기한 내에 일 마치려고 무리했구나. 이제 일 마쳤으니 며칠 푹 쉬어라. 어디 여행이라도 다녀오든지."

서 교수도 수척해진 현선의 모습이 마음에 걸렸다.

"제가 요즈음 마음이 편치 못해요. 제 친구가 이번 봉사단원으로 아프간에 갔는데…."

현선은 유현 이야기를 꺼냈다.

"아유, 천만다행이구나. 하나님이 널 보호해 주셨다!"

수화는 현선의 손을 덥석 잡으면서 큰 소리로 말했다. 사람들은 어쩜 이렇게 꼭 같은 생각을 할까. 현선은 그 말이 거북했다.

"그렇게 말하지 마. 난 부끄러워서 얼굴을 들 수가 없는데…."

현선은 이들에게 유현을 제대로 알려 줘야겠다고 생각했다.

"넌 피납자들 처지를 조금이라도 생각해 봤어? 하나님은 그런 분이 아니야. 난 내심 그곳에 가서 고생할 자신이 없어서 무언가 구실을 찾아 피해 보려고 하던 참에 마침 번역 일이 생겼단

핑계로 참가하지 않았어. 그래서 더 속상해. 돈도 생기고 교수님께 점수도 따고, 번역 실력도 늘고, 이력도 생기고. 봉사활동 가서 고생하는 것보다는 몇십 배 더 이득이긴 하지만, 이 일을 당하고 보니 마음이 편치 않아. 그런데 네가 하나님이 보호해 주셨다고 말하면….”

현선은 그 사건 이후로 가슴에 묻어 두었던 말을 털어놓았다. 수화는 기다렸다는 듯 현선의 말을 불만스럽게 받았다.

“너 혹시 도덕적 콤플렉스 있는 거 아냐? 세상에는 봉사활동을 하는 사람도 있고, 우리처럼 잠을 설쳐 가면서 기한에 맞춰 번역 일을 하는 사람도 있는 거야. 봉사단원으로 참가하지 않은 것이 네 큰 흠이라도 된다고 생각하는 것은 좀 심하다.”

“봉사단에 참여하지 않아서 화를 면하게 된 것이 하나님의 도움이라고 네가 말하니 그렇지. 나는 지금도 번역에 매달리느라 그들과 함께 가지 못한 것을 후회하고 있는데….”

“유현 언니에 대해서는 나도 잘 알아. 그 언니 심한 자격지심에 빠져 있어. 공부 잘하지 미모도 뛰어나지, 좋은 직장에서 윗사람 신임받아 동료들에게서 부러움도 사지…. 그렇게 다 갖췄지만 딱 하나 모자란 것이 있어. 뭔 줄 알아? 집안이야. 가난한 데다 아버지는 심한 정신분열증 환자였어. 그 언니 어머니가 우리 집 가사 도우미로 몇 년 일했고. 유현 언니는 알지 못할 거야. 그 어머니도 결벽증이 있어. 일을 잘하긴 하는데 어떻게나 자존심이 센지, 우리 어머니가 눈치를 봐야 할 형편이었어. 그게 딸에게도 전해지지 않았겠어. 모든 것을 갖추었지만, 모자란 그것은 무엇으로도 대신할 수 없지. 그래서 도덕성으로 그 결핍을 메우려고 하는 거야."

"그만해!"

현선은 버럭 소리를 질렀다.

"어떻게 사람을 그렇게 매도할 수 있지? 유현 언니는 순수한 마음으로 참여한 거야. 언니는 고난을 배우기 위해서 간다고 했어. 너는 그 마음을 조금이라도 헤아려 봤어? 그래 알 턱이 없지. 어찌 봉황의 마음을 감히 참새가 알 수 있겠어."

"그럼 유현 언니는 봉황이고 난 참새란 거야? 그 말 너무 심한 거 아냐?"

수화가 낯을 붉히며 따지려 들었다.

"내 말 더 들어 봐. 그럼 지금 내 심정 알게 될 거야."

현선은 그날 그 교회에서 만난 선교사의 이야기로부터 유현이와 자신이 그 봉사단에 참여하게 된 경위를 설명했다.

교수는 그 이야기를 들으며 난감해했다.

"과정이야 어떻든 그 언니가 봉사단원으로 참여하게 된 것은 내가 말한 그러한 무의식적 욕구가 강하게 작용했던 거야. 그러니까 너는 부담 가질 필요가 없어. 그런데 왜 그 봉사단인가 선교단인가 하는 그들은 그 알량한 도덕성을 내세워 오만하게 설치고 다녀서 세상을 온통 시끄럽게 만드는 거야? 나는 그들이 마음에 안 들어. 네티즌들의 말이 옳아. 무슨 선교야. 아니 모슬렘이 어떤 친구들인데, 철부지 그네들이 가서 봉사활동을 한다고 그들 마음이 돌이서겠어? 한마디로 웃기는 일이지. 도덕성 내세워 자기 감정을 배설하는 그들은 정직하지 못해. 더구나 기독교만이 진리라고 우기는 교회도 나는 싫고. 이번 기회에 톡톡히 맛을 봐서 다

비정한 도시

시는 그렇게 무모하고 오만한 짓을 못하게 해야 해."

현선은 귀를 틀어막고 싶었다. 벌컥 소리를 지르려다가 교수를 생각하고는 참았다.

"자, 그만하고 저녁 먹자. 모처럼 내가 마련한 식사 자리가 논쟁장이 되어서는 안 되지. 현선이도 마음 아프겠지만 도리가 없지. 기도하면서 기다려 보자."

현선은 크리스천인 서 교수가 자기를 거들어 주지 않는 것도 섭섭했다.

식사가 들어왔다.

"식사할 때는 맛있게 먹는 것이 제일이다. 먹고 힘을 얻어야 일도 할 수 있고 생각도 건전해져. 배고프면 아무것도 제대로 할 수 없거든."

요리가 차례로 들어오기 시작했다.

"이 집 음식은 특별해. 오리지널 중국 음식도 아니고, 세계화된 중국 음식이랄까. 서양 친구들이 많이 오거든."

교수가 현선의 눈치를 살피면서 음식 맛을 돋우려 여러 말을 덧붙였다. 그는 현선의 마음을 이해하고도 남았다. 그녀는 남을 배려하는 마음 때문에 늘 손해만 보고 살아간다. 누가 부탁을 하면 거절하지 못한다. 지금까지 일을 맡겼을 때 어려워하는 기색을 보인 적이 없었고, 일을 해온 결과물을 보면 늘 생각보다 더 잘했다. 아마 심성이 착하지 않았으면 번역을 거절하고 계획대로 봉사단원으로 참여했을 것이다.

"참, 냉채 맛이 특별하네요. 교수님은 역시 음식점 택하는 감각도 세련되셔서, 사모님이 참 행복하시겠어요. 두 분이서 자주 자주 이런 데 오시죠?"

교수의 비위를 맞추는 수화의 말이 현선에게는 역겹게 들렸다. 음식 맛이 달아나 버렸다.

"선생님, 죄송해요. 속이 안 좋아서 이 맛있는 음식을…."

현선은 변명을 하고서 일어나 화장실로 갔다. 잠시 숨을 몰아쉬고 거울을 보는데, 그 속에 험한 사내들에게 둘러싸여 비명을 지르는 유현 언니가 나타났다.

"언니!"

갑작스런 외침에 옆에서 화장을 고치던 한 여자가 겁먹은 얼굴로 현선을 쳐다보았다. 현선은 밖으로 나와 로비에서 서성거리다가 방으로 들어갔으나 음식은 여전히 맛이 없었다.

현선은 자기 때문에 어색해진 분위기가 마음에 걸렸다. 서 교수에게 미안한 마음이 들면서도 여전히 수화의 말이 섭섭했다. 유현 언니에게 무슨 감정이 있었던 것일까, 아니면 안티 기독교인가. 여러 생각이 오갔다.

"교수님, 저 때문에…. 맛있는 저녁 감사해요."

현선은 예의를 차리기 위해서 겨우 한마디 했으나, 여전히 울적한 기분에서 헤어나진 못했다.

"그래, 당기지 않는 음식을 먹을 수 없지. 자, 그동안의 수고를 이것으로 보충해라."

교수는 안주머니에서 두 개의 봉투를 꺼내어 나누어 주었다.

"번역료를 주시는 건가요. 이렇게 빨리…."

수화는 얼른 봉투를 받아 그 안에 든 수표를 눈으로 헤아려보더니 흡족한 표정을 숨기지 못했다.

"이렇게나 많이?"

현선은 무척 즐거워하는 수화가 못마땅해서 받은 봉투 그대로 식탁 위에 올려놓았다.

집으로 돌아오는 동안에도 현선의 마음은 가라앉지 않았다. 생각보다 많은 번역료가 오히려 혼란을 불러일으켰다. '결국 나는 그 돈 때문에 아프간에 가는 것을 포기한 게 아닌가.'

강 여사는 집에 들어서는 현선의 어두운 표정이 걱정스러웠다. 요즈음은 딸이 밖에서 들어올 때마다 먼저 그 표정부터 살피게 되었다.

"어디 아프니?"

현선은 오히려 걱정스러워하는 어머니 반응이 부담되었다.

"아무 일도 없어요. 번역료를 받고 보니 마음이 더 우울해요."

현선은 서 교수에게서 받은 봉투를 내놓았다.

"왜, 내게 주니?"

"어머니 필요한 곳에 쓰세요."

봉사단에 참여하지 않은 것이 돈 때문이라는 생각이 자꾸 가슴에 와 부딪쳤다.

"네가 노동을 해서 얻은 정당한 대가야. 조금도 달리 생각하지 마라."

강 여사는 딸의 마음을 알아차리고는 다독였다.

"그래도 엄마가 좀 받아 줘요. 저는 이 돈이 필요하지 않아요."

현선은 돈을 봉투째로 강 여사에게 맡겨 버렸다.

"할머니가 네 걱정하시더라. 너무 상심하지 마라. 모두 무사하겠지. 세계 눈이 탈레반에게 쏠려 있는데, 아무리 깡패집단이라 해도 국제 여론을 외면할 수 있겠어? 할머니는 오늘 밤에도 철야 하신다면서 교회로 가셨다. 나더러도 오라고 했는데…. 난 좀 쉬어야겠다."

현선은 할머니가 교회에서 기도하신다는 말에 방으로 들어가려다가 되돌아섰다.

"어머니, 만약 제가 이번 봉사단에 참가했다면 할머니와 어머니는 어떻게 하시겠어요?"

"왜 그런 걸 묻니? 피랍 가족 모임에 가서 밤새 기도하겠지?"

"아버지는 여전히 칼럼을 쓰고 방송에 나가 봉사단원들이 경솔했다고 말하시겠지요."

현선은 어머니를 빤히 쳐다보면서 따지듯 말했다.

"왜 내게 그런 걸 묻니? 저기 아버지가 오시는구나. 여쭤 봐라."

성 교수가 현관에 들어서고 있었다.

강 여사는 현선의 우울한 마음을 전했다.

"아버지!"

성 교수는 딸의 목소리가 섬뜩했다.

"지금 피랍 당사자들과 그 가족들이 당하는 불안과 고통이 우리가 생각하는 것보다 훨씬 더하다는 거 아시죠?"

"물론, 우리는 그들의 처지를 실감할 수 없으니까."

"아버지께서 칼럼이나 방송 대담에서 쓰시는 글과 말이 실제 상황과 차이가 있다는 거 아세요?"

성 교수는 가슴이 쿵 내려앉았다. 현선의 논리가 너무나 확고했기 때문이다.

비정한 도시

"그런데 말이다. 이번 사건은 피랍자들만의 문제가 아니다. 국가와 국가, 사회와 사회, 종교와 종교의 문제이기도 하지."

성 교수는 딸을 설득하려고 했다.

"아버지, 지금 그 봉사단원들이 국제 폭력배들에게 납치되어 있어요. 그들의 생명이 무법자들의 손아귀에 있다고요. 한 시간 후의 일도 알 수 없어요. 이러한 상황에서 가장 급한 건 그 생명의 안전을 지키는 일 아니겠어요? 이 시점에 왜 선교의 문제가 나와요? 한국 교회의 선교 정책 문제가 왜 이야기 중심에 있어야 해요?"

현선의 목소리가 떨렸다.

"개인적으로야 모두들 무사하기를 빌겠지. 그러나 이번 사건의 근본적인 문제를 간과해서는 안 된다."

"전 아버지를 이해할 수 없어요!"

현선은 성 교수를 쏘아보다가 뭐라고 말하려는 아버지를 외면하고는 방으로 들어가 버렸다.

4

9시 뉴스에서 피랍 사건을 특보로 보도했다. 아나운서는 중동문제 전문가에게 이 사건의 경과 설명을 요청했다.

"예, 지금까지 이 사태 발발 이후의 경과를 개괄적으로 정리해서 말씀드리겠습니다. 사건이 발발한 다음 7월 21일에 노무현 대통령은 CNN 방송을 통해 인질 석방 촉구 긴급 메시지를 세계에 발표했습니다. 한편 카리 유수프 아마디 탈레반 대변인은 아프간 정부에 대해 22일 오후 2시 30분까지, 그러니까 발표 시점으로 24시간 내이지요. 탈레반 죄수 23명 석방하지 않으면 한국인 인질을 살해할 수도 있다고 경고하여 우리를 긴장시켰습니다. 그러다가 탈레반 측은 그들의 동료 석방 시한을 22일 오후 19시까지 1차 연장하였습니다. 7월 22일에 대한민국 정부 대책반이 아프가니스탄 현지에 도착하였습니다. 탈레반은 이날 19시였던 협상 시한을 다시 23일 19시(KST 23일 23시 30분)까지 24시간 연장한다고 밝혔습니다. 이전에 7월 22일 정부 대책반이 아프간 수도 카불에 도착하여 협상 라인을 마련하고 협상에 들어갔습니다. 한편 아프간 정부도 각 부족 원로들에게 석방 중재를 요청하였습니다. 이러한 다각적인 노력으로 한국인 피랍자와 탈레반 포로 교환 요구 협상 시한이 23일 오후 7시까지로 24시간 연장된 것입니다."

"매우 긴박하게 상황이 전개되는군요. 그 이후 상황을 정리해 주시죠."

"예, 7월 23일에 다시 탈레반은 협상 시한을 24일 오후 7시까지 24시간 3차 연장하였습니다. 이것은 탈레반이 아프간 정부와의 협상에 실패했기 때문입니다. 탈레반은 이제 탈레반 수감자들과의 교환 협상이 성사되지 않자, 협상 방향을 바꾼 것 같습니다. 직접 한국 정부에 대화를 요구하기 시작했습니다. 그래서 다시 한 번 24시간 연장하여 24일 19시로 제시하였지요. 또한 아프가니스탄 정부에서는 한국 정부에 '한국인 피랍자들이 기독교 선교와 관련이 있다는 한국 언론 보도를 자제해 달라'고 요청했습니다."

비정한도시

"매우 이례적이군요. 한국에서는 이 사태의 원인이 지나친 선교 활동에 있다고 생각하고 있는데 말입니다."

"글쎄요. 아마 그러한 요청도 전략적이겠지요. 탈레반이 기독교 봉사단원을 납치했다는 사실이 전 세계에 알려진다면 자칫 세계 기독교인들의 반발을 살 우려도 있고, 종교 간의 갈등으로 비화될 수도 있지요. 여기에 모슬렘 정파나 지도자들과의 복잡한 문제도 야기될 수 있어서 우선 종교 문제와는 거리를 두려는 것이겠지요."

"그런데 왜 우리 사회에서는 종교 문제로 여론을 몰아가는 것일까요?"

"그 점에 대해서는 제가 대답할 수 없군요."

"우리 사회에서 벌어지는 일 중에는 이해할 수 없는 부분이 많지요. 그러면 계속 정리해 주시겠습니까?"

"예, 사태가 조금씩 풀려 가는 징조가 보입니다. 7월 24일에는 탈레반이 억류 중인 한국인 인질들과의 전화 통화를 원한다면 10만 달러를 지불하라고 제안했다는 아프간 정부 측의 발언이 있었습니다만, 한국 정부는 이를 부인했습니다. 협상이라는 것이 참 묘한 것 아닙니까. 상당히 많은 변수가 항상 잠복하고 있으니까, 정부에서는 이 점에 대해 조심스럽게 대처해야 하겠지요."

"그렇다면 탈레반은 아프간과의 협상은 전혀 고려하지 않는 건가요?"

"확실하지는 않지만, 그렇지는 않겠지요. 그네들은 한국인 23명 인질을 최대한 이용하려고 할 겁니다. 우선 7월 24일에는 탈레반 포로 8명과 한국인 인질 8명을 맞교환하자는 요구도 내놓았다는 외신보도도 있습니다만 확인할 길은 없어요."

"7월 25일에는 국면이 어떻게 전환되었습니까?"

"점점 악화되고 있어요. 탈레반은 아프간과의 협상에 기대를 걸었는데, 아프간 정부가 성의를 보이지 않자 강경책으로 돌아선 것 같아요. 사실 아프간 정부로서는 급할 것이 없지요. 한국 인질과 그들이 억류하고 있는 탈레반의 고급 간부를 교환한다는 것은 전혀 고려하지 않겠지요. 아마 아프간은 탈레반이 한국 인질을 다 살해하길 바라고 있을지도 모르죠. 그렇게 되면 탈레반의 반 인권적 폭력을 세계에 알리는 계기가 되니까요. 그들은 전술과 전략만이 있을 뿐이지 타국에 대한 배려가 없어요."

"그런데 국내의 여론은 선교 봉사단의 행위의 부당성에만 집중하고 있으니 딱하지요."

"그런데 이때에 막강한 한국 기독교계가 왜 조용할까요? 이런 상황이면 교회와 기독교인들이 금식기도하면서 떠들썩할 텐데요. 그리고 인권을 그렇게 소리 높여 말하는 한국 인권단체와 종교인들은 왜 조용하지요? 단식도 하고 부처의 자비를 구하기 위해 일보삼배도 하고, 미사도 드리고 할 텐데요."

"듣고 보니 그러네요. 이해할 수 없지요. 아마 그러한 종교 행위가 협상에 도움이 될지 장애가 될지 확신할 수 없기 때문 아닐까요?"

"설사 도움이 되지 않는다 하더라도 종교인들이 나서야 하지 않겠어요?"

"글쎄요. 근본적으로 피랍된 사람들에 대한 사랑과 연민이 없기 때문 아닐까요? 그들을 사랑한다면 어떤 실효성 같은 것을 생각하지 않고 뭔가 해야 하지 않겠어요?"

"일이 터지고 보면, 우리 사회의 실체가 선명하게 드러나기 마련이거든요."

"혹시 천 기자께서는 크리스천 아니십니까?"

"아닙니다."

천 기자는 어색하게 웃었다.

5

한성일보 편집국의 아프간 사태 특별취재팀 편집회의가 부국장 주재로 열리고 있다. 이미 국장급 간부회의에서 결정한 바대로 이번 사태에 대한 회사의 보도 방침을 취재팀들에게 지시하는 모임이다.

"이번 사태를 신속하고 정확하게 취재 보도하기 위해 특별취재팀이 구성되었는데, 기존 종교팀을 중심으로 인원이 보강되었죠. 제가 그 책임을 맡게 되었고, 권 차장은 에디터 역할을 하고…."

특집담당 민 부국장이 새로 구성된 특별취재팀을 소개했다. 종교담당인 문화부 권 차장과 국제부 중동지역 담당기자 두 사람과 문화부 학술담당 구일성 기자가 합류했다. 원래 종교팀은 권 차장까지 두 사람뿐이었는데, 이번 특별취재팀은 부국장까지 여섯 명으로 증원되었다.

"이번 사태가 한국 개신교가 거듭나게 하는 중요한 계기가 될 수 있다고 기대하고 있어요. 그래서 단순한 피랍사태 보도 차원을 넘어서서 이 기회에 한국의 종교, 특히 개신교의 문제를 알리면서 한국 교회와 기독교인들의 신앙과 종교 행위에 대해 성찰하는 기회가 될 수 있도록 취재 방향을 정했어요. 교회를 공격하려는 의도가 아니라, 진정으로 한국 교회를 사랑하는 마음으로 교회 스스로가 갱신하기를 바라는 사회의 욕구에 부응하기 위해서지요. 이것이 회사의 기본 입장이니 잘들 이해하고 열심히 뛰어 줘요. 그리고 각 지역 특파원들에게도 이러한 취지를 전달하고 취재에 임하도록 벌써 시달했어요."

부국장의 목소리는 건조했다. 무슨 선언문을 낭독하는 듯한 표정이었다.

"교회와 싸우시겠다는 겁니까?"

새로 합류한 이 기자가 고개를 갸웃거리면서 의아한 표정을 지었다.

"싸우겠다는 게 아니라, 교회의 권위를 벗겨 내려는 거지. 그 권위는 조작된 것이기 때문일세. 지금 교회는 한국에서 가장 오만한 집단으로 권력화되고 있어요. 이대로 놔두면 이 사회를 온통 집어삼켜 버릴지도 몰라요. 교회는 표가 많고 돈도 많고 거기다가 하나님이라는 든든한 백까지 있으니, 오만 방자할 수밖에 없으니, 이번 기회에 그 가짜 권위를 벗겨 내려는 것이오."

부국장이 설명했다.

"구 기자, 한국 교회에 대해 비판적인 입장을 갖고 있는 목사와 신학대 교수, 그리고 일반 대학 교수들 리스트 작성해서 그 사람들 적절히 이용해 봐. 인터넷 보면 이번 사태를 한국 개신교의 치외법권적인 자세, 특히 대형 교회들의 오만한 선교 정책, 개교회주의의 폐단, 목회자들의 영웅적이고 독선적인 태도가 빚어낸 결과라고 인식하고 있는데, 대중이 정확히 잘 짚었어. 신문은 이러한 문제를 체계적으로 독자들에게 전해야 하는데, 구 기자가 인적 자료를 확보해 두었다가 사태의 추이를 봐 가면서 원고 청탁하고, 논설실과도 협조해서 사설로도 내보낼 계획이니까, 어떤 경우에는 사설과 칼럼으로 이 문제를 심도 있게 논의하게 될거요. 참, 권 차장 자네는 개신교 신자지만 진보지? 이번 기회에 신문의 체면 좀 세워 보지. 개신교 교회연합기관에서도 무슨 입장 표명이 있을 거라고 들었는데, 그때 맞춰 종교학자나 신학자의 칼럼도 함께 내보내지."

부국장은 권 차장과 구 기자를 번갈아 쳐다보면서 주문했다.

"국장님!"

구 기자가 불쑥 나섰다. 모든 시선이 그에게로 쏠렸다.

"이 시점에서 신문사의 보도 방향은 탈레반의 비인도적 납치 행위에 맞춰야 하지 않겠습니까? 생사의 기로에 서 있는 23명 구출이 우선 과제인데, 그저 교회 문제에만 치우치면 본말이 전도되는 거 아닙니까."

구 기자는 부국장의 취재 방침에 대한 불만을 숨기지 않았다. 철학과 출신답게 항상 원칙을 말하는 구 기자는 그간 동료들 사이에서 왕따를 당하기도 했다.

"자네가 사장 하지."

부국장은 매몰찬 한마디로 다시 입을 열지 못하게 면박을 주었다.

"제가 사장할 처지라면 왜 이 자리에 있겠습니까?"

구 기자도 물러서지 않았다.

"잘 아는군. 장래에 사장이 되려면 이런 갈등도 겪어 봐야 해. 공부하는 마음으로 잘 따라 줘. 대학 입시 준비할 때 생각해 봐. 공부가 얼마나 지긋지긋해. 그래도 열심히 해서 대학에 들어가니 기분 괜찮았지? 대학을 나왔으니, 우리 신문사에 들어왔을 거고."

부국장은 중학생 조카 다루듯 구 기자에게 윽박지르면서 달래었다.

"그래서 쓰기 싫은 기사도 쓰게 됐지요."

"아직도 싫고 좋은 것을 가릴 나이야? 잔말 말고 따라와."

부국장은 삼촌답게 구 기자를 휘어잡았다. 구 기자는 '잔말 말고 따라와'란 한마디에 기자로서의 자존심을 유보할 수 있는 명분을 얻게 되었다. 동료 기자들이 실실 웃었다. '잔말 말고 따라와'라는 말은 부국장이 부하를 다룰 때 막판에 써먹는 보검 같은 언어다. 그 말에는 묘한 마력이 있다. 강력한 카리스마, 혹은 정겨운 큰 형님의 충고, 거기에 더하여 '날 좀 봐줘라' 하는 애원까지 섞인, 묘한 뉘앙스가 녹아 있는 한마디였다.

"구 기자, 딴생각하지 말고 내일 나갈 칼럼 쓸 인선부터 생각해. 정부가 탈레반의 반인도적 처사를 보고만 있겠어? 그런데 그들의 비위를 거스르면 심술을 부려 협상이 더 어려워질 수도 있으니, 되도록 그들 비위 거스르지 않게 조심하고…."

부국장의 목소리가 은근해지더니,

"잘들 해봐."

하고 획 나가 버렸다.

팽팽했던 분위기가 좀 풀린 듯했다.

"교회와 싸워 신문사가 이길 수 있을까. 한두 교회도 아니고, 한국 교회를 상대로⋯."

구 기자는 아무래도 신문사가 무리수를 둔다고 생각했다. 그때 팀장인 권 차장이 나섰다. 아직까지 부국장에게 밀려 한마디도 못하고 있던 그였다.

"승산이 있어. 한국 교회가 이 싸움에 나서지 못하도록 하는 거야. 인터넷 세력들이 이미 한국 교회에 대해 선전포고를 했어. 신문사는 그 싸움을 측면 지원하기만 하면 될 거야. 아주 공정한 위치에서 보도하면서⋯. 그러려면 원군이 필요한데, 그들이 누구냐 하면 바로 기독교계 인사들이지. 그리고 일반 지식인들 중에 크리스천이면서 반교회 정서를 지니고 있는 인사들까지 동원해서 원군으로 쓰는 거야. 원군이 아니고, 따지고 보면 그들은 전방에 나가 싸우는 소총수지."

"선배님, 언제부터 그렇게 전술적인 기자가 되셨어요?"

구 기자는 여전히 못마땅한 표정이다.

"구 형, 내일 칼럼은 성 교수가 어떨까? 명문장에 사회적으로 양심적인 지성으로 평판이 나 있으니⋯."

"써주실까요? 전 자신 없어요. 부탁하면서 취지 설명하는 것도 예의에 벗어나고."

구 기자가 손을 내저었다. 성 교수의 딸이 그의 대학 후배인지라 잘 알고 있는 터다.

"자네는 섭외할 인사를 한 10여 명쯤 뽑아 봐. 그들에 대한 기초 자료도 함께. 국장회의에 결정해야 하니까, 오전 중으로 처리해."

이어서 권 차장은 각자에게 일을 분담시켰다. 우선 인터넷 신문과 기사를 꼼꼼히 파악하고, 선교단체를 후원하는 교회와 선교단체, 그 가족들을 취재하도록 지시했다.

뒷날 조간신문에는 성 교수의 시사 칼럼이 2면 머리기사로 게재되었다. 〈하나님은 모든 인류를 사랑하신다〉라는 제목이다. 한국 개신교는 너무 자기도취에 빠져 있다. 하나님의 섭리를 자기 멋대로 해석하고 있다. 모슬렘 선교를 한다니 제2의 십자군전쟁이라도 하겠다는 것인가. 문화우월주의, 종교우월주의는 과거 제국주의 시대의 유물이다. 진정 하나님의 뜻이 무엇인지 성찰해 봐야 할 때이다. 이런 논조였다.

"성 교수, 우리 의도를 어떻게 그리 정확하게 파악했나. 글이 설득력 있어. 인터넷 판에서는 이 칼럼을 문화면 톱으로 뽑지."

신문을 든 편집국장이 특별취재팀과 함께 편집회의 장소로 들어서면서 흡족해했다.

"이번 주 안으로 신에 대한 근본적인 물음을 제기하는 동서 석학들의 글을 인용해서 써먹지. 무신론자의 입장도 좋고, 다원주의자의 주장도 좋아. 참, 최근에 테레사 수녀도 신의 존재에 대해서 회의했다는 기사를 봤는데…. 그것도 다시 써먹으면 어떨까?"

국장의 말에 기자들 기분도 괜찮았다.

한국의 모든 신문 방송 포털 사이트는 이번 탈레반에 피랍된 봉사단원들의 기사로 넘쳤다. 그 매체들은 한결같이 아프간 봉사활동을 문제 삼으면서 교회를 비판하는 논조로 몰고 갔다.

사람들도 둘 이상만 모이면 피랍사건 이야기를 했다. 그들은 모두 납치된 사람들의 처지보다는 봉사활동의 부당성에 대해 열을 올리며 떠들었다.

6

한국개신교연합회 소회의실에는 각 교단을 대표하는 연합회 회장단들이 자리를 같이했다. 이 조직은 연합회에 가입한 교단 대표들이 공동회장이 되고, 그중에 대표회장은 교단별로 돌아가면서 1년씩 맡게 되어 있다. 그렇기에 회장이나 대표회장은 명예직이나 다름없고, 모든 일은 총무가 맡아서 처리한다. 총무는 이 판에서 평생을 지내 온 송 목사다.

각 교단 대표들 표정이 굳어 있다.

"이 일이 어떻게 일어난 것인가? 아니, 정부에서 위험지역이니 여행을 자제하라고 했으면 가지 말아야 할 일이지, 뭐 세계선교는 저들만 하나? 쯧쯧."

한국 개신교계에서 진보적이라는 평판을 얻고 있는 교단의 대표인 유 목사가 불편한 심기를 드러내었다. 그는 신학대학 총장을 지냈고, 학계에서도 알아주는 구약학 전공 학자이면서 교회 정치에서도 탄탄하게 자리 잡고 있다. 1980년 당시 40대 젊은 목회자로서 직접 신군부를 비판한 민주화운동 이력까지 지니고 있다. 최근에는 노 대통령과 가까운 사이여서 정치적인 자리에 등용될 것이라는 소문도 분분했다.

"그 누리꾼들이 제때 만났다는 듯이 교회를 비난하고 있어요. 교회가 무얼 그리 잘못했고, 그동안 세상에 대해서 무슨 원망 받을 일을 했는지 참…."

개신교 안에서 세칭 보수적이라는 교단을 대표하는 정 목사로서는 유 목사의 말이 거슬려 가만있을 수 없었다.

"교회가 교회 밖 사정을 모르니, 사회로부터 질시를 당할 수밖에 없지요."

유 목사도 정 목사의 말이 듣기에 거북했다.

"이것도 다 수난이에요."

정 목사는 유 목사의 말을 무시하듯이 창밖으로 고개를 돌리면서 한마디했다.

"최근에 정부와 언론이 교회를 은근히 비판하더니만, 결국 기회를 잡은 거지요."

다른 목사가 걱정 투로 말했다.

"익명의 누리꾼들이 무책임하고 감정적으로 단 댓글에 과민하게 대응할 필요 있어요?"

정 목사는 이번 사태에 대해 연합회 이름으로 대국민 유감 표명을 하기 위해 모임을 주선한 것부터가 불만이었다.

"이번 사태는 그대로 넘어갈 일이 아닙니다. 사회가 대놓고 말하는 것을 참고 있을 뿐이지, 교회에 대해 불신만 갖고 있어요. 이 기회에 교회도 반성해야지요."

송 총무가 목사들의 의견을 미리 차단하려고 처음부터 강하게 나왔다.

"이번 사태에 대해 국민들에게 유감을 표명할 필요가 있지 않을까요?"

유 목사가 총무의 말을 이어받아 안을 제시했다.

"유감이라니, 그렇다면 사과라도 하자는 겁니까?"

정 목사의 싸늘한 어조에 송 목사는 마음이 불편했다.

"나라가 온통 들끓고 있고, 정부에서도 이 문제로 골머리를 앓게 되었으니, 교회를 대표해서 근심하는 국민들에게 보답하는 의미에서…."

지금까지 아무 말 않고 있던 대표회장 박 목사가 나지막한 소리로 교단 대표들을 설득하려 했다.

"그렇게 하지요."

유 목사가 곧 이어받았다.

"그럽시다. 회장님과 총무님이 문안 작성하고 처리하시죠."

다른 목사들이 약속이라도 한 듯 의견을 모았다.

"안 됩니다. 더 논의합시다. 이건 한국 교회로서는 중대한 사안입니다."

정 목사가 막 처리되려는 안건에 제동을 걸었다.

"이번 사건에 대한 외신을 살펴보면, 탈레반이 전략적으로 외국인 납치를 노리고 있었는데 봉사단이 걸려들었다는 겁니다. 즉 한국의 선교단체를 공격하기 위해 납치한 것이 아니라는 거지요. 그런데 한국 언론과 누리꾼들은 이 사태를 종교적 갈등이 빚어낸 사태처럼 왜곡시키고 있어요. 23명의 형제들이 죽음의 문턱에서 고통당하고 있는데, 왜곡된 여론이 무서워서 유감을 표명한다는 것은 무책임한 일이지요."

정 목사의 말에 다른 목사들이 입을 다물어 버렸다. 그의 말이 옳았다. 일순간 방 안이 조용해지더니 분위기가 팽팽해졌다.

"목사님 말씀도 옳습니다만, 사회는 이 기회를 이용해서 교회를 비난하고 있어요. 누리꾼들은 정체를 숨기고 싸우는 무적의 병사들입니다. 교회만이 아닙니다. 각 신문의 논조가 이번 선교 봉사단에 대해 비판적입니다. 그것을 한국 교회의 잘못된 선교 정책 문제로 인식하고 있어요. 한 교회가 저지른 이번 사태가 한국의 전 교회의 문제라고 몰아가고 있는데, 불길은 처음부터 잡지 않으면 걷잡을 수 없게 번집니다. 또한 한국 교회가 그동안 너무 교회만 생각하면서 사회와 국가의 문제를 외면해 왔던 점도 사실이니까, 이 기회에 유감 표명을 하는 것이 좋을 듯합니다."

총무가 나서서 정 목사를 설득하듯 말했지만 한편으로는 늙은 목사의 고집을 은근히 비난했다.

"소낙비는 피해 가야 하지요. 이 사태를 계기로 사회가 교회를 공격하고 있는데, 잘못 대응했다가는 교회가 어려움을 당할 테고 사회 혼란으로 번질 수가 있어요."

대표회장이 설득조로 말했다.

"사실 그동안 한국 교회가 벌이고 있는 세계 선교 정책에도 문제가 있지요. 저만 혼자 잘난 것처럼, 특히 대형 교회 목회자들이 마치 자신이 영웅인 듯이 행세하면서…."

총무가 대표회장의 말을 이어받아 설명하려고 했다.

"교회의 선교 문제를 이번 사건과 결부시켜서는 안 되지요. 억지입니다."

정 목사는 생각을 굽히지 않았다.

"고집도 세십니다. 지금이 어느 때라고 고집으로 일을 하려고 하십니까?"

유 목사가 짜증스럽다는 듯이 응수했다.

"고집이라구요. 허허. 사실을 왜곡하고 있는데, 사회로부터 공격을 받는 것이 두려워서 잘못된 판단을 인정하라는 건가요? 목사님, 하나님께서 들으신다는 사실이 두렵지 않으세요?"

정 목사가 단호하게 말하였다.

"목사님 말씀도 일리가 있습니다. 그러나 워낙 사태가 급박하게 돌아가는 상황이라서…. 그러면 여러분의 뜻을 받들어, 이 사태에 대해 개신교 전 교회의 이름으로 일차 유감을 표명하고, 한국 교회의 선교 정책에 대해 반성하고, 이번 사태로 정부와 국민들이 걱정해 주신 것에 대해 감사하며, 빨리 피랍자들이 석방되기를 기원한다는 내용으로 발표를 하겠습니다."

총무가 재빨리 정리했다. 정 목사를 제외한 모두가 박수로 동의했다.

22일 대한기독교연합회에서 이번 아프간 사태에 대하여 교계의 입장을 발표했다.

이번 아프간 봉사단원이 피랍사태로 정부와 국민께 심려를 끼쳐드려 교계로서는 유감으로 생각한다. 앞으로도 한국 교회는 신변 안전과 생명을 위협받는 위험 지역에서 선교활동을 하는 것을 자제해야 한다. 아프가니스탄은 내전 중인 국가이므로 납치와 생명의 위협을 당할 수 있는 곳이기 때문에 그곳에서 행해지는 모든 선교활동을 중단해야 한다. 특히 한국 선교사들이 선교지에서 대규모 인원을 동원하여 집회를 갖거나, 이벤트성 행사를 벌이는 것은 즉각 중지해야 한다.

성명서 내용은 이러했다. 이에 맞서 또 다른 개신교 연합기관인 한국기독교총연합회는 "피랍된 한국인들은 선교 목적이 아닌 순수한 의료봉사대원이므로 탈레반은 인도주의적 입장에서 피랍자들을 하루빨리 석방해 줄 것을 원한다"는 성명을 발표했다.

성명서 발표 후, 인터넷 포털 사이트에 마련된 '아프간 사태와 기독교'라는 방에 많은 글들이 다투어 올라왔다. 30분 만에 사이트가 마비될 만큼 많은 이들이 접속을 시도했다.

— 기독교연합회란 단체는 뭘 하는 곳이야. 왜 그런 성명을 발표했는지, 그 의도가 의심스럽다.
— 옳은 말이다. 한국 교회의 문제를 교회 자체에서 냉정하고 정직하게 파악했다. 이 기회에 교회가 거듭나야 한다.
— 한국 교회의 이름으로 세계 종교 지도자들을 향해 이번 사태의 비인도적인 처사를 알리고 국제사회에 피랍자들을 석방할 수 있도록 호소하는 것이 순서가 아닌가?
— 정치 목사들은 하나님의 마음을 읽기 전에 사람들의 눈치를 살피고 있다. 무슨 소리냐? 당신네 자녀들이 피랍당했다면 이런 한가한 소리를 지껄이고 앉았겠냐?
— 여기저기 광신도들이 많구나. 고민이 담긴 성명이다. 환영한다. 한국의 모든 교회는 회개하고 이 성명의 진의를 받아들여야 한다.

한국종교지도자협의회 사무국장이 운영위원들에게 전화를

돌렸다. 그중 개신교 측 운영위원인 과거 연합회 대표회장을 역임했던 김 목사와 통화가 됐다.

"목사님, 종교협의회에서도 뭔가 성명을 발표해야 되겠지요."

"어찌 그런 생각을 하게 되었어요?"

김 목사는 사무국장의 의도를 궁금해했다.

"전화와 협의회 홈페이지를 통해 왜 종교 지도자들은 죽은 듯이 앉아 있느냐고 성화입니다."

사무국장은 홈페이지에 올라와 있는 몇몇 글들을 소개했다.

"그런데 다른 분들과 의논을 해보세요. 개신교와 관계된 일이라서 뭐라 말하기가 곤란한데, 천주교나 불교계 어른들과 상의하시는 게 좋겠죠."

"목사님의 생각은 어떠신지, 우선 좀 말씀해 주셨으면 하는데요."

"불행한 사태지요. 그런데 하도 교회를 향해 돌팔매질을 하고 있으니까, 생각을 말하기가 쉽지 않네요. 오히려 이번 사태와 직접적 연관이 덜한 불교계와 천주교계 분들과 상의하세요."

사무국장이 예상한 대로였다. 매사에 신중한 김 목사가 성명서 발표를 주저할 것이라고 예측했다.

그는 불교계와 천주교계 운영위원들과 통화를 했다.

"천천히 기다려 봅시다. 이렇게 예민한 때에 뭐라고 발표하겠어요. 잘못하면 개신교 측에서 섭섭하게 생각할 것이고, 잘못하면 누리꾼들과 언론에서 뭐라고 할 것이고, 더구나 정부에서도 종교계에서 나서서 한마디씩 하는 걸 달가워하지 않고 있어요. 혹 탈레반의 비위를 거스르는 말이라도 튀어나오면 협상에 지장이 있다는 것인데⋯. 차차 두고 봅시다."

승려 한 분과 마찬가지로 신부도 비슷한 말을 했다. 사무국
장은 성명서 발표를 잠시 보류하기로 하면서도 마음은 무거웠다.
종교 지도자라는 사람들이 세상의 여론을 이렇게 의식한다면 종
교 지도자 모임 또한 무슨 의미가 있을까.

7

현선은 몇 번이나 유현의 어머니와 통화를 시도했으나, 전화
기에서는 통화 중 신호음만 '두두두' 들려왔다. 몇 차례 통화를
시도하던 중, 지금 유현의 어머니가 집에서 전화를 받을 처지가
아니라는 생각이 들었다. 봉사단을 후원한 교회로 전화를 걸었
으나 역시 계속 통화 중이었다. 현선은 직접 찾아가는 것이 낫겠
다고 생각했다.

전철에서 내려 교회를 향해 완만한 오르막길을 오르자 서울
제2교회 건물이 보였다. 현선은 갑자기 가슴이 울렁거렸다. 유현
의 어머니를 만나면 무슨 말부터 할까? 납치당할 위험을 알아차
리고 빠져나왔다고 생각하지 않을까⋯. 의구심 어린 눈길로 바
라볼 사람들을 생각하니 벌써부터 얼굴이 따가웠다.

교회로 들어가는 길 어귀에 이르렀다. 현선은 눈앞에 펼쳐진
뜻밖의 상황에 놀랐다. 교회 맞은편 길 건너에 스무 명 남짓의 젊
은이들이 모여 주먹을 처들며 고함지고 있었다.

"서울제2교회는 이번 피랍사태에 책임지고 국민 앞에 사과
하라!"

　　　　　　　　　　　　　　비정한 도시

"봉사단이라는 미명으로 사람들을 위험 지역으로 내보낸 교회 관계자는 사죄하라!"

"기독교만이 진리냐? 한국 교회는 세계 선교의 오만함을 버려라!"

피켓을 든 청년들이 교회 앞길을 막은 채 연달아 구호를 외치고 있었다.

"저 사람들 뭘 하는 거야? 왜 여기에 와서!"

전혀 예측하지 못했던 일을 맞닥뜨린 현선은 온몸이 떨렸다. 구호에 이어 꽹과리가 발악하듯 어지럽게 울렸다.

교회 정문은 굳게 닫혀 있었다. 뒷문으로 돌아가 보았다. 그 앞을 지켜 선 건장한 청년들 몇이 현선을 제지했다.

"피랍 가족을 만나러 왔는데요."

"아무도 만날 수 없습니다. 누구도 만나기를 원치 않으십니다."

한 청년이 길 건너에서 고함지르는 사람들을 쳐다보면서 말했다.

"민윤재 목사님 계시죠?"

현선은 교육 받을 때에 몇 번 만났던 선교담당의 민 목사 이름을 대었다.

"지금은 목사님도 만날 수 없어요. 중요한 회의 중이십니다."

청년은 퉁명스럽게 말하며 어서 가라고 손짓했다.

현선은 이내 포기하고 뒤돌아섰다. 피랍자 가족들은 누구도 만나고 싶지 않을 것이다. 만난다 한들 무슨 말로 위로할 것인가? 참가하지 못한 내 부끄러움을 좀 덜어 보려는 것인가? 그때 한 청년이 데모꾼들과 이야기를 나누다가 교회 쪽으로 다가왔다.

"성현선이 아냐?"

한성일보 구 기자였다.

"아니, 구 선배가 여기에 어쩐 일로…."

현선도 의외였다. 대학 1년 선배인 구 기자를 현선은 잘 알고 있었다.

"교회에서 누굴 만나야 하는데, 들어갈 수 없어?"

"무슨 일 있어?"

"이번 봉사단에 선배 언니가 참가했는데…."

현선은 유현 이야기를 꺼냈다.

"혹시 유현이? 참가자 명단에서 이름 보고는 긴가민가했는데 맞았구나…. 걔가 왜 그런 데를 갔을까?"

유현은 구 기자와 과 동기 사이다.

"원래 나도 같이 가려고 했었는데…."

현선은 교육까지 받고서 참가하지 못한 속사정을 털어놓았다.

"교회에서 혹시 무슨 소식을 들을 수 있나 해서 왔는데, 면회가 안 된데…. 선배, 특별히 아는 거 없어?"

"난, 데모하러 왔는가 했어."

"데모하러? 무슨 데모?"

"쟤들 안 보여?"

구 기자는 고함을 지르는 젊은이들을 눈짓으로 가리켰다.

"쟤들은 왜 저래?"

"교회가 문제가 많아서 그래."

"교회가 문제가 많다니? 이 교회가 그런가?"

"꼭 그렇지는 않지만, 한국 교회가 오버한다고 생각하는 거지."

"오버하는 건 쟤들인데. 신학생들이야?"

구 기자는 빙긋이 웃으면서 고개를 저었다.

"현선이가 우리 사회를 너무 모르네. 너 혹시 예수 꼴통이냐?"

"예수 꼴통이라니?"

"광신도 말야."

"광신도는 쟤들인데! 왜 남의 일에 저렇게 거품 물고 야단일까?"

"애국자라 그렇지 뭐."

"애국자?"

현선은 어이가 없었다.

"취재는 마쳤어?"

"아니, 지금 도착했는데, 오늘 피랍자 가족 기도모임이 3시부터 있어. 그걸 취재하려고 겨우 담임목사와 사전 허락을 받았거든."

구 기자가 주위를 살피더니 현선의 옷자락을 끌고, 교회 후문 쪽으로 갔다. 아까 그 청년들이 막아섰다. 구 기자가 신분을 밝혔으나, 기자면 더욱 들어갈 수 없다고 했다.

"담임목사님과 만나기로 사전에 약속했는데…."

구 기자가 명함을 내밀었다. 청년이 무전기로 어디론가 연락을 하더니,

"홍보담당 장로님이 기다리신다고 합니다. 여기는 지하 1층인데, 사무실은 모두 지하에 있습니다. 한 층 내려가시면 아마 담당 장로님이 기다리고 계실 겁니다."

안내원은 지하로 내려가는 계단 쪽을 안내해 주었다.

"교회도 기자들은 다르게 대우하는데…."

현선은 피식 웃으면서 구 기자를 쳐다보았다.

아래층으로 내려가니 노란 바탕에 '안내'라는 검은 글자가 박힌 완장을 찬 청년들이 여럿 있었다. 그중에 완장을 차지 않은 초로의 대머리가 나섰다.

홍보담당 장로는 담임목사는 출타 중이라며 대신 도울 일이 있으면 돕겠다고 했다.

"분위기가 삼엄하네요. 전쟁터 지휘소(CP) 같은데요."

구 기자가 불만스러운 투로 말했다.

"우리는 지금 전쟁을 치르고 있습니다. 오시면서 보시지 않았습니까? 언제 습격이 들어올지 모릅니다. 그래서 교회를 지켜야 합니다. 왜 세상이 우리를 비난하고 공격하는지 모르겠군요. 교회가 이 사회에 무슨 해를 끼쳤는지, 저 꽹과리 소리에 미칠 지경입니다."

장로는 긴장된 표정으로 말을 이어 갔다.

"교회가 세상 사람들에게 못할 짓을 많이 했나 보군요. 왜 사람들이 저렇게 저주를 퍼붓지요?"

"그걸 우리가 어떻게 알겠습니까. 교회가 반사회적인 사교 집단입니까? 이해할 수 없어요. 그곳 사람들을 도와주기 위해서 간 것이 죄가 됩니까?"

장로는 신문기자를 만난 김에 가슴에 묻어 두었던 생각들을 한꺼번에 털어놓았다.

"이 친구는 제 대학 후배인데, 이번 봉사단에 참가하기 위해서 교육까지 받았다가…."

구 기자는 장로가 하는 말이 부담스러웠는지 화제를 돌려 현선을 소개했다.

현선은 사정을 설명하고 유현의 어머니를 만나러 왔다고 말했다. 장로는 현선을 경계심 어린 눈으로 바라보면서 안주머니에서 수첩을 꺼내 보았다.

"민유현 씨가 있네요. 홀어머니 밑에서 곱게 자란 재원이지요. 대기업 회장 비서실 대리인데, 휴가를 받아 봉사단에 참가했어요. 이 자매처럼 모두가 자기 일을 잠시 뒤로 미루고 봉사를 떠난 건데. 고통받고 외로운 사람들의 친구가 되려고 떠난 그네들이 밀수를 하다가 잡혔나요, 도박을 하러 갔다가 잡혔나요? 사회가 그들에게 돌팔매질하는 이유가 뭡니까? 나, 이거 기자 선생을 만난 김에 하는 말인데…."

장로는 또다시 속마음을 거침없이 털어놓았다. 구 기자는 무언가를 수첩에 열심히 메모하였다. 장로는 기자가 자기 말에 관심을 기울이는 것을 알아채고는 이내 밝은 표정을 지었다.

"구 기자님도 크리스천이라고 들었는데, 잘 좀 써주세요."

구 기자는 빙긋이 미소만 지었다.

"피랍자 가족들을 좀 만나 볼 수 없을까요?"

구 기자는 수첩을 호주머니에 넣으면서 장로를 쳐다보았다.

"누구도 만나기를 꺼려합니다. 지난번에 어떤 기자가 와서 취재를 했는데, 정작 기사가 나온 것을 보니 전혀 딴 이야기를 늘어놓았어요."

"뭐라고 썼는데요?"

"피랍된 것이 다 하나님의 뜻이니까, 가족들은 전혀 걱정하지도 않고 슬퍼하지도 않는다고 어느 가족분이 말했는데, 그분을 광신도라 쓴 겁니다. 가족분의 의도는 그게 아니지 않나요. 하나님의 뜻이란 말을 해석도 못하는 사람이 어떻게 기자 노릇을 해요. 사람의 생각으로 도저히 감당할 수 없을 때에 그렇게 말하지요. 슬픔과 충격이 너무나 클 때, 사람에게서는 도저히 위로받을 수 없을 때에 그런 표현을 쓰지요. 그런데 광신도라니? 그런 기사를 쓰는 의도가 뭐예요? 가족들의 소식을 세상에 전하는 것은 세상 사람들에게 피랍자의 고통과 그 절절한 마음을 전하려는 데 있지 않겠어요? 그 기사는 세상 사람들이 가족들을 야유하려고 쓴 것 같았어요."

"장로님, 그렇게 다 말씀해 버리면 저는 쓸거리가 없겠네요."

구 기자는 장로의 흥분한 말투에 떨떠름한 표정을 지었다.

기도실은 한층 더 아래에 있었다. '대기도실'이라는 팻말이 붙어 있는 방 앞에서 현선은 깊은숨을 몰아쉬었다. 주위 분위기가 한껏 가라앉아 있다. 방 안에 있는 사람들의 애끓는 숨결이 복도에까지 스며 나는 것 같았다.

"유현 언니 어머님을 뵐 수 있을까요?"

현선은 만나면 무슨 말부터 해야 할까 생각하면서 장로에게 사정했다.

"개별적으로 만나기를 꺼려하실 겁니다. 신문 기사를 본 후에 모두들 예민해졌어요. 서로가 다른 가족들의 눈을 의식하게 되거든요. 그래서 외부와의 접촉을 삼가고 있어요. 그러니 분위기만 보세요. 가족들의 얼굴 표정만 봐도 알 수 있을 겁니다. 사진 찍거나 인터뷰하지 마세요. 그 점 유념하시고…. 자매의 마음은 제가 잘 전하겠어요."

구 기자는 가족들의 표정에서 그들의 처지와 마음을 읽을 수 있을 것 같았다.

장로가 기도실 문을 살며시 열자 두 사람이 재빨리 안으로 들어갔다. 교실 두 개를 합친 듯한 크기의 방은 조용했다. 문 열리는 기척에도 무릎 꿇고 기도하는 사람들은 여전히 기도에 열중했다. 방 안 사람들은 기도하는 자세가 흐트러지지 않았고 어떤 대화도 나누지 않았다. 모두들 곳곳에 무릎 꿇고 앉거나 방바닥에 머리를 박고서 기도하고 있었다. 방 안 벽에는 A4 용지 크기의 피랍자 사진들이 걸려 있었다. 한 할머니가 사진 앞에 멍한 표정으로 서 있었다.

현선은 숨을 들이켰다. 온몸의 피가 잠시 멎는 것 같았다. 걸려 있는 사진을 휘휘 둘러보다가 유현의 얼굴을 찾았다. 여권사진을 확대해서 붙여 놓은 것이었다. 환한 웃음이 담긴 그 얼굴 앞에서 모든 생각이 멈춰 버렸다.

구 기자는 고요한 기도실의 분위기가 의아했다.

"유현이 어머니를 만나 보겠어?"

현선은 구 기자의 말에 고개를 가로저었다. 오히려 딸에 대한 안타까움만 더해 드릴까 두려웠다.

셋이 기도실을 나와서 계단 쪽으로 걸어가는데, 그 할머니가 복도 의자에 앉아서 손수건으로 눈물을 닦고 있었다.

"왜 나오셨어요. 쉬고 계시면 소식이 오는 대로 제일 먼저 전해드리겠어요."

장로가 할머니를 달랬다. 구 기자가 노인 옆으로 다가갔다.

"이번에 아프간에 간 자제분이 있지요?"

노인이 구 기자를 보며 눈을 껌벅였다.

"막내가 갔어. 며칠 외국 여행을 다녀온다고 하던데, 신문 보고 알았지."

노인은 이 청년이 좋은 소식이라도 전해 줄까 하는 마음에 사정을 털어놓았다. 당황한 장로가 할머니를 일으키더니 부축해서 기도실로 들어가려고 했다.

"할머니, 기도실에 들어가 쉬시지 않으실래요?"

구 기자가 무슨 큰 비밀이라도 얻을 것처럼 뒤쫓아 가면서 큰 소리로 물었다.

"난 예수 몰라. 교인 아니여."

"따님이 교회에 다니는 것은 알았습니까?"

노인이 고개를 끄덕였다.

"이번 봉사단으로 아프간에 간다는 것도 아셨어요?"

"외국에 여행을 다녀온다고 했는데…."

"허락받지 않으셨어요?"

"허락? 무슨 허락? 다 큰 딸인데?"

"대학 다녔어요?"

"대학은 졸업했고…."

"대학원에 다녀요. 사회복지학 전공이지요."

장로가 보충 설명을 했다. 그 이야기를 나누는 동안에 구 기자는 노인의 모습을 카메라에 담았다.

"왜, 사진을 자꾸 찍어요?"

장로는 사진을 찍는 구 기자가 못마땅했다. 그렇다고 못 찍게 할 수도 없었다.

"교회 차원에서 사태를 수습하려는 특별한 방안이 있나요?"

"특별한 대책이 있겠습니까? 정부와 긴밀한 관계를 유지하면서 조기 석방을 위해 노력해야죠."

"어떤 일을 하고 있어요?"

"지금으로서는 봉사단원들의 소식을 듣는 것이 급한데, 그렇다고 정부가 있는데 우리가 먼저 어떻게 할 수도 없고, 정부 관계자와 긴밀한 연락을 취하면서…."

장로는 일반적인 이야기를 했다.

"국민들은 교회를 향해 사과하라고 야단인데요?"

순간 장로의 표정이 굳었다.

"사과할 일이 있으면 사과해야지요. 하지만 지금 그런 문제보다 더 시급한 일이 많아서요. 그 가족들 보셨지요. 그들은 오로지 피랍자 석방을 위해서 기도할 뿐입니다. 다른 방도가 없지요."

"그렇다면 국민에게 사과할 필요가 없다는 말인가요?"

"아니지요. 할 때가 되면 사과하지요."

장로는 이 대목에서 목소리에 힘을 주었다.

셋은 계단을 걸어 위층으로 올라왔다. 장로는 멀리 배웅할 처지가 못 된다면서 구 기자 일행을 보내었다.

밖에서는 아직도 교회를 성토하는 젊은이들이 고함을 지르면서 꽹과리를 두드리고 있다. 현선은 마음이 무거웠다. 기도실에서 말없이 기도하는 창백한 얼굴들과 복도 의자에 앉아 있던 시골 할머니의 모습이 지워지지 않았다.

아침 신문에서 현선은 구 기자가 취재한 기사를 읽다가 숨이

컥 막혔다.

> **교회를 성토하는 시민들의 목소리는 여전하다.**
> **어머니도 모르는 딸의 화려한 외출?**
> **서울제2교회 지하 복도에서 울고 있는 피랍자의 늙은 어머니,**
> **그는 예수도 교회도 모른다고 했다.**

기사는 가족 몰래 봉사단원이 된 젊은이들이 부모 마음을 더욱 안타깝게 한다면서, 부모를 속이고 봉사단에 참여한 여대생들도 있다고 보도했다.

> **왜 시민들은 서울제2교회의 처사를 규탄하는가.**
> **한국 기독교는 왜 시민들에게 비난을 받는가.**

이런 소제목의 기사였다. '교회 앞에 모여 교회를 규탄하는 시민단체의 모임이 계속되고 있고, 기도실 복도에는 막내딸을 기다리는 노모가 눈물을 흘리면서 기자에게 딸을 구해 달라고 울부짖는다. 교회는 피랍자들의 구조를 위해 아무런 대책도 세우지 않고 있다. 피랍자들 중에는 부모가 기독교인이 아닌 경우도 여럿 있는데, 이들은 집안에 알리지도 않고 참가해서 나중에 집안에 분란이 일어날 우려도 없지 않다.' 대략 이런 내용이었다.

기사는 피랍자 가족들의 안타까운 모습과 그들의 마음에는 전혀 관심이 없었다. 위로하는 내용이기보다는 오히려 그들에 대한 부정적인 시각을 노출하고 있었다.

현선은 분노가 치밀었다.

"구 선배 어떻게 된 거야?"

현선은 전화를 걸어 항의했다.

"미안하고 미안하다. 내가 기사를 세 번이나 고쳐 썼다. 이번 사건에 대한 신문사 보도 방침이 그래서 어쩔 수 없었어. 나도 이 자리에 붙어 있으려니까 내 뜻을 고집할 수 없다. 기자라는 게 고작 그 수준이야. 그렇지 않아도 그 홍보 장로로부터 항의 전화 받았어. 나만 죽어나는 것이지. 나도 모르겠다. 팀장하고 대판 싸움을 붙을까 하다가 참았다."

구 기자의 목소리에 현선은 맥이 풀렸다.

"그래도 난 가족들의 아픔을 세상에 알리려고 했어. 기사 잘 읽어 봐. 그런 의도가 숨어 있어."

"선배, 기사가 뭐 감상문인가? 왜 의도를 숨겨 놓아요?"

"그게 대한민국 기자의 숙명이지."

"부끄럽지도 않아요?"

현선은 전화를 끊은 뒤 다시 그 기사를 읽어 보았다.

…가족들의 그 안타까운 마음은 하나님만이 아실 것인가? 그들의 한숨 소리가 교회 밖에서 교회를 규탄하는 함성과 꽹과리 소리 속에 묻혀 교회를 뒤로하고 나오는 내 등을 쳤다. …

현선은 기사를 읽을수록 분노가 치밀어 올랐다. 유치하다.

2. 민유현의 일기 (1)

I

<u>7월 13일</u>

아침 8시, 아프간 단기봉사 단원들은 교회를 떠나 인천국제 공항을 향했다. 에어차이나 항공편을 이용하여 북경을 거쳐 두 바이로 가게 되어 있다. 두바이로 가는 직항이 있는데도, 경비를 절감하기 위해 북경 경유를 택했다. 비행시간도 길고 짐도 찾아 다시 부치는 번거로운 일이 많았으나, 1인당 30여 만 원을 절감 할 수 있어서 이 노선을 택했다. 교회 버스에 탔을 때에야 아프간 으로 간다는 것이 실감났다.

출국 수속을 받기 위해 여권과 입국카드를 들고 줄을 서서 기 다리고 있으려니 지난 몇 달간의 일이 스쳐 지나갔다. 서울을 떠 나 몇 주 동안 낯선 땅에서 전혀 경험해 보지 않은 일을 하게 될 거라는 사실이 실감나지 않았다. 그동안 이번 봉사단에 참여하 기까지 너무 의외의 일이 많았다.

그날 저녁 현선과 같이 식사를 하게 된 것도 예상하지 않았던 일이었고, 식사 후에 집으로 가다가 낯선 젊은이들을 따라 교회로 들어간 것도 전혀 계획에 없는 일이었다. 그 일만이 아니다. 아프간에 가기로 준비하는 동안 생각지도 못한 일들이 많이 일어났다. 준비 기간 동안 바쁘게 생활하면서도 지금까지 체험해 보지 못했던 한가함과 여유로움을 누릴 수 있었던 것도 의외여서, 자신에게 닥친 일들이 신비롭기까지 했다.

그날 퇴근 무렵 현선으로부터 문자를 받았다.

"퇴근길에 잠깐 보고 싶은데, 1층 카페에서 기다릴게요."

그날 마침 회장님이 출타 중이어서 제시간에 퇴근하게 된 것도 예삿일은 아니었다. 곧장 집으로 들어가려던 참이라 마음이 홀가분했다.

현선은 사옥 로비 모퉁이 카페에서 기다리고 있었다. 퇴근 시간이라 사람들이 폭포수처럼 쏟아져 나왔다. 모두들 하루를 무사히 마쳤다는 안도감으로 발걸음이 바빴다.

"언니, 이거…. 부끄러워."

현선은 석사학위 논문을 내밀었다. 나는 책을 받으면서 마주 앉은 현선의 얼굴을 쳐다보았다. 스물일곱이면 세상 물정에 어느 만큼은 영악할 나이인데, 그녀는 텃밭에서 자란 토종 배추 같다. "〈주홍글씨〉의 창녀 모티브의 인문학적 고찰" 논문 제목도 의외였다. 대학 때에는 페미니즘에 빠져 있었다. 그런데 창녀 모티브라니. 전혀 의외의 주제이다. 저렇게 청순한 여자가 어떻게 '주홍글씨'를 붙잡았을까?

"언니, 인간의 편견을 생각해 본 거예요. 누구나 창녀 기질을 갖고 있는데, 그러한 상황이 내게 나타나지 않았다는 것을 감사

해야 하는데…. 죄 없는 사람은 이 여자에게 돌을 던지라던 예수
님의 말씀이 생각나고…. 왜 그 창녀 에피소드가 꼭 성경에 필요
했을까요. 당시에도 성에 대한 편견이 인간에게는 너무 큰 굴레
였을까요."

현선은 주홍글씨를 택한 것에 대해 내가 편견으로 바라보고
있다고 생각하는 것 같았다.

"매력적인 주제야. 아주 도발적이고. 남성의 편견에 대한 항
변인가?"

"남성만이 아니라, 성에 대한 편견은 일종의 자기 보호막이라
고 생각했지요. 그래서 그 편견의 울타리는 더욱 탄탄해질 수밖
에 없고, 그럴수록 인간들은 거기에서 벗어날 수 없다고 생각했
기에 더욱 극렬하게 성을 터부시하고, 가장 자유롭다고 생각하
는 사람일수록 편견이 심한 것도 이해할 수 없는 일이지요."

나는 벌써 그녀의 생각에 동의하고 있었다.

"천천히 읽어 볼게. 언제 밥 사지?"

"언제 사줄래요?"

"그럼, 오늘 저녁 할까."

"밥보다는 언니와 이야기하고 싶어서 그래."

"나도 현선이를 보니 마음이 편안해지는구나. 오랜만에 즐거
운 만남 마련해 줘서 고맙다. 내가 볼까."

오랜만에 나는 정말 한가로웠다. 평소에는 사람 만나는 일로
하루 종일 지내고, 그 일이 저녁에서 밤까지 연장될 때도 있다.
회장은 외국 손님을 만날 때마다 나를 불렀다. 내 통역에 신뢰가
간다는 것이다. 민 대리는 내가 말하려는 것을 다 알아서 전해 주

니까, 내가 외국인에게 부담 가질 필요가 없어. 회장은 편하겠지만 나는 긴장해야 했다. 외국 손님만이 아니라, 내국인을 만날 때도 수행할 경우가 있다. 만나기가 거북하면서도 만나지 않으면 안 될 사람을 만날 때는 꼭 나를 곁에 둔다.

사옥 근처에 있는 일식집에서 튀김정식을 먹으면서 인간의 성적 편견에 대해 이야기를 계속했다. 돈과 권력과 사랑과 미움…. 이런 것들이 편견을 더하게 만든다. 사람들은 모두 이것들을 갈구하면서도 겉으로는 초연한 척한다.

식당에서 나와 우리 둘은 어깨를 나란히 하고 추운 거리를 걸었다. 연말이 가까워서인지 모두들 긴장된 얼굴로 바쁘게 오가고 있었다. 얼마쯤 가는데 교회 건물이 보였다. 평일인데도 그 교회로 젊은이들이 몰려가고 있었다. 무슨 구경거리가 있는가. 나란히 걷던 우리는 잠시 걸음을 멈추고 마주 바라보았다. 순간 내가 교회를 멀리했던 것도 편견 때문이 아닌가 하는 생각이 들었다. 아버지의 방종한 삶에 진저리를 치던 어머니는 교회에 마음을 붙이고 모진 인생을 인내로 살아왔다. 어머니는 남편의 방종과 부도덕에 저항하기 위해서, 그 억압과 폭력으로부터 자신을 지탱하기 위해서 교회를 택했던가. 어머니가 간직하고 있는 것은 거짓 사랑과 관용이 아니었던가. 그러한 어머니는 아버지가 간암으로 돌아가시고 나자, 비로소 아버지에 대한 애틋한 사랑을 드러내기 시작했다. 너무나 아버지를 사랑한 어머니였기에 도리어 아버지에게는 너무 냉정했다. 어머니가 아버지를 조금만 감싸 주었더라면, 여자로서 아버지를 대해 줬다면, 아버지는 그렇게 인생을 마감하지는 않았을 것이다. 그래서 나는 어머니의 신앙까지도 순수하게 받아들이지 못했다. 그뿐만 아니라, 교회를 편견과 고집의 소굴처럼 생각하게 되었다. 예수도 당시 종교인들에게 교회가 회칠한 무덤과 같다고 야유했었지. 그런데 아버지가 떠나고 난 다음에 어머니의 진심을 어렴풋이 알게 되면서 어머니에 대한 편견을 어느 정도 벗어 버릴 수 있었다. 그러나 교회에 대한 내 편견은 털어 버릴 수 없었다.

그런데 이 추운 밤에 바삐 교회로 몰려가는 젊은이들의 모습을 보는 순간 가슴에 잔잔한 파동이 일었다. 거기 가서 토플이나 취업 전략을 배우는 것도 아니고, 인기 연예인이나, 성공의 비밀을 은밀하게 말해 주는 영웅을 만나는 일도 없을 텐데, 왜 저렇게 바삐 몰려가는가. 그렇게 둘이 같은 생각을 했을까? 우리는 마주 보면서 눈을 몇 번 껌벅였고, 젊은이들의 뒤를 따랐다.

예배당을 가득 채운 사람들 앞에서 한 중년 여자가 뭔가 열심히 이야기하고 있었다. 이따금 영상자료가 모니터에 띄워졌다. 이야기는 거의 끝나 가고 있었다.

그날 거기에서 한 사람을 만나게 되었다.

한국에서 이름 있는 의대를 나온 젊은 산부인과 여의사이자 의과대학 부교수인 그녀는 어느 날 자신이 누리고 있는 것을 모두 내려놓고 아프간으로 떠났다. 그 계기가 극적이었다. 그는 주말에 백화점에 들러 쇼핑을 하고는 집으로 돌아가려다가 우연히 지하 1층 서점에 들르게 되었다. 그곳에서 책을 구경하던 그녀는 책 한 권을 만나게 되었다. 세계 여러 곳에서 일어나는 내전 보고서였다. 전쟁에 대해서는 관심이 없는 그녀였으나, 그 전쟁 때문에 수많은 여자들과 아이들이 고통을 받고 있다는 내용을 선 채로 몇 장 읽었다. 10분쯤 읽었을까. 눈물이 흘러 그 자리에서 더 읽을 수 없었기에 책을 사들고 나왔다. 주차장 차 안에서 책을 반 넘게 읽었다. 읽으면서 울다 보니, 남들의 시선이 신경 쓰여 차를 몰고 집으로 들어왔다. 아직 미혼인 막내딸이 눈이 퉁퉁 붓게 울고 들어오는 모습을 본 어머니는 긴장했다. 그날 밤 이후 그녀는 아프간에 빠져 버렸다. 줄기세포 분야에서 촉망받을 젊은 여의사는 일이 손에 잡히지 않았다. 결국 그녀는 직장을 그만두고 아프간으로 떠나야 했다.

"저는 행복한 사람입니다. 그곳 사람들, 특히 어린이와 남편을 잃고 혼자 살아가는 어머니들이 나를 좋아하고 사랑합니다. 나도 그들을 사랑하고 좋아합니다. 그들과 함께 있으면 마음이 편하고 행복합니다. 사람이 정말 선하다는 것을 알게 됩니다. 저는 서울에서 젊은 여의사로서 주위 부러움을 받고 살아가면서도 사람이 선하다는 것을 실감하지 못했습니다. 항상 긴장 속에 사람들을 만났습니다. 이름 있는 사람, 유능한 사람, 관계를 맺음으로 내게 유익을 안겨 주는 사람들을 만날 때일수록 행복하지 않았습니다. 그런데 사람들은 나를 행복한 사람이라고 합니다. 그 말을 들을 때마다 저는 심한 자괴감에 빠졌습니다. 남들이 보기에 나는 행복의 조건을 다 갖추고 있는데 왜 행복하지 못할까? 결국 그 이유는 제가 가진 것을 남에게 나눠 줄 줄 모르기 때문이라는 것을 알게 되었습니다. 그럴 즈음에 아프간이 나타난 것입니다. 내 깃을 나눠 줄 대상을 찾게 된 것입니다. 여러분, 기도 많이 해주십시오. 그리고 한국에서 살아가는 이 여유로움을 어려운 처지에 있는 분들과 나누기를 권합니다. 나누는 방법은 많이 있습니다. 물질이건 몸이건 기도이건, 생각만이라도 나눌 수 있다면, 그것은 다른 모습으로 그들에게 전달될 것입니다."

나는 그 여자의 말에 너무 벅차서 정신이 혼미해졌다. 맑고 고운 얼굴, 지성적 어투, 모든 경계심을 해제하는 그 푸근함에 매료되어 모임이 끝난 다음에 그 여자 선교사를 만났다. 저와 같은 사람도 아프간에서는 필요할까요. 나는 울먹이면서 말했다. 그리고 며칠 동안 그 밤에 가졌던 내 마음이 정직한가 확인해 보았다. 선교사가 한국을 떠나기 전까지 몇 번 만나면서 그곳 생활에 대해 듣고, 할 수 있는 일을 의논했다.

마지막 만났을 때에 선교회를 소개받았다. 현선이도 같이 가기로 했다. 나도 그 선교사처럼 그곳에서 일할 수만 있다면 행운이라고 생각했다. 준비하는 동안 또 다른 내 자신을 발견했다.

토요일과 일요일에 4시간씩 6주 동안 훈련을 받았다. 아프간 지역의 사회 문화와 정치 상황과 주민 생활에 대해 공부했다. 남을 돕는 일이 내 삶의 중심이 되도록 훈련을 받았다. 사람들에 대한 생각을 바꾸기 위해 여러 체험을 했다. 병원에 가서 말기 암 환자들을 돌보았고, 다문화권 사람들과 생활하기도 했다. 사람들에 대한 편견을 극복하는 훈련도 받았다. 아무 음식이나 먹을 수 있고, 어떤 처지에 있는 사람들과도 이야기하고 친해질 수 있고, 어떤 환경에서도 즐겁게 적응하려고 노력했다.

훈련을 순조롭게 마칠 수 있어서 감사했다. 중도에 훈련을 그만둬야 할 사정이 생기지 않는 것도 다행이다. 어머니는 교육을 다 마치고 비자까지 받고 나자 내게 고맙다고 했다. 제 일인데요. 나는 어머니의 마음을 이해할 수 없었다. 그래 네가 선택한 일이지만, 그래도 내가 이렇게 마음이 편안하고, 그동안 네게 가졌던 응어리진 마음들이 풀리니 행복하다. 어머니는 어제저녁 나와 한 이불에서 자면서 고백처럼 말했다.

더구나 비서실 직원들과 회장님의 배려는 잊을 수 없다. 왜들 내 주변 사람들은 떠나는 나를 축하해 주는가.

회장님은 바쁘신 중에도 내 인사를 받으시려고 퇴근 시간까지 기다려 주셨다.

"잘 다녀와라. 세상을 알고, 고통받는 사람들을 만나서 그들과 지내는 동안에 사람과 세상을 새롭게 볼 수 있을 것이다."

회장님은 손녀 대하듯이 내 등을 도닥이면서 격려해 주셨다.

"감사합니다."

나는 그 어른께 더 할 말이 없었다.

"잠깐."

회장님은 나가려는 나를 불러 세웠다. 그러고는 천천히 서랍을 열고 초록색 봉투를 꺼내더니 내게 건네 주었다.

"이거 많지 않지만, 5백 불이니까 단원들과 함께 식사를 한 끼 하든지 아니면 유현이가 쓰고 싶은 데 써라. 적다고 하지 말아. 내가 사원들 출장 갈 때 봉투 주기는 30년 만에 처음이다."

회장은 어쩔 줄 몰라 하는 내게 손사래를 치면서 어서 가보라고 했다. 나는 목이 막혔다. 평소에는 엄하고 차디찬 노인인데 전혀 다른 모습이었다. 이것도 내게는 감사할 일이다. 그동안 내가 주위 분들에게 편견을 갖고 대해 오지 않았던가.

"안녕히 계십시오. 잘 다녀오겠습니다."

나는 울음을 참으면서 회장님 앞에서 물러났다. 비서실로 나와서 비서실장에게 허리를 굽혔다.

"자리를 오랫동안 비우게 되어서 죄송해요. 사무실 생각은
않고 제 욕심만 채워서….'

겨우 인사말을 입안말로 우물거렸다.

"아냐. 이 여름에 얼마나 고생하겠어. 우리 비서실 전 식구를
대신해 떠난다고 생각해. 갔다 와서 내가 밥을 사지. 그리고 이
거, 비서실 직원들의 마음이야. 요긴하게 쓴다면 우리는 더없이
즐겁겠다."

비서실장인 구 상무가 노란 봉투를 건네줬다.

"상무님, 영원히 떠나라는 건가요. 왜 이러세요. 그렇지 않아
도 회장님도 고맙고 상무님도 고마운데, 이러시면 다시 돌아올
수 없을 것 같아요."

나는 울음을 참지 못했다. 비서실 식구들이 내 주위로 모여
들었다.

"얼마나 고생하겠어. 거기는 덥고 냉방도 안 될 텐데, 더위에
음식 조심하고. 컨디션 안 좋으면 무조건 쉬어, 알았지?"

바로 내 윗선인 스케줄 담당 김 과장 언니가 자기 동생 일처
럼 걱정했다.

비서실을 나와 긴 복도를 걸어 엘리베이터 앞까지 오면서, 참
좋은 사람들이 모인 이 직장에서 일할 수 있어 행복하다고 새삼
스럽게 생각했다. 평소에는 내가 잘나서 이런 직장에서 일한다고
생각했고, 나만큼 외국어 구사를 잘하는 직원이 어디 있는가 하
고 자부심도 가졌지만, 오늘 이들 앞에서 나는 아주 작아졌다.
너무나 많은 사람들로부터 커다란 사랑을 받고 살아왔다는 것

을 깨닫는 순간, 스스로 작아질 수밖에 없었다. 생각하지 못했던 깨달음은 큰 선물이었다. 이 마음을 그곳 사람들에게 전해야지. 천진스러운 그 아프간 어린이들과 힘겹게 살아가는 그곳 사람들에게 내 이웃이 내게 베풀어 준 귀한 배려와 아름다운 마음들을 전해야겠다. 그렇게 입속으로 되뇌면서, 교육 기간 동안 영상물과 사진으로 만난 아프간 아이들 얼굴을 그려 보았다.

봉사단원으로 참여하기 위해 교육을 받고 비자를 신청하게 되면서 비서실장 상무에게 반 년간 휴직 건에 대해 의논했었다.

"봉사단원으로 참여하게 되었어요. 월차 휴가는 한 달이 안 되나요? 어려우면 6개월 휴직을 할 수밖에 없겠지요?"

나는 당돌하게 물었다.

"6개월 휴직이 어디 있어. 퇴사를 해야 할걸."

상무는 내 시선을 외면하고 약간 부르튼 목소리로 말했다. 그때 나는 상무가 야속하다고 생각했다.

"할 수 없지요. 퇴사를 하는 수밖에."

"애인과 같이 가는 거야? 혹시 민 대리도 광신돈가?"

더 할 말이 없었다. 그래도 마음이 조금도 흔들리지 않았다.

뒷날 나는 그렇게 쌀쌀맞게 대한 것이 상무의 진심이 아니었다는 것을 알고서 부끄러웠다.

"너무 어려운 결단을 해서 내가 좀 약이 올라 튕겨 줬는데, 내가 야속했겠지?"

상무는 어제 일을 말하면서, 회장님이 출장으로 처리하라고 지시했다고 전했다. 순간 이번 일은 내가 선택한 일이 아니라고 생각했다. 어쩌면 그 여선교사처럼 봉사활동을 갔다가 그곳에 눌러앉을지도 모른다고 생각되었다.

북경행 에어차이나 좌석에 앉았을 때 기도했다. 제가 이들과 함께 아프간에 가도록 인도해 주신 주님 감사합니다. 가고 오는 길을 지켜 주시고, 만나는 사람들과 하는 일을 통해 주님의 섭리와 뜻을 깨닫도록 인도해 주옵소서.

비행기 기체가 공중으로 솟아올랐다. 새로운 세계로 비상하는 듯한 감격이 가슴에 차올랐다. 북경 공항에 도착할 동안 나는 긴장에서 벗어나지 못했다. 새벽 5시에 일어나 지금까지 지냈는데도 조금도 피곤하지 않았다. 두바이행 항공기로 옮겨 타기 위해 짐을 찾아 다시 부치느라고 긴장이 더했다.

두바이에 도착한 것은 밤 10시가 넘어서였다. 카불로 가는 비행기는 다음 날 아침 6시 30분에 출발할 예정이라고 하였다. 우리는 짐을 찾고 카불행 비행기를 타기 위해서 건너편 터미널로 이동했다. 한밤중인데도 한증막에 들어온 것처럼 무덥고 습했다. 공항 시설들도 열악했다. 공항 대기실에는 앉아 있을 자리가 마땅치 않아서 한구석에 신문지나 타월을 깔고 잠을 청했다. 해외여행을 여러 번 해보았지만 공항 대기실 바닥에서 잠을 자보기는 처음이었다. 모든 일이 어리둥절하고 불확실해서 은근히 겁이 나기도 했다. 내가 견뎌 낼 수 있을까. 내 몸이 이러한 여건을 감당해 줄까. 세계 어느 공항도 인천이나 김포 정도는 될 줄로만 알았는데…. 순간 회장님과 비서실 동료들의 격려가 생각나면서 눈물이 나왔다.

7월 14일

아침 일찍 카불로 가는 아리아나 항공사 비행기에 탑승했다. 기내는 상당히 더웠고, 승객들은 머리에 터번을 두른 아랍 사람들이 대부분이었다. 문득 아리아나 항공사가 세계 항공사 중 사고율 1위라는 말이 생각났다. 좌석에 앉아서도 목적지까지 무사히 갈 수 있을까 걱정되었다. 비행기 창을 가린 커튼 틈으로 밖을 훔쳐 보았다. 땅은 온통 붉은 황토색이었다.

비행기가 이륙하자 마음이 좀 놓였다. 고도를 유지하여 정상적으로 비행이 계속되는 듯해 잠시 눈을 붙였다. 잠이 들었던가? 카불 공항이 가까웠다는 안내 방송에 눈을 떴다. 비행기가 착륙하자 안도의 한숨을 후 내쉬었다.

공항에는 현지에서 봉사활동을 하고 있는 민 선교사가 버스를 빌려 마중 나와 있었다. 낯선 도시에서 만난 우리는 서로 얼굴을 마주하면서 긴장을 풀었다. 이제 아랍의 한 도시에서 현지 사람들을 만나 그들과 사귀면서 일하고 친해질 일을 생각하니, 전혀 다른 사람으로 다시 태어난 것 같았다. 하루 전까지도 실감할 수 없었던 일이었다.

카불에서 아프간 북부에 있는 마자리샤리프까지는 버스로 10시간 거리라고 했다. 버스는 외양이 제법 그럴듯해 보였으나 타고 보니 낡은 차였다. 에어컨이 작동되지 않아 차 안은 무더웠다. 이동할 때에는 창문을 열 수도 없었다. 안전을 위하여 이동하는 버스에는 꼭 커튼을 치도록 되어 있다. 일행 중에는 멀미로 고생하는 사람들도 몇 있었다. 그들은 지붕 쪽에 난 환기통을 열고 바람이 통하는 곳에 자리를 잡았다.

커튼 사이로 부서진 건물들이며 버려진 탱크 잔해들이 보였다. 비쩍 마른 사람들이 맨발로 걸어다녔다. 머리부터 발끝까지 부르카를 입은 여성들은 이 무더운 날씨에 얼마나 힘들지 생각해 보았다. 길옆에는 작은 상점들이 줄지어 있고, 가끔씩 수레 위에 과일들을 파는 노점상도 눈에 띄었다. 이런 곳에서 사람들이 어떻게 살아갈까. 그들에게도 꿈이 있을까. 행복을 생각하며 살고 있을까. 그런 생각을 하자 가슴이 뭉클했다. 무슨 영문인지 모르겠다. 연민이 아니다. 이렇게 살아가는 사람들의 처지를 전혀 생각하지 못했던 내 무심함에 대한 부끄러움인가. 내가 이들에게 줄 수 있는 것이 무엇인가. 생각이 너무 복잡했다.

버스가 허우적거리면서 오르막길을 힘겹게 올라갔다. 길이 구불구불해서 차가 요동을 쳤다. 해발 4천 미터가 넘는 힌두쿠시 산맥을 넘고 있다고 했다. 바위산에는 나무들이 별로 없었다. 불에 타다 남은 땅처럼 황토와 붉은 바위로 되어 있는 작은 봉우리들이 계속 나타났다가 사라졌다.

힘겹게 오르던 차가 갑자기 멈춰 서더니 움직이지 않았다. 운전사가 내리더니 고장이라고 했다. 겨우 산맥을 넘었지만 목적지인 마자리샤리프까지는 한참이나 더 가야 한다고 선교사님이 설명했다. 운전기사가 엔진 덮개를 열고 한참이나 꾸물거리더니 다 고쳤다고 했다. 그동안 일행들은 차 밖으로 나와서 바람을 쐬었다. 시동이 걸리자 사람들은 후 한숨을 내쉬면서 박수를 쳤다.

작은 도시에 도착한 버스는 시내를 돌아다니다가 서비스센터를 찾아 차를 세웠다. 한 시간 정도 걸려서 차를 수리했다. 마자리샤리프에 도착한 것은 자정이 가까워서였다.

"다 왔습니다. 수고하셨습니다."

안내하는 선교사의 말에 '주님, 감사합니다' 하고 소리 죽여 기도했다.

차에서 내려서 선교사 숙소로 옮겼다. 선교사님들과 그 가족들이 한밤중인데도 나와서 반갑게 맞아 주었다. 우리는 세수를 하고 감사예배를 드렸다. 자꾸 울음이 복받쳤다. 무사히 올 수 있었던 것이 기적이라고 생각되었다. 사람과 사람이 서로 어울려 살아가는 그 푸근한 정을 오랜만에 느낄 수 있었다. 서울과 아프간의 북부 지역의 거리를 가늠해 보았다. 나 자신이 전혀 다른 사람이 되었다는 것을 실감하였다. 서울에 있었다면 그룹 회장 비서실에서 세련된 옷차림으로 품위 있는 말과 표정을 유지하면서 회사를 위해 열심히 일하고 있을 것이다. 그런데 지금 이 한밤중에 아프간의 한 도시에 와 있다 생각하니 감격스럽고 감사했다.

7월 15일

늦잠을 자고 일어났다. 선교사님들이 준비한 한국식 음식으로 아침을 맛있게 먹었다. 특히 양배추로 담근 김치가 입에 맞았다.

식사 후에 예배를 드렸다. 배형규 목사님께서 마태복음 5장 3~12절에 의지하여 〈마음이 가난한 자〉라는 제목으로 말씀을 전하셨다.

"이곳 사람들과 친해지려면 이곳 복장을 하는 것이 좋아요. 이곳 언어로 말하고 사랑하는 마음을 가지면, 서로 마음이 통해요. 사랑은 묘한 힘을 갖고 있어요. 누구나 사랑할 수 있는 마음이 '가난한 마음' 아닐까요."

우리는 이곳에서 새로운 형제들과 만나 그들에게 필요한 사랑을 열심히 전하기 위해 주님께 기도했다.

오늘은 활동 지역으로 나가서, 현지 사정을 파악하고 일할 준비를 하기로 했다. 모두들 현지인 복장으로 갈아입었다. 남자 단원들은 선교사님들을 돕고 있는 현지인으로부터 머리에 터번 두르는 요령도 배웠다. 어떤 단원은 일부러 이곳 사람들과 친해지기 위해서 오래전부터 수염까지 길렀다. 현지인 옷을 입고 터번을 두르니 이곳 사람들처럼 보였다. 여자 단원들은 현지인 여자 복장을 하고 차도르로 얼굴을 가렸다. 이제 우리는 모두 아프간 사람이 되었다.

7월 16일

카불 시내에서 좀 떨어진 외곽지대에 있는 선교센터는 이 지역 주민들의 살림터였다. 200여 평의 2층 건물인데, 아래층에는 사무실과 부녀자들이 제봉 기술을 실습하는 공간과 청년들의 컴퓨터 교실이 있고, 2층에는 어린이 교실이 있다. 어린이들은 이곳에서 공부도 하고 노래와 그림을 배우고 갖가지 놀이를 한다. 집에 공부할 방이 없는 가난한 어린이들이 자유롭게 지낼 수 있는 프로그램이 마련되어 있다. 선교사 숙소도 20여 평 되는 별채가 따로 있었다.

봉사팀은 세 팀으로 나누어 일하기 시작했다. 한 팀은 선교센터 건물 보수 작업을 맡았다. 우리는 입국하기 전에 이곳에서 일하는 데 필요한 물품들을 준비해 왔다. 이미 선교센터 건물 외벽 페인트칠을 하기로 계획을 세우고 준비했던 것이다. 단원 중에는 이 일하기 위해서 페인트칠을 배워 온 사람이 셋이나 되었다.

우선 사다리를 설치하고 작업을 시작했다. 세 사람이 이틀 동안이면 다할 수 있다고 했다. 건물 내부도 수리할 것이 많았다. 대원 중에는 목수 일을 하는 사람도 있어서 깨어진 유리창을 달았고, 덜렁거리는 문짝을 고쳤다.

다른 한 팀은 아이들의 이발을 담당했다. 이미 한국에서 봉사단이 온다는 소식을 들어서인지, 아침부터 아이들과 부녀자들이 많이 모여들었다. 그들은 이곳 주민들이었다. 부인네들은 안내하는 여자 선교사들과 손을 잡고 반갑게 인사를 나누었다. 아이들도 선교사들을 동네 아저씨나 학교 선생님처럼 대했다.

또 다른 팀은 간단한 상처를 치료해 주는 일을 맡았다. 단원 중에는 전문 간호사가 있어서 피부병을 앓거나 부스럼이 난 어린이들을 치료했다. 소독하고 약을 발라 주니 모두가 흐뭇해했다. 2, 3일만 치료를 받으면 나을 것이라는 말에 사람들은 좋아했다. 어른들의 간단한 외상과 피부병도 치료해 주었다. 생활 환경이 열악해서 피부병 환자가 많다는 것을 사전에 파악하고는 피부질환 치료제와 부스럼 치료제를 많이 준비하고 왔다. 여러 날 치료를 받아야 할 사람들에게는 연고를 나누어 주고 사용법을 알려 주었다. 사람들은 생전 처음 약을 받아 보고는 즐거워했다.

또 참빗으로 머리에 이를 잡아 주었고, 약도 뿌려 주었다. 아이들은 낯선 청년들이 자기를 위해 뭔가 해준다는 것을 매우 즐겁게 받아 주었다. 치료를 끝낸 아이들은 봉사대원들과 어울려 공놀이를 하고, 탁구도 쳤다. 선교센터에 탁구대가 마련되어 있었다. 또 그림을 그리기도 했다. 서울에서 크레파스와 도화지를 준비해 온 덕분이었다.

부녀자들은 봉사대원들과 같이 자수를 놓았다. 자수 실도 많이 준비해서 나누어 주었다. 이곳 부녀자들은 틈이 나면 수를 놓았다.

사람들은 자기네와 같은 옷차림을 한 봉사단원들을 보고는 눈을 크게 뜨면서 놀라더니 우리 손을 꼭 잡으면서 좋아라 했다.

"이 옷 예쁘지요?"

통역하는 팀원이 묻자 고개를 끄덕이고는 두 팔로 원을 크게 그리면서 뭐라고 말했다. 아주 아름답다는 뜻이라고 통역이 전해 줬다.

그들은 자기네 옷차림을 한 봉사단원들에게서 친근함을 느낀 모양이다. 부인네들은 트고 부스럼이 난 손 보이기를 부끄러워했다. 단원들은 소독액으로 그런 손을 닦고 로션을 바르고 마사지를 해주었다. 튼 곳에 연고도 발랐다. 그 사람들은 우리가 하는 양을 물끄러미 바라보더니 눈물을 글썽였다. 손을 치료하고 다듬어 주자 부인네들은 고맙다고 했다. 이들에게 로션을 주었다. 통역이 바르는 방법을 설명해 주었다.

아이들은 오래 사귄 이웃집 아저씨나 누나처럼 봉사팀원들을 잘 따랐다. 나는 아이들의 이발을 담당했다. 오기 전에 미용과 이용 기술을 배워서 어렵지 않았다. 멋지게 머리를 잘라 주고 감겨 주었다. 부스럼이 많은 아이들에게는 연고를 발라 줬다. 거울로 이발한 그들의 얼굴을 보여 주자 아이들은 엄지가락을 세워 보이면서 좋아라고 했다.

아이들에게 노트와 스케치북과 크레용을 나눠 주었다.

"내일 올 때에는 이 스케치북에 여러분이 그리고 싶은 그림을 그려 와요."

팀장이 아이들에게 주문했다. 통역을 맡은 팀원이 자세히 설명했다.

우리는 저녁 식사가 끝난 후에 오늘 한 일에 대해서 이야기를 나누었다. 모두들 이곳으로 올 때 가졌던 두려움이 상당 부분 해소되었다고 했다. 우선 이교도에 대한 반감으로 주민들이 모일까 걱정했는데 그것은 기우였다. 그동안 봉사활동을 해온 사람들이 이들에게 신뢰를 받았기 때문에 우리를 경계하지 않는 것 같았다. 그리고 이곳 사람들은 우리가 애초에 걱정했던 것처럼 이교도에 대해 별달리 생각하지 않는 것 같았다. 모두들 서로 관심을 갖고 마음을 주니 친해지고 소통이 가능해진 것이다. 이곳 사람들은 순수했다. 전쟁으로 하루 앞을 내다볼 수 없는 삭막한 분위기에서 살아왔기 때문에, 오히려 자신을 도와주는 사람들에 대해서는 쉽게 마음을 여는 것 같았다. 내전이 한창일 때에는 같은 국가 사람들 중에도 적과 동지를 구분할 수 없었다. 그런데 이곳 주민들은 봉사단원들이 자기네에게 피해를 주지 않는다는 것을 알았기에 안심하는 것 같았다. 이들은 다른 나라 사람들에게 도움을 받는다는 사실에 대해서도 달리 생각하지 않았다. 생활이 어려워서가 아니라, 우리가 인간적으로 그들을 대했기 때문이다. 우리는 사람과 사람이 서로 사랑하고 이해하며 살아갈 수 있다는 것을 알게 되었다. 이곳 사람들은 종교와 민족과 문화가 다르다는 것에 대해 마음 쓰지 않는 것 같았다.

하루 종일 쉴 새 없이 사람들과 어울려 지내느라고 피곤했는데, 이야기를 나누다 보니 피곤은 달아나 버리고 오히려 즐거움으로 가슴이 설레었다.

잠자리가 편안했다.

7월 17일

사람들이 어제보다 더 많이 모였다.

하루 사이에 아이들과 친해졌다. 그들은 우리를 에워싸고는 집에서 그린 그림을 내밀었다. 그림 중에는 어머니 얼굴도 있고, 선교센터에서 축구하는 그림도 있다. 그런데 한 여자아이가 그림을 나에게 내밀면서 수줍어했다. 젊은 여자가 아이들을 양손에 잡고 있는 그림이다. 계집애는 그림 중에 있는 한 여자를 손가락으로 가리키고 다시 나를 가리키면서 빙긋이 웃었다. 나를 그린 것이다. 너무 고마워서 목이 아르르 아렸다.

남자 단원들은 아이들과 어울려 축구를 하였고, 여자 단원들은 여자 아이들과 고무줄놀이를 하였다. 중년 남자들 대상으로는 컴퓨터 교육을 하였다. 여섯이 그 교육을 받았다. 아프간 자판을 미리 마련했기 때문에 오히려 글을 쓰는 데는 봉사단원들이 서툴렀다. 현지 봉사단원들이 통역을 도와줬다.

사람이 친해지는 데는 말과 복장과 음식이 중요하다는 것을 알았다. 그래서 저녁에는 이곳 가정을 방문해서 같이 식사하고 이야기를 나누면서 지내기로 계획을 세웠다. 선교센터에서 그동안 교제를 계속해 온 몇몇 가정을 지정해 주었다. 4명씩 조를 짰는데, 그중에 선교사나 통역할 팀원이 한 사람씩 끼었다.

우리가 찾아간 가정은 3대가 함께 사는 대가족이었다. 할아버지 내외와 아버지 내외 그리고 손자 손녀가 다섯이었다. 그들은 우리를 반갑게 맞아 주었다. 비록 말은 통하지 않았지만 그 표정과 몸짓으로 그들의 마음을 충분히 알 수 있었다. 선교사의 말에 의하면 중농 수준의 집안이라고 했다. 할아버지와 아들이 농사를 짓고 집안 살림은 할머니와 며느리가 하는데, 큰살림은 할머니 몫이다. 며느리는 아이들을 돌보느라고 시간을 낼 여유가 없다. 맨 아래로 네 살과 여섯 살 아홉 살 두세 해 걸러서 총총히 다섯을 두었으니 그럴 만도 했다.

이곳은 종갓집을 중심으로 친척들이 모여 한 동네를 이루고 있다. 전기가 없기 때문에 가스 호롱불을 켜고 마당에 돗자리를 깔고 다 함께 둘러앉아 식사했다. 음식은 빵과 치즈와 양고기와 채소 요리였다. 손님이 온다고 정성껏 준비한 것이다. 냄새에 민감한 나는 어떻게 이곳 가정에서 음식을 먹을까 걱정이 되었다. 그런데 집안으로 들어서는 순간 반가워하는 사람들을 대하자 나도 모르는 사이 냄새의 역겨움이 싹 달아나 버렸다. 며느리는 준비한 음식에 대해 하나하나 설명했다. 그들은 음식 먹는 우리 모습을 찬찬히 살폈다.

식사가 끝나자 디저트로 수박과 차를 내놓았다. 수박은 한국의 수박 맛 그대로였다. 차는 나뭇잎을 따서 만들었다고 했다. 차의 향이 은근했고, 입안을 개운하게 해줬다. 차를 마시고 과일을 들면서 우리는 이야기를 나누었다. 나는 우선 우리가 살고 있는 한국이라는 나라를 설명했다. 이곳 사람들과 한국의 공통점이 무엇인가 생각해 두었다. 우리도 36년 동안 일본의 지배를 받았다고 말했다. 해방이 되고 남과 북이 나누어져 오랫동안 같은

비정한 도시

민족끼리 전쟁을 했고 지금도 그 전쟁이 끝나지 않았다, 우리와 아프간의 처지가 비슷하다고 설명했다. 그들은 고개를 끄덕였다.

할아버지가 어떻게 한국은 남의 나라를 도울 수 있느냐고 물었다. 우리가 전쟁으로 어려움을 당하고 있을 때에 유엔 여러 나라가 우리를 도와주어서 그 어려움을 이겼다. 그래서 우리가 이제는 좀 여유 있게 살게 되었으니까, 전쟁으로 어려움을 겪는 나라를 도와야 한다고 생각하고 이곳에 왔다고 했다. 그 말에 할아버지는 내 손을 덥석 잡았다.

"나라와 민족은 달라도 우리는 다 형제나 다름이 없지요."

통역이 그 말을 전하자 할머니가 나를 껴안았다.

가스 호롱불 주위에 모여 앉은 우리는 모두 한 식구가 되었다. 이야기는 끝없이 이어졌다. 우리는 준비한 선물을 내놓았다. 러닝셔츠와 치약과 비누였다. 그리고 간식으로 과자도 준비해 갔다. 그들은 과자가 맛있다고 했다. 나는 문득 전쟁 때 미국의 레이션(배급 음식)을 맛있게 먹었다는 어머니의 이야기가 생각났다.

밤이 깊어지자, 할머니가 우리 네 사람을 안방으로 안내했다. 나무침대 위에 쇠가죽으로 된 요를 깔고 양털 담요를 주었다. 담요 속으로 들어가자 온몸이 나른해지면서 잠이 스르르 몰려왔다. 오랜만에 고향집에 돌아와 어머니와 한 이불에 자는 것처럼 편안했다.

뒷날 조반도 맛있게 먹었다. 하룻밤을 지내고 나니 서로가 한 식구가 되었다. 같이 먹고 생활하는 동안에 문화의 차이, 민족과 종교의 차이를 넘어설 수 있었다. 모두가 친구가 될 수 있다는 것을 알게 되었다.

　시간이 너무 빨리 지났다. 이곳에 도착해서 겨우 사흘 밤을 지냈다. 주민들과 어울려 지낸 것은 고작 이틀이다. 그런데 오랫동안 지낸 것처럼 정이 들어 버렸다.

　오늘은 마자리샤리프에서의 마지막 날이다. 우리는 두 대의 승합차에 나누어 타고 이곳 주변 유적지를 돌아보면서 아프간의 역사와 문화를 이해하는 시간을 가졌다. 인종과 종교는 다르지만 문화는 서로 통할 수 있을 것 같았다. 차별성보다는 공통점에 더 마음이 갔다. 이곳 유적을 보면서도 우리와 같거나 비슷한 점을 찾는 데 마음을 썼다. 모든 문화 유적에서 인간의 체취와 숨결이 느껴지면서 타 민족의 것으로만 생각되지 않았다. 사람이 살아온 자취에 대한 친근함을 느끼면서 문득 '세계인'이라는 막연했던 개념이 떠올랐다. 사상이나 종교를 초월할 수 있는 이념이 있을까? 있다면 무엇일까? 사랑 아닐까. 그것은 어떻게 드러낼 수 있을까, 관심과 이해? 그런 것을 포함하는 문화가 필요하다. 회장님의 미소가 떠올랐다.

　점심 식사를 하려고 선교센터로 돌아왔다. 점심 후에 떠날 준비를 해야 했다. 점심을 먹고 밖으로 나와 보니 아이들 대여섯이 선교센터 앞에서 우리를 기다리고 있었다. 나는 그들을 보는 순간 울컥 목이 메었다.

　"선생님!"

　그중에 한 아이가 한국말로 부르면서 달려왔다. 나와 친하게 지낸 알라카라는 여자아이다.

　눈이 유난히 선명하고 얼굴이 가무잡잡한 열한 살 난 아이다.

그 아이의 눈을 보면 곧 눈물이 날 것 같다. 투명한 눈동자는 마치 이슬을 잔뜩 머금은 것 같다. 아버지는 전쟁 때 돌아가셨고, 어머니와 단 둘이서만 산다고 했다. 어머니는 시장에서 노점상을 한다. 저녁에 집에 가자고 했는데 그 청을 들어주지 못했다.

"다시 와요?"

다른 아이가 손가락을 입으로 가져가면서 우물쭈물 말했다.

"그래, 오마."

나는 손짓으로 갔다가 다시 돌아온다는 시늉을 했다. 그러자 아이들이 달려와 내 옷자락을 부여잡더니 뭐라고 말하는 것이었다. 선교사가 나와서 우리를 보더니, "꼭 다시 와야 해요" 하고 통역해 주었다.

우리는 서로 껴안았다.

"너희가 원한다면 다시 오마."

나는 그들의 귓가에 한국말로 약속했다. 한국말이라도 그들은 알아들었을 것이다. 이 세상 어디에 이렇게 나를 기다려 주는 사람이 있을까. 순간 내 안에서 생각하게 하시고 결단하게 하시는 주님, 일하시는 그분을 생각하였다.

봉사단원들이 나오자 아이들이 달려와 옷자락을 붙잡았다. 여기저기서 흐느끼는 소리가 들렸다. 다시 오마. 다시 오마. 단원들도 목이 메인 소리로 약속했다.

사람들끼리 서로 이해하고 친하게 만들어 주는 그 힘은 어디서 우러나는 것일까? 민족과 사상과 문화의 차이를 뛰어넘는 그 인간관계를 유지하게 해주는 것이 없을까? 나는 이 아이들이 고향에 있는 아이들과 조금도 달리 생각되지 않았다.

헤어지기가 아쉬웠으나 우리는 오늘 밤에 먼 거리를 버스로 이동해야 하기 때문에 그들을 돌려보내야 했다.

단원들은 그들이 선교센터 마당을 나갈 동안 손을 흔들었다. 누군가 소리를 질렀다.

"다시 오마. 그때까지 잘 있어."

우리는 숙소로 돌아와 떠날 준비를 했다. 남부로 가져갈 물품들을 정리해서 운반하기에 편하도록 포장을 했다. 버스로 이동하는 동안에 마실 음료수며, 얼음을 가득 채운 아이스박스도 준비했다.

저녁 식사 후에 예배를 드리고 잠시 휴식을 취했다. 밤새 버스로 이동을 해야 한다. 이곳에서 지낸 며칠을 다시 생각했다. 서울에서 이번 봉사팀에 참가할 수 있도록 배려해 준 얼굴들이 떠올랐다. 특히 회장님과 비서실 여러 식구들의 살뜰한 마음이 생생하게 다가왔다. 그들이 따스하게 배려해 주었기에 내가 그것을 이곳 어린아이들에게 나눌 수 있었다.

우리는 11시에 마자리샤리프에서 떠났다. 카불에서 목적지 남부 칸다하르로 가는 길은 위험하기 때문에, 안전한 낮 시간을 택하기 위해서였다. 이곳에서 밤늦게 출발해야 아침에 카불에 도착할 수 있다.

버스를 타면서 자꾸 뒤를 돌아봤다. '다시 오마'고 한 약속이 이루어지리라 다짐했다. 한 번 왔다 가면 다시 오게 된다는 선배 선교사들의 말이 진짜임을 알게 되었다. 자꾸 눈시울이 뜨거워졌다. 순수하고 착한 그 얼굴들에게 주님이 함께하시기를 기도했다. 세상 어디에서 이렇게 우리를 좋아하는 사람들을 만날 수 있을까? 나는 행복했다.

7월 19일

밤새 버스로 달려 카불에 도착한 것은 아침 8시 30분경이었다. 우리는 다른 버스로 갈아타야 했다. 여기까지 태우고 온 운전기사가 병원에 가야 하기 때문에 믿을 만한 다른 운전사를 소개해 주었다. 전체 안내를 맡은 선교사가 설명해 주었기 때문에 우리는 별달리 생각하지 않았다. 서둘러 짐을 다른 버스에 옮겨 신고는 한국 식당으로 갔다.

이 도시에도 한국 식당이 있는 것은 다행이다. 식당에서 세수하고 휴식을 취한 다음 한국 음식으로 식사했다. 며칠 만에 먹어보는 한식이라 맛이 유달랐다. 이렇게 음식을 가리면 안 되는데 생각하면서도 입맛은 이기지 못했다. 전통 중에 최후까지 우리가 버리지 못할 것은 음식 같았다. 맛은 정직하다.

오전 10시에 우리는 칸다하르를 향해 출발했다. 예정대로 간다면 오후 5시 전에 도착할 수 있을 것이라고 했다. 낮 시간이니까 이동하는 데 안전할 것이라고 민 선교사님이 우리를 안심시켰다. 우리는 약간 긴장했으나. 버스가 출발하자 마음이 놓였다.

가는 동안 중간 중간에서 경찰들의 검문을 받기도 했다. 길위에 고장난 다국적군 차량들이 널려 있었다. 이 나라가 전쟁 중이라는 것을 실감할 수 있었다. 우리가 탄 버스는 그러한 장애물들을 비켜가기 위하여 이리저리 돌아가기도 했다. 커튼으로 가려진 창틈으로 낯선 풍경을 바라보던 단원들이 하나둘 졸기 시작하면서 버스 안은 조용해졌다. 나는 좀처럼 졸음이 오지 않았다.

버스 안은 무더웠고 조용했다. 모든 단원들이 거의 잠에 빠져 있다. 밤새 쉬지 않고 차를 타서 달려왔기에 피곤했던 것이다. 앞에 앉은 민 선교사는 고개를 돌려 잠자고 있는 대원들을 둘러보기도 했다. 어떤 남자 대원은 너무 더워서인지 머리에 두르던 초다리(머리부터 발목까지 가리는 자루)에 얼음을 싸서 이고 잠을 잤다. 잠자는 얼굴들은 모두 평화로웠다.

깜박 잠이 들었는가. 가즈니 시내로 들어서고 있다고 선교사가 소곤거렸다. 작은 도시 한복판을 가로질러 가는데 저만치서 웬 청년 둘이 손을 들어 차를 세워 달라고 했다. 바로 그 앞에 주유소가 있었다. 운전기사가 주유소로 들어가 기름을 채웠다. 그때 차를 세워 달라고 한 청년이 다가와서 운전기사에게 뭐라고 말했다. 민 선교사가 그들의 말에 귀를 기울였다.

기름을 다 채우고 운전기사는 운전석으로 돌아와 시동을 걸었다. 청년이 타려고 했다. 민 선교사가 청년을 제지하면서 운전기사에게 "왜 모르는 사람을 태우느냐"고 항의조로 말했다.

운전기사는 웃으면서 뭐라고 말했다.

"친척인데, 조금 가다가 내린데요."

선교사가 운전기사의 말을 받아 설명했다. 나는 별로 마음 쓰지 않았다. 그러자 기사가 다시 뭐라고 말했다.

"이곳에서는 길 가는 사람들이 차를 태워 달라고 손을 들면 다 태워 준다고 하는데요."

선교사가 의아해하는 단원들에게 설명했다. 나는 그럴 수도 있겠다고 생각했다. 한국도 시골에서는 얼마 전까지만 해도 그런 일이 자주 있었다.

　기름을 채운 버스가 달리기 시작한 지 한 시간쯤 지났을 때였다. 저만치서 총을 든 남자가 도로 한가운데로 나서서 손을 흔들면서 고함을 지르는 것이 눈에 들어왔다. 모두들 긴장했다. 버스 기사는 차의 속도를 늦추었다. 민 선교사 얼굴이 창백해졌다.

　"멈추는 척하다가 그냥 지나가요."

　선교사가 소리를 질렀다.

　"그러면 큰일 나요. 저들이 곳곳에 다 배치해 있으면서 무선 전화로 연락을 해요."

　운전기사는 말을 하면서도 민 선교사의 눈치를 살폈다.

　"어서 달려요."

　선교사의 고함소리에 운전기사는 차를 세우지 않고 달렸다. 그 순간이었다.

　"탕탕!"

　총탄이 운전대 앞에 픽픽 박혔다. 겁을 먹은 운전기사가 길가에 차를 세웠다. 모두들 잠에서 깨어났다.

　집총한 젊은이가 운전기사에게 총구를 들이대면서 고함을 질렀다. 운전기사가 차 문을 열었다. 머리에 터번을 두른 남자 두 명이 AK47 소총을 겨누며 차에 올라탔다. 두 청년은 우리를 향해 총구를 겨누면서 고함을 질렀다.

　민 선교사가 먼저 머리에 손을 얹고 단원들에게 이렇게 하라고 말했다. 집총한 청년들이 운전사를 향해 다시 고함을 질렀다. 버스가 10여 미터쯤 더 가더니 도로를 벗어난 공터에 세웠다. 괴한들이 단원들을 차 밖으로 끌어내렸다.

손목시계를 보았다. 7월 19일 오후 2시 30분이었다.

2

터번을 쓴 청년 둘이 버스에 올라오더니 내 옆에 앉은 현지 선교사의 머리에 총을 겨누면서 소리를 질렀다.

"두 손을 머리에 얹고 눈을 감으라고 합니다."

현지 선교사가 무장 청년의 말을 통역했다. 우리는 그들 말대로 따랐다. 순간 아무런 생각도 나지 않았다. 무장 청년들은 우리들의 소지품들을 재빨리 거둬 갔다.

무장대원 중 한 사람이 운전기사의 등에 총을 대고 큰 소리로 말했다. 다른 청년은 버스 안 단원들을 향해 총을 겨누고 눈을 부라렸다. 버스는 청년들의 지시대로 속력을 늦추어 달렸다.

창들은 모두 커튼으로 가렸으나, 나는 앞좌석에 앉아 있어 시야가 조금 트였다. 차가 이동함에 따라 시야가 넓혀지면서 낯선 풍경들이 나타났다. 문득 지난밤에 들은 이야기가 떠오르면서 우리가 어떤 세력에게 피랍되었다고 생각되었다.

문득 출국장 입구에 놓여 있던 안내 팻말이 떠올랐다.

"전쟁 지역인 아프카니스탄 여행을 자제해 주십시오."

모두가 그 권고에 별 관심을 갖지 않았다. 그곳 사람들을 도우려고 가는데, 누가 우리를 위해할 것인가? 봉사단원들은 그렇게 생각했을지도 모른다. 문득 우리 때문에 걱정할 사람들 얼굴이 떠올랐다. 가족과 친구와 교인들 얼굴이 떠올랐다. 온 나라가 우리 때문에 발칵 뒤집혔을 것이다. 생각할수록 얼굴이 화끈거렸다. 옳은 일을 하는 자를 누가 억압하고 고통스럽게 할 것인가, 이것은 일종의 도덕적 우월감이 아니었을까? 아니, 우리는 우리만을 생각했던 것이다. 생각할수록 걱정이 더해졌다.

탈레반 2인자 압둘라 장군은 지난 3월 이탈리아 기자 1명을 납치해서 동지 수감자 5명과 맞교환한 이후부터 본격적으로 외국인 납치 작전에 나섰다. 사복으로 위장한 탈레반 병사들은 오토바이를 타고 고속도로를 질주하면서 납치 대상자를 노렸다. 이동하는 차량은 특별히 주의해야 한다고 했다. 그런데 이곳 선교사는 그러한 문제를 이미 잘 파악하고 대비했다고 우리를 안심시켰다.

차가 얼마쯤 달리자 산악지대가 나타났다. 길 주변으로 낮은 산들이 연이어 있고, 그 너머 좀 떨어진 곳에 더 높은 산들이 버티어 있다. 마치 산으로 둘러싸인 큰 성 안으로 들어가는 느낌이었다.

길가에 높다란 바위가 나타났다. 거기에 서 있던 한 청년이 오른손으로 넓게 반원을 그리면서 흔들었다. 어디에선가 오토바이 두 대가 튀어나오더니 고속도로로 진입했다. 오토바이는 우리가 탄 버스를 향해 달려오다가, 버스와 가까워지자 방향을 돌렸다. 오토바이는 속력을 조절하면서 버스와 나란히 달렸다. 버스도 속력을 늦추었다. 오토바이 두 대가 버스 양편에서 호위하듯이 바싹 붙어 따라왔다.

오토바이 한 대가 갑자기 버스 앞으로 튀어 나가더니 뒤를 돌아보면서 따라오도록 손짓하였다. 버스가 오토바이 뒤를 따랐다. 고속도로를 벗어나 버스가 산악지대로 들어섰다. 이제는 여기에서 빠져나가지 못하겠구나. 그런 생각이 들면서 덜컥 겁이 났다. 지금 우리는 중앙아시아 깊은 산악지대에 있다. 서울과 아프간의 거리를 생각해 보았다.

얼마쯤 달리자 오른편으로 험준한 산악지대를 끼고 개활지가 펼쳐지더니 마을이 나타났다. 버스가 마을 입구에 멎었다. 오토바이에서 내린 청년들이 버스 안으로 들어와 먼저 있는 청년들과 합세했다. 그들은 총부리를 겨눈 채 소리를 질렀다. 배 목사와 선교사가 차에서 내렸다. 그 뒤를 이어 모두들 짐을 들고 내렸다. 짐들은 지시에 따라 한 줄로 늘어놓았다. 청년들은 AK소총을 겨눈 채 우리를 두 줄로 세워 놓고 인원을 파악하더니, 마을을 가리키며 뭐라고 소리를 질렀다. 그곳까지 걸어가야 한다고 선교사가 통역을 했다.

울퉁불퉁한 길은 걷기에도 불편했다. 모두들 긴장한 탓인지 비틀거리는 걸음으로 더디게 나아갔다. 그럴 때마다 청년들은 고함을 지르면서 재촉했다.

얼마쯤 걸었을까. 오토바이가 우리를 향해 달려오다가 멎었다. 우리도 잠시 걸음을 멈췄다. 소총을 맨 청년이 오토바이에서 내리더니 인솔자에게 뭐라고 말했다.

"일행 중에서 가장 나이가 많은 사람 둘만 나오라고 하는데요."

선교사가 통역을 했다. 우리가 서로 얼굴을 쳐다보는데, 배 목사와 아프간 현지인처럼 수염을 기른 윤 선생이 앞으로 나갔다.

"목사님은 남아 있어야 됩니다."

전자회사 부장인 서 선생이 나서더니 배 목사님의 등을 밀어내었다. 탈레반 청년이 배 목사와 서 선생의 얼굴을 들여다보더니 배 목사에게 들어가라고 했다. 우리는 가슴이 조마조마했다. 마치 처형을 당할 사람을 가려내는 것 같았다. 청년은 타고 온 오토바이 뒤에 두 사람을 태우고 사라졌다. 멀어져 가는 오토바이를 바라보던 단원들의 눈에 눈물이 맺혔다. 오토바이가 시야에서 사라졌다.

"걱정하지 마세요. 상부에 가서 조사를 받을 모양입니다."

선교사가 인솔하는 청년과 이야기를 주고받더니 우리를 안심시켰다. 그래도 그들을 다시 만나지 못할 것만 같았다.

우리도 오토바이가 사라진 방향을 향해 걸어갔다. 모두들 아무 말도 하지 않았다. 타고 온 버스도 가버리고, 두 사람이 따로 떨어져 나갔다. 불과 몇 시간 안에 일어난 일들을 생각하니 더욱 불안했다. 지금까지는 너무 긴장한 탓에 아무 생각도 나지 않았는데, 시간이 흐를수록 불안감이 더해졌다.

멀리서 먼지를 날리면서 오토바이가 다가왔다. 그 오토바이 뒷자리에 사람이 타고 있었다. 윤 선생과 서 선생이었다. 누구의 입에선가 '주님' 하는 소리가 튀어나왔다. 그 바람에 우리는 소리나는 쪽을 바라보았다. 누가 먼저 그랬는지 모두들 손으로 입을 막는 시늉을 했다.

"간단한 조사를 받았어요. 우리의 국적을 묻고 왜 아프간에 왔느냐고 하더군요. 사실대로 말했지요."

윤 선생이 탈레반 청년의 눈치를 살피면서 갔다 온 사정을 말했다.

오토바이를 타고 온 청년은 두 사람을 독립가옥으로 안내했다. 입구에는 AK소총과 RPG로 무장한 탈레반이 지키고 있었다.

둘은 인솔자를 따라 집 안으로 들어갔다. 마루방에 책상이 놓여 있었는데, 거기에 탈레반 책임자인 듯한 중년 사내가 군복차림으로 앉아 있었다. 그는 약간 서툰 영어로 물었다.

"당신네는 어느 나라 사람인가? 중국인가, 일본인가, 아니면 한국인가?"

"한국입니다."

"한국이라면 북인가, 남인가?"

"남쪽입니다."

"무슬림인가?"

"아닙니다."

"의사인가?"

"우리는 의사가 아니지만 우리 일행 중에는 간호사와 의사가 있습니다."

"왜 이곳에 왔는가?"

윤 선생이 봉사단이 한 일과 앞으로 하려는 일의 계획을 설명했다. 심문은 그 정도로 끝났다. 그들은 봉사단에 대한 정보가 없는 듯했다.

윤 선생의 설명을 듣고 모두들 표정이 좀 풀어졌다.

잠시 후 승합차 두 대가 도착했다. 우리는 그 차에 나누어 타고 떠났다. 20분쯤 지나자 한 마을에 도착했다. 차는 어떤 건물 앞에 멈췄다. 인솔하는 무장 청년은 빨리 차에서 내리라며 우리에게 호령했다. 앞장서는 청년을 따라 우리는 허름한 건물 안으로 들어갔다.

잠시 후에 한쪽 다리를 절뚝거리는 젊은 탈레반이 바둑무늬

초다리를 쓰고 들어와서 선교사와 서툰 영어를 주고받았다.

"나는 이 지역 경찰이다. 여러분을 알카에다로부터 지키기 위하여 임시로 보호해 주는 것이니 안심하라."

간단하게 설명했다.

뒤이어 탈레반 세 사람이 들어왔다. 그들은 우리에게 모든 짐을 한곳에 모으도록 하고는 짐 하나하나를 검사했다. 핸드폰과 카메라, 노트북 그리고 다른 전자제품들을 모두 걷어 갔다. 그것들은 미리 준비해 온 큰 가방 두 개에 나누어 넣고 채웠다. 돌아갈 때 다 돌려줄 테니 걱정 말라고 하였다. 가지고 있던 달러와 현지 돈도 모두 압수당했다.

다시 우리는 승합차 두 대에 나누어 탔다. 그 순간 다시 공포감이 엄습했다. 남부 지역 선교사들이 지금쯤 우리를 기다리고 있을 것이 생각하니 눈물이 났다. 두려움이 점점 더해졌다.

며칠 동안 친밀한 시간을 보냈던 아프간 어린이들, 그네들의 마음은 천사와 같이 평온했는데 왜 어른들은 이렇게 두려워하는가.

차가 움직였다.

선교사가 조용히 말했다.

"탈레반들은 한곳에 오래 머물지 않지요. 항상 다른 곳으로 이동합니다."

그 말에 나는 벌써 탈레반이 된 듯한 기분이었다.

승합차는 덜커덩거리면서 점점 더 깊은 산악지대로 들어갔다.

두 시간쯤 가는데 마을이 나타났다. 사람들은 보이지 않았다. 마을을 벗어나자 잡풀들이 우거진 들판이 나타났고, 조금 더 가서 승합차가 멈췄다. 탈레반 청년이 우리를 내려놓고 먼지를 날리면서 달아나 버렸다. 우리는 사라지는 승합차를 바라보다가 산들이 우리를 에워싸고 있는 것을 알았다. 모두들 입을 다물었다. 여기에서 지내야 한다고 생각하니 눈앞이 캄캄했다. 주위가 어두워지기 시작했다. 한기를 느꼈다.

잠시 쉬고 있는데, 경운기 두 대가 다가왔다.

탈레반들은 우리 23명을 두 팀으로 나뉘어 경운기에 태웠다. 무장한 탈레반 한 사람은 경운기 운전석에, 한 사람은 짐칸에 우리와 함께 탔다. 경운기가 털털거리면서 느리게 움직였다. 오르막 길이라서 경운기가 힘들게 올라갔다. 헤드라이트를 켜지 않아서 주위가 어둠으로 덮였다. 간혹 도랑 같은 곳을 지날 때면 헤드라이트를 켜곤 했기에 그 불빛으로 우리가 산간 분지 같은 곳을 지나고 있다는 것을 알았다. 시간이 지날수록 밤공기가 쌀쌀해졌다. 자매들은 가지고 있던 초다리로 몸을 감싸면서 추위를 이기려고 애썼다.

경운기로 한 시간 반쯤 달려 외딴 집에 닿았다. 조그마한 흙집인데 부엌이 있고, 그 옆에 방이 있다. 흙바닥 위에는 비닐 돗자리가 깔려 있었다. 탈레반들은 우리에게 그곳에서 밤을 지내도록 하고는 나가 버렸다.

방 안에 들어오니 마음이 좀 가라앉았다. 우선 추위를 피할 수 있어서 다행이었다. 우리는 겨우 신발만 벗고 좁은 방안에 누워서 잠을 청했다. 바닥이 울퉁불퉁하고 딱딱해서 불편했으나, 모두들 많이 피곤하였는지 좀 시간이 지나자 방 안이 조용해졌

비정한도시

다. 숨소리와 코 고는 소리만이 들렸다.

7월 20일

금요일. 탈레반에 납치된 지 이틀째 되는 날이다. 다들 좁고 불편한 방에서 잠을 잤지만 새날이 되자 얼굴들이 밝았다. 알카에다로부터 우리를 보호하고 있다는 탈레반 청년의 말을 모두들 믿는 듯했다.

화장실 갈 때를 제외하고는 하루 종일 방 안에 갇혀 있었다. 화장실이 따로 있는 것이 아니라 마당 건너에 있는 밭이 화장실이었다. 그들은 총을 들고 우리를 감시하기는 했지만, 우리에게 딴짓을 하지는 않았다. 우리가 그들이 주식으로 먹는 넌이(밀가루를 반죽하여 넓게 펴서 구운 것)를 잘 먹지 못하자 비스킷과 콜라, 환타를 주는 등 식사에도 마음을 썼다. 탈레반들도 그리 나쁜 사람이 아니라는 생각이 들었다.

방 안에서만 갇혀 지내는 동안 우리는 조용히 성경을 읽으며 대화를 나누고, 새우잠을 자기도 하였다. 불편했으나, 불안은 많이 해소되었다. 탈레반 청년들은 성경을 읽는 것을 알면서도 별로 간섭하지 않았다.

저녁이 되었다. 주위가 온통 어두워지자 마음도 어두워졌다. 저녁 요기를 하고 모두 잠을 자고 있는데 탈레반들이 우리를 깨우며 밖으로 나오라고 했다. 밤공기가 제법 쌀쌀하고 사방은 캄캄했다. 집 앞에 어젯밤에 타고 왔던 경운기 두 대가 그대로 있었다. 그들은 어제처럼 우리를 나누어 짐칸에 태웠다. 다들 어젯밤에 추웠던 것을 떠올리며 추위를 덜 수 있도록 옷차림을 단단히 했다. 경운기는 헤드라이트를 끈 채 어두운 밤길을 털털거리며 달렸다. 무장한 탈레반들이 앞뒤에 한 명씩 탑승하여 우리를 감시했다. 1시간 30분이 지나서 외딴 집 앞에 도착했다. 아무도 살지 않는 빈 집이었다. 주변에 다른 집이 두어 채 있었지만 사람은 보이지 않았다.

우리는 그 집으로 들어가 잠을 청했다. 방이 너무 좁아 형제들 중 몇 사람은 방 앞에 있는 부엌 같은 곳에서 잠을 자야 했다. 어제, 오늘 이틀 동안에 여기저기 이동하는 과정에서 모두들 벼룩과 같은 해충에 물려 손과 팔과 다리에 상처가 나고 근질거려 고생하는 대원들이 나타났다.

7월 22일

아침 식사 후에 예배를 드렸다. 특별한 사정이 없으면 아침에 예배를 드렸다. 우리는 서로 미워하며 피 흘리는 이 전쟁이 어서 끝나도록 숨죽여 기도했다. 우리를 붙잡아 두고 있는 탈레반의 마음에 긍휼을 허락해 주기를 기도했다.

예배 후에 우리는 각자 성경을 읽거나 서로 이야기를 나누었다. 탈레반에 대해서도 이야기를 나누었다. 사람을 납치해서 흥정을 하는 그들이었지만 개인별로 만나니 하나같이 착한 사람들이었다. 마음과 마음이 통하는 느낌이었다. 개인적으로는 선한 인간들이 왜 집단적으로는 무서운 존재가 되는가. 아프간 정부군과 탈레반이 서로 증오하는 그 마음을 생각해 보았다. 동생 아벨을 죽인 형 카인의 그 증오의 피가 오늘도 그대로 흐르고 있는 것인가?

갑자기 밖이 소란스러워지더니 고함소리가 들렸다.

"다 나오라고 하는데…."

통역을 맡은 선교사가 모여 있는 단원들을 둘러보면서 말했다. 목소리가 약간 떨리는 듯했다. 우리는 서둘러 밖으로 나왔다. 복면을 한 탈레반들이 AK소총, 기관총, 로켓포 등으로 우리를 겨누고 있었다. 우리는 어리둥절했다. 이러한 상황은 처음이었다. 비무장한 우리를 적군처럼 대하는 것이 두려웠다.

무장대들은 우리를 건물 벽과 나란히 한 줄로 세웠다. 우리 앞에는 약 1.5미터 정도 깊이의 구덩이가 길게 파여져 있었다. 우리는 그 구덩이와 건물 벽 사이에서 벽을 등 뒤에 두고 서 있었다. 순간 이들이 우리를 총살하고 바로 앞에 있는 구덩이에 쓸어 넣어 묻으려는 것이 아닌가 생각되었다. 그런데 다른 한 장면이 눈에 띄었다. 이 광경을 복면한 다른 탈레반이 쭈그려 앉아 촬영하고 있었다. 그리고 그의 바로 옆에 또 다른 복면한 탈레반이 현지어로 무엇인가를 열심히 말하고 있었다. 우리를 촬영하면서 자기들의 요구 사항을 말하는 것 같았다.

비디오를 촬영하고 있는 두 탈레반 뒤에는 탈레반 여럿이 우리에게 총구를 겨누고 있었다. 기관총을 겨누고 있는 탈레반은 탄띠를 양쪽 어깨에 X자로 걸치고 있었다. 지금까지 볼 수 없었던 복면한 탈레반의 모습이 무서웠다. 이따금 외신을 통해서 보았던 무장한 테러리스트들 모습이 떠올랐다.

"각자 자기 이름을 말하시오."

탈레반의 말을 선교사가 통역했다. 그들은 우리가 매우 어려운 처지에 있다는 것을 알리기 위해서 비디오를 찍는 것 같았다.

우리는 조금 안심되었다. 우리의 처지가 한국 정부에도 알려진 다면 그냥 내버려 두지는 않을 것이라는 기대감이 생겼다.

비디오 촬영이 끝나자 그들은 우리를 다시 방으로 들어가게 했다.

불과 몇 분 동안에 일어났던 일들이 너무 충격적이었다. 중무장한 탈레반의 총구 앞에 서 있던 순간 나는 아무런 생각도 떠오르지 않았다. 죽음을 연습하였던 시간이었다.

"여러분, 잠시 제가 한 말씀 드리겠습니다."

배형규 목사님이 절망적인 방 안 분위기를 흔들어 놓았다.

"형제자매 여러분, 너무 염려하지 마세요. 전 세계의 형제들이 우리를 위해 기도하고 있습니다. 한국 정부와 국민과 모든 교회가 우리를 위해 기도하고 있습니다. 주님이 함께하십니다. 그분을 믿으십시다. 저는 우리가 저들에게 납치된 이후부터 계속 생각했습니다. 주님이 선한 방향으로 이 일을 해결해 주리라 믿읍시다. 그 기간이 혹 우리 생각과 달리 길어지더라도 우리는 주님의 뜻을 믿으십시다. 그러한 믿음을 갖고 이 상황을 대처해 나가기 위해 자기의 생각을 정하는 것이 필요합니다. 지금 제가 말한 것은 제 입장입니다. 각자 믿음의 분량대로 주님의 섭리를 생각하십시오. 아까 비디오로 우리 모습을 촬영한 것은 그 사진을 전 세계로 전하기 위해서입니다. 우리가 위급 상황에 처해 있다는 것을 알림으로 유리하게 협상을 끌고 가기 위해서 여러 가지 방법을 생각하겠지요. 만약 아까 그 촬영 자료가 협상에서 저들에게 유익하게 쓰이지 않게 된다면 제2의 자료를 만들겠지요. 혹 협상을 유리하게 끌고 가기 위해 한두 사람을 희생시킬지도 모

비정한도시

르겠습니다. 그때는 제가 먼저 앞장을 설 테니, 여러분들은 안심하십시오. 우리를 더 희생시키지 않을 것입니다. 세계 여론이 있습니다. 탈레반은 단순한 무장 테러단이 아니라, 앞으로 아프가니스탄 정부를 정복하려는 이념집단입니다. 그러니까 세계에 나쁜 인상을 줄 과격한 행동은 하지 않을 것입니다. 아마 최악의 경우에 한두 사람이 희생당할 수 있겠지만, 더 이상은 우리에게 피해를 주지 않을 것입니다. 세계가 이 사건을 주시하고 있습니다. 또 달리 저들은 정치적인 면에서만이 아니라, 종교적인 면에서도 우리를 회유할 수도 있습니다. 그것은 전적으로 저들의 정당성을 세계에 여론화시키기 위해서일 것입니다. 그런 경우에도 믿음에 따라 행동하십시오. 그런데 하나 부탁드리고 싶은 것이 있습니다. 저들이 우리를 위협하고 힘들게 하고 심지어 우리를 고문하거나 죽인다 할지라도, 우리는 저들을 사랑하고 이해할 수 있는 긍휼을 허락해 달라고 주님께 기도하십시다. 우리가 저들을 사랑하고 이해한다면, 저들도 우리를 이해하고 사랑할 것입니다. 당장은 아니더라도, 오랜 후에도 저들이 우리를 기억할 것입니다. 절대로 미워하지 맙시다. 예수님께서 묵묵히 핍박과 조롱을 견디시고 십자가를 지신 것처럼, 우리도 저 사람들을 사랑으로 대해야 합니다."

모두들 숙연했다. 숨소리까지 들릴 정도로 방 안이 조용했다. 그때였다.

"목사님, 저들이 만약 대표로 한두 사람을 희생시키려 한다면 저희가 그 짐을 지겠습니다."

윤 선생이었다.

"어제 우리가 불려갈 때에 그런 각오를 했습니다. 그런데 살아서 돌아왔습니다. 돌아올 때에도 그런 생각을 했습니다. 다음에 저들이 우리의 목숨을 노린다면 그때에는 기꺼이 나서겠다고. 주님께 드리는 제물이라고 생각합니다. 영광이지요."

단원들 눈길이 그에게 쏠렸다.

"같은 생각입니다. 저희가 세상을 십여 년 오래 살았으니까, 오래 산 순서대로 세상을 떠나는 것이 순리겠지요."

서 선생도 일어서더니 마음에 작정한 것을 말했다.

"알았습니다. 모든 것을 주님께 맡깁시다. 제가 말씀드리는 것은 이렇게 모든 것이 불확실하여 불안한 때일수록 주님의 말씀을 묵상하고 기도하는 가운데 주님께서 위로와 소망을 주실 것을 여러분이 잊지 말아 달라는 것입니다."

배 목사가 정리하였다. 모두들 일어나 빙 둘러서서 옆 단원과 손을 잡고 한목소리로 기도했다. 우리의 일과 생명이 하나님의 섭리에 있음을 고백하고, 하나님이 원하시는 대로 기꺼이 순종하겠다는 기도를 드렸다.

저녁을 먹고 잠시 쉬고 있는데 다시 이동 준비를 하라는 연락이 왔다. 우리는 복장을 단단히 하고 기다렸다. 그러나 밤이 깊어도 아무 소식이 없었다. 모두들 그대로 잠에 떨어졌다. 새벽이 되어도 소식이 없었다. 다시 불안한 하루가 시작되었다. 낮에는 이동하지 않으니 여기에서 하루 더 머물 것이라는 생각에 마음이 조금 놓였다.

저녁이 되었다. 식사를 한 후에 다시 이동할 준비를 하였다. 아마 한밤에 이동하게 될 것이라고 선교사가 말했다. 이동할 채

비를 차린 채 기다렸다. 단원들 중에는 잠이 든 사람도 있었다. 시간이 있는 대로 잠을 자두었다. 그런데 잠이 오지 않았다. 오히려 생각이 더욱 선명해졌고 피곤할수록 잠이 달아나 버렸다.

한밤중인데 나오라는 다급한 소리가 들렸다. 모두들 서둘러 나갔다. 집 앞에 경운기가 기다리고 있었다. 탈레반이 우리에게 오르라고 지시했다. 어제 찍은 비디오가 잘못되어 다시 찍는다고 하면서 경운기에 오르는 우리를 한 사람 한 사람 촬영했다. 몸이 아픈 한 자매가 경운기에 오르기 힘들어하였다. 내가 얼른 그를 부축하여 함께 오르려 하자, 탈레반이 한 사람씩 올라가라면서 총을 거누며 거칠게 밀어내었다.

경운기를 타고 두 시간쯤 가자 마을이 나타났다. 늦은 밤인데도 사람들이 많이 모여 있었다. 우리는 마을 안에 있는 제법 큰 건물로 들어갔다. 흙으로 만든 계단을 올라 다락처럼 된 방으로 들어갔다. 마을 공공건물 같았다. 카펫이 깔려 있는 방은 제법 넓었다.

"인질 교환을 하기 위해 가즈니로 가야 하는데, 차가 한 대밖에 없으니 우선 열두 명만 나와요."

모두들 서로 얼굴만 쳐다보았다. 헤어진다는 것이 불안했다.

배 목사님이 나서서 말했다.

"우선 나이 어린 자매들과 그들을 보호해 줄 수 있는 형제 세 사람, 그리고 현지어를 할 줄 아는 선교사님이 먼저 승합차를 타시죠."

먼저 승합차를 탄다는 것은 먼저 석방될 수 있다는 의미이기도 하다. 먼저 타는 무리에 속한 나는 남아 있는 대원들에게 미안했다. 타야 할 대원들이 얼른 일어나지 않았다.

"어서 일어나세요. 곧 만나게 될 테니까요."

배 목사가 재촉했다.

우리는 승합차를 탔다. 한 자매는 타고 보니, 자리가 없어서 다시 내리고 말았다.

나는 남아 있는 대원들과 다시 만나게 되기를 기도했다.

7월 23일, 밤 11시 30분경이었다.

그곳에는 배형규 목사님과 임 선교사 그리고 대원 12명이 남았다.

3. 목사 배형규

배 목사는 오늘쯤 무슨 좋은 소식이 올 것 같은 예감이 들었다.
두꺼운 판지로 가려진 창틈으로 한줄기 햇살이 들어왔다.

그저께 혼자서 이 독립가옥으로 옮겨 왔다. 눈을 가리고 이
동했으나, 그리 멀리 떨어지지 않은 곳이라고 짐작되었다. 그동
안 숙소를 두 번 옮겼는데, 그때마다 그들은 매번 배 목사의 눈
을 가렸다.

그는 침대에서 일어나 두 손바닥으로 얼굴을 몇 번 쓸어내리
면서 마사지를 했다. 고향 부모님과 아내와 딸, 형제들이며 교회
청년부 여러 얼굴들이 다른 날보다 더 선명하게 어른거렸다. 나
라 안이 온통 이 피랍사건으로 걱정에 휩싸여 있을 것을 생각하
니 정부 당국자와 국민들께 죄송했다. 시간마다 국민들은 우리
석방 소식을 초조하게 기다릴 것이다. 지금 대한민국 정부는 우
리의 구출을 위해 온갖 수단과 방법을 다 쓰고 있을 것이다. 대
통령부터 어린아이까지 모두들 우리의 무사 귀환을 위해 마음으

로 빌고 애쓰고 있을 것이 틀림없다. 그렇게 생각하니 마음에 평안이 왔다.

"주님, 오늘도 우리와 함께 계시고 일하시는 것을 믿습니다. 저희가 이곳에 온 것도 주님의 섭리인 줄 압니다. 그 뜻을 저희가 잊어버리지 않게 하옵소서. 저희 때문에 주님의 영광이 가려질까 두렵습니다. 주님께서 저와 함께 계시기에 저는 조금도 두렵지 않습니다. 이 마음이 변하지 않기를, 처음보다 나중이 더 나아지기를 기도합니다…"

기도 후에 그는 허리 돌리기를 하면서 가볍게 몸을 풀었다. 밤 동안 냉기에 꽁꽁 굳어져 있었던 몸이 좀 풀리기 시작했다.

어제 오후에 사령관 부관이 다녀갔다. 그는 아프가니스탄 국립대학에서 경영학을 전공하고 공무원이 되어 중앙정부 부처에서 근무하였다. 정부에서 미국 유학을 보내 주겠다는 것도 마다하고 압둘라 장군의 부하로 들어와 부관으로 일하고 있다며 자신을 소개했다. 한국에 유학 와서 공부했던 청년을 통역인으로 데리고 와서 오랫동안 이야기를 나누었다. 부관은 영어도 꽤 하는 편이어서 배 목사와 영어로 대화를 나누기도 했다. 다만 좀 어렵고 긴 내용은 청년이 통역했다.

"좀 불편하더라도 참으라. 한국 정부가 좋은 소식을 전해 줄 것이다. 우리는 당신네를 미워하지 않는다. 지난번 미국에게 붙잡힌 우리 동지들을 구하는 데 당신이 도와주었으면 한다."

배 목사는 상대방의 솔직함에 호감이 갔다.

"우리는 당신네의 정적인 카르자이 정부 산하에 있는 고아원 아이들과 병원 환자들을 도우려 왔지만, 정치적으로 어느 편도

비정한 도시

아니다. 어려운 사람들을 사랑하기 때문에 여기에 왔다. 앞으로 기회가 되면 탈레반 어린이들과 병든 사람들도 도울 것이다. 그러니 어서 우리를 석방해 달라. 난 당신네들이 우리를 납치한 의도를 모르겠다."

배 목사도 솔직하게 말했다.

"미안하다. 우리는 당신들을 미워하지 않으니, 당신네도 우리를 적대시하지 말라. 당신네가 미워서 납치한 것이 아니다. 우리 동지를 구하기 위해서 당신네가 필요했기 때문이다. 우리는 약자이기 때문에 이런 방법을 쓸 수밖에 없다."

"왜 아프가니스탄은 이렇게 서로 싸우는가. 우리나라도 남과 북으로 분단되어 60년 가까워 오도록 서로 미워하고 경계하면서 싸워 왔다. 그 결과 너무나 많은 사람들이 희생되었다. 서로 미워하여 죽이고 죽고 했지만, 지나고 보니 다 무의미한 싸움이었다."

배 목사는 한국의 분단 상황에 대해서도 간략하게 설명했다.

"그래도 한국은 잘 살고 있지 않는가? 우리도 먼 미래에 우리 자손들이 잘 살도록 하기 위해서 이렇게 싸운다."

부관은 배 목사의 말을 관심을 갖고 들었다.

"나도 가족이 있다. 내 형은 아프간 경찰에 의해 죽임을 당했다. 그 형에게는 형수와 두 딸이 있는데 매우 어렵게 생활하고 있다. 나는 그들을 볼 때마다 아프간 경찰이 밉고 정부가 저주스럽다."

"나라가 둘로 나누어지면 죄 없는 사람들이 고통을 당하게 된다. 아마 개인적으로 만나면 누구도 미워하지 않을 것이다. 당신과 내가 서로 미워하지 않듯이 아프간 경찰관도 그 개인적으로는 당신의 형이 미워서 죽이지 않았을 것이다. 그래도 죽여야 했던 것은 정치적인 문제다."

배 목사는 한국에서는 사상 때문에 형제가 서로 적이 되고, 친구가 서로를 미워하고 죽이고 했던 역사가 있었다고 말했다. 부관은 그 말을 진지하게 들으면서 고개를 끄덕였다.

"당신은 왜 목사가 되어 여기까지 와서 이 고생을 하는가?"

"목사가 되었기 때문에 부관과 이렇게 이야기 나눌 수 있으니 다행 아닌가. 한국 기독교 목사와 모슬렘인 탈레반의 사령관 부관이 사이좋게 이야기하는 것은 이 세상 어디에서도 볼 수 없는 광경이다. 우리가 이렇게 이야기를 나눔으로 이 세상에 사랑과 평화를 심는 일이 시작될 것이다."

그 말에 부관은 벌떡 자리에서 일어나더니 배 목사의 손을 덥석 잡았다. 두 사람은 서로의 체온이 교류되면서 손이 따뜻해지는 것을 느꼈다.

"세상에 진리라는 것이 있다고 생각하는가?"

부관의 목소리가 은근했다. 배 목사는 가슴이 서늘했다.

"진리는 있다고 생각한다. 만약 진리가 없다면 인간 사회는 이미 종말을 고했을 것이다. 그동안 많은 전쟁과 질병이 인간을 괴롭혔지마는 그래도 이렇게 사람들이 살아갈 수 있다는 것은 그 진리의 힘이 이 세계를 다스리고 있기 때문이 아니겠는가?"

배 목사는 기독교 목사라는 신분을 되도록 강조하지 않기 위해서 우회적으로 말했다.

"기독교의 진리가 옳다고 생각하는가?"

"나는 기독교 목사이니까, 그렇게 생각한다. 그러나 모슬렘의 진리 가운데도 옳은 진리가 있을 것이다."

그 말에 부관의 눈이 반짝거렸다.

"왜 하나님이라는 위대한 분이 있는데, 이 세상은 이렇게 불공평한가. 그 하나님은 이미 죽지 않았나? 아니면 무능한 신인가."

배 목사는 이미 자기에게 다가오는 올가미를 생각하였다. 그렇다고 바르게 대답하지 않을 수 없었다.

"싸움과 분쟁은 하나님의 일이 아니라, 인간의 죄 때문이다. 인간은 힘을 자랑하고, 그것을 행사하여 권력을 장악하고, 돈을 사랑하여 많이 가지려는 욕심 때문에 서로가 경쟁한다. 그것이 지나쳐서 결국 전쟁이 일어나게 되었다. 그러나 하나님의 뜻을 인간은 다 생각할 수 없다. 그분의 뜻을 알기 위해서 노력할 뿐이다."

"전쟁을 막으려면 어떻게 해야 하겠나?"

부관의 질문은 진지했다.

"서로 사랑해야 한다. 당신과 내가 아무 상관이 없는데 이처럼 감시하고 감시당하는 것은 이상하지 않은가. 서로 미워할 만한 아무런 이유도 없는데 말이다."

"왜 이유가 없는가? 우리는 미국이 조종하는 부당한 정부로부터 탄압을 당하고 있기 때문에 살아나려고 그들과 싸우고 있다. 당신이 말하는 사랑은 잠꼬대와 같은 것이다. 사랑으로는 통하지 않는다. 우리에게는 승리만이 있다. 승리하기 위해서는 사랑보다 더 강한 미움이 필요하다. 그래야 용감할 수 있다."

부관은 자신 있게 말했다.

"그렇다고 당신이 나를 미워할 필요는 없다. 당신과 나는 적이 아니다."

배 목사는 빙긋이 웃으면서 조용히 말했다.

"미안하지만, 당신은 우리의 싸움에서 유익한 일을 할 수 있다. 미워하지 않으면서도, 당신은 우리의 싸움을 도와줄 수 있다."

배 목사는 부관의 의도를 어느 정도 알아챘다. 정말 용의주도하게 설득하려는 것이다. 그러나 이렇게 오래도록 이야기를 나누었다는 것만도 다행이다. 그가 어느 정도 봉사단에 대해서 이해하였을 것이라고 생각되었다.

부관은 다시 올 때에는 좋은 소식을 갖고 오겠다면서 통역을 맡은 청년을 데리고 돌아갔다.

어젯밤에 배 목사는 오랜만에 단잠을 잤다. 낮에 부관과 나누었던 대화가 자꾸 생각났다. 탈레반들 중에도 서로 생각이 통하는 사람들이 있다는 것이 다행스러웠다. 그들과 이야기를 나누었다는 것만도, 이번 봉사단이 예상하지 못했던 큰 수확이라고 생각했다.

농부처럼 보이는 중년 사내가 보리빵과 감자와 우유를 아침 식사로 갖고 왔다. 배 목사는 그 음식을 맛있게 먹었다. 식사 책임자인 사내는 깨끗하게 비운 그릇을 보고는 눈을 찡긋하면서 흡족한 표정을 지었다.

식사를 마친 배 목사가 세수를 했으면 하고 생각하고 있는데, 아침 식사를 준비해 준 청년이 토기 그릇에 물을 담아 들어와서는 세수하라고 손짓으로 말했다.

배 목사는 고맙다고 인사하고는 얼굴을 씻었다. 여기에 와서 처음 하는 세수였다. 기분이 좋았다. 좋은 일이 일어날 것 같은 기대가 부풀어 올랐다.

오후에 부관이 어제 그 통역인을 데리고 왔다. 그는 우선 다른 곳에 수용되어 있는 대원들의 소식을 전했다.

"모두들 건강하고 잘 있다. 배 목사 소식도 전해 줬다."

"고맙다. 나는 그들은 인솔해 온 책임자로서 소식이 매우 궁금했다."

"모든 대원들은 속히 서울로 돌아가고 싶어 한다."

"그렇다. 나도 돌아가고 싶다. 그런데 왜 우리를 풀어 주지 않는가?"

"그 방법은 딱 하나 있다. 당신이 진정 우리와 친구가 되는 것이다."

부관이 미소를 띠면서 배 목사를 눈여겨봤다.

"이미 우리는 당신네를 친구로 생각하고 있다."

"모든 사람은 형제이다. 기독교와 모슬렘도 형제 종교이다."

"그렇다. 내가 믿는 하나님은 모든 사람을 사랑한다. 모슬렘 형제들도 사랑한다. 나는 예수의 제자이지만 인종이나 문화나 역사의 차이를 넘어서 모두 사랑한다. 그렇기에 아무 관계도 없는 이곳 사람들을 도우러 여기까지 왔다. 우리 대원 모두는 그러한 마음을 갖고 있다."

처음에는 영어로 대화하다가 말이 길어지자 배 목사는 한국어로 하겠다고 했다. 통역의 말을 주의 깊게 듣던 부관의 낯빛이 굳어졌다.

"당신은 오만하다."

배 목사는 그 말의 참뜻을 알지 못했다. 뭔가 오해를 하고 있구나 생각했다.

"절대로 오만하지 않다. 당신네를 사랑하는데 오만할 수 없다."

"나더러 네가 믿는 예수를 믿으란 말이냐?"

"그렇지 않다. 예수를 믿으면 더욱 좋겠지만, 그렇지 않다 해도 당신들은 우리의 형제이다. 형제들인데 어찌 생각이 다르다고 미워할 수 있겠느냐?"

"논쟁은 불필요하다. 중요한 것은 대원들이 무사히 한국으로 돌아가는 것이다. 그렇지 않느냐?"

"그렇다. 우리는 총도 없고, 수류탄도 없고, 그렇다고 아프가니스탄이나 미군의 간첩도 아니다. 정치에는 관심이 없다."

"우리 동지들도 미군에게 붙잡혀 있다. 우리는 무슨 수를 써서라도 그들을 구출해 내야 한다. 당신이 도와주지 않으면 우리 동지들은 곧 살해될 것이다."

"당신네 동지가 미군에 잡혀 있다니 안타깝다. 어서 풀려났으면 한다. 그러나 우리에게는 아무런 힘도 없다. 내가 믿는 하나님께 그들의 석방을 위해 기도할 뿐이다."

"한국 정부가 우리 동지를 석방시켜 달라고 미국에 요청할 수도 있지 않나?"

"한국 정부도 노력할 것이다."

"그 일이 성사되지 않으면 당신네는 여기에서 나갈 수 없다."

배 목사의 표정은 태연하다. 모두 예측한 일이었다. 부관은 너무 태연한 목사가 밉고 두려웠다.

"그런데 말이다."

부관이 넌지시 배 목사를 바라보았다.

"예수를 버리고 알라신을 믿어라."

순간 배 목사의 입가에 경련이 일었다. 시작되었구나. 주님, 이 시련을 이기게 하옵소서.

"두 신을 섬길 수 없다."

"그러니 한 신을 버리라고 하지 않느냐?"

배 목사는 고개를 가로저었다.

"내가 버리려고 해도 마음대로 버릴 수 없는 신이 내가 믿는 야훼 하나님이시다."

"안다. 그러니 마음속으로는 버리지 말고 말로만 버려도 된다. 네가 믿는 하나님은 네 심중을 보시기 때문에 다 이해해 주실 것이다."

부관의 얼굴에 미소가 어렸다. 배 목사는 긴장했다.

"알라신을 섬긴다고 말만 하면 된다. 마음으로는 알라신을 섬기지 않아도 좋다. 한국으로 돌아간 후에는 마음대로 할 수 있지 않겠나? 당신 덕분에 대원들이 석방된다면 그들은 당신을 존경할 것이고 영웅으로 대접할 것이다. 네가 부끄러움을 감수하면 모든 것은 다 잘된다. 그게 사랑 아닌가. 너를 우리 친구로 만들라는 사령관의 명령을 받았는데, 꼭 이행해야 한다. 나도 한국 형제들을 좋아하기에 그들이 고통을 당하는 것을 원치 않는다."

배 목사는 부관의 얼굴을 빤히 쳐다보았다.

"쉬운 문제가 아니니까 얼른 대답할 수 없을 거다. 앞으로 두 시간 여유를 주겠다. 그때까지 기다리겠다. 만약 우리 청을 거절한다면 우리는 우선 너를 총살할 수밖에 없다. 이것은 탈레반의 원칙이다. 그리고 너와 함께 이곳에 온 대원들도 우리 요구를 들어주지 않을 경우에 그 안전에 대해 보장할 수 없다. 그런데 당신만 내 청을 들어준다면 나머지 대원들에게는 알라신을 믿으라고 강요하지 않겠다."

부관은 말을 마치고 아래층으로 내려갔다.

배 목사는 환하게 웃는 딸과 아내의 얼굴이 떠올랐다. 이곳을 걱정하지 마세요. 당신은 나의 남편이면서 주님의 일꾼입니다. 저는 주님의 일꾼을 돕는 동반자입니다. 당신이 주님의 일꾼이 아니었다면 우리가 어떻게 부부가 되었겠어요. 아버지, 사랑해요. 배 목사 사랑해. 형규야, 지금 네가 어디로 가느냐? 칠순이 넘은 아버지 배호중 장로, 어머니 이창숙 권사. 하루도 빠짐없이 자신을 위해 기도하는 목소리가 귀에 쟁쟁하였다. 그 음성이 주님의 음성으로 바뀌었다. 네가 목회자의 길을 갈 수 있겠느냐? 주님의 음성으로 들려왔다. 직장을 그만두고 신학공부를 하겠다고 말씀드렸을 때, 아버지는 조용히 물으셨다. 예, 갈 수 있습니다. 그래, 그런데 지금 어디로 가려느냐? 어디로 가려느냐? 음성이 계속 들려왔다. 여러 얼굴들이 다가왔다가 사라졌다. 배 목사는 기도했다. 얼굴들과 목소리가 귀와 눈앞을 어지럽게 하여 기도가 헷갈렸다. 온몸에 미열이 피어올랐다.

'주님, 제가 받아야 할 잔을 물리치지 않도록 제게 은혜를 내려 주옵소서. 귀한 사역을 감당하기 위해서 함께 온 동역자들의 신변을 지켜 주옵소서.'

교회가 이 사건으로 어려움을 당할 것이 부담스러웠다. 사회가 교회를 향해서 믿는 형제들에게 비난을 퍼부을 수도 있다. 대원들 가족들이 뜬눈으로 밤을 지새우며 기도하는 모습이 떠올

비정한도시

랐다. 그런데 믿지 않는 가족들은 지금 어떤 심정일까? 그들의 안타까움이 혹시 교회를 향해 분노로 변할까 두려웠다. 그들은 안전하게 돌아가야 한다. 그것이 내게 주어진 몫이다. 내 한 몸이 죽어 그 문제가 해결될 수 있다면, 정부가 탈레반과 협상하는 과정에서 내 희생이 필요할 수도 있다. 그렇다면 나는 비겁하지 말아야 한다.

'주님 제게 용기를 주시옵소서. 대원들이 무사하게 돌아갈 수 있도록 저를 유용하게 써주십시오.'

배 목사는 기도를 마치고 생각들을 하나하나 정리해 보았다. 내 한 몸 죽음을 받아들일 수는 있지만, 나로 인해서 다른 대원들에게 위험이 따른다면? 그렇지 않을 것이다. 세계는 나를 죽인 탈레반을 용납하지 않을 것이다. 오히려 내 죽음으로 남은 이들의 생명이 보호받을 수 있을 것이다. 마음이 차츰 평온해졌다.

저 멀리 뵈는 나의 시온성, 오 거룩한 곳 아버지 집
내 사모하는 집에 가고자 한 밤을 새웠네.
저 망망한 바다 위에 이 몸이 상할지라도
오늘은 이곳, 내일은 저곳 주 복음 전하리.

배 목사는 입안말로 그가 좋아하는 찬송가를 불렀다. 가슴이 차츰 넓어지면서, 눈앞에 나타나는 얼굴들이 하나같이 밝게 웃고 있었다.

인기척이 들렸다. 문이 열리고 부관이 앞장서 들어왔다.

"잘 생각해 보았나? 우리 앞에서 예수를 부인하고 알라신을 믿는다고 한마디만 하면 된다. 그러면 당신은 물론 모든 대원들이 무사하게 돌아가게 될 것이다."

배 목사는 부관을 쳐다보았다. 주님, 저들이 나를 시험하나이다. 제가 어찌 주님을 배신하겠습니까. 그러나 앞으로 다가오는 시간에 제가 어떤 일을 저지를지 모릅니다. 주님, 저를 지켜 주시옵소서. 잠시 눈을 감고 입안말로 기도했다.

"성경을 찢으면서 알라신을 믿겠다고 한마디만 하면 되는데…."

부관은 그에게서 빼앗았던 성경을 보이면서 말했다. 배 목사는 마음이 혼란스러웠다.

그때 비디오카메라를 든 두 청년이 들어왔다.

"단 1분, 아니 30초면 충분해. 한마디만 하면 된다."

부관의 영어 발음이 배 목사의 귀에 낙인처럼 새겨졌다.

배 목사는 비디오카메라를 든 청년을 쳐다보았다. 배신의 장면을 촬영하여 전 세계로 내보낼 것이다. 그는 고개를 저었다.

"마지막 기회다. 우리가 당신의 생명을 보장해 줄 수 있는…."

부관의 표정이 굳어지면서 목소리가 떨렸다.

배 목사는 다시 고개를 흔들었다.

"그러면 다시 다섯 시간을 기다리겠다."

부관은 카메라를 든 청년을 데리고 밖으로 나갔다.

배 목사의 가슴이 격렬하게 뛰었다. 주님, 저를 지켜 주셔서 감사합니다. 아버지와 어머니, 아내, 그 많은 얼굴들이 그에게 달려와 그의 손을 잡았다. 우리가 이렇게 목사님 손을 잡고 있어요.

그때였다.

"땅땅…."

밖에서 총소리가 들렸다. 온몸이 떨리고 가슴이 격렬하게 뛰었다. 순간 죽음의 실체가 눈앞에 나타났다. 자기를 향해 총을 겨눈 그들의 핏발 선 눈길이 점점 크게 다가왔다.

다시 총소리가 들렸다. 미련한 자식! 개죽음이다. 한마디면 되는데. 네가 순교자라는 그 허울 좋은 이름표를 달고 싶어서 그렇지. 어리석은 자식.

다시 총소리가 들렸다. 뒤이어 비명 소리도 들려왔다.

배 목사는 귀를 틀어막았다. 그리고 바닥에 무릎을 꿇고 엎드렸다.

"주님, 저를 버리지 마시옵소서. 주님의 영광을 가리옵니다. 강하신 주님, 나의 왕이신 주님, 어디 계십니까."

배 목사의 기도가 울부짖음으로 변했다. 탈레반이 들든 말든 그것이 문제가 아니었다.

그때 희미한 소리가 환청처럼 들려왔다.

'내 나라는 이 세상에 속한 것이 아니다. 만일 내 나라가 이 세상에 속한 것이었다면 내 종들이 싸워 나를 유대인들에게 넘기지 않게 하였을 것이다. 이제 내 나라는 여기에 속한 것이 아니다.'

예수님이 법정에서 빌라도에게 하신 말씀이다.

"저를 지켜 주시옵소서. 제가 주님을 배반할까 두렵습니다. 지켜 주소서."

배 목사는 입안말로 부르짖듯이 기도했다.

부관이 카메라를 든 청년과 함께 들어왔다.

"배려는 고맙소. 나는 두 신을 섬길 수 없소. 당신의 뜻을 따라 주지 못해서 미안하오."

배 목사는 또박또박 영어로 말하였다. 그리고 눈을 감고 기도했다.

"주님, 저 청년이 제 친구가 되게 하옵소서. 저를 기억함으로 주님을 만나게 하옵소서."

부관의 얼굴이 싸늘해졌다.

"참 아까운 친구를 놓치는구나."

부관의 영어 발음에 물기가 어렸다.

"우리는 이미 친구가 되었다. 당신은 아마 오래오래 나를 기억할 것이다. 그것이 이미 당신과 내가 친구가 되었다는 증거이다. 그리고 언젠가 당신은 아주 좋은 분을 만나게 될 것이다."

배 목사는 부관의 우울한 얼굴을 바라보다가 덥석 그를 껴안았다.

부관도 배 목사를 껴안았다.

"미안하다. 나를 이해해 달라."

부관이 배 목사의 귓가에 속삭였다.

둘은 서로 떨어졌다.

대기해 있던 무장한 탈레반 병사 둘이 배 목사를 데리고 밖으로 나갔다.

그날 밤 목사 배형규의 육신의 생명은 끝났다. 그의 시체는 고속도로에 버려졌다.

뒷날 아침, 그의 죽음이 전 세계에 알려졌다.

4. 비정한 도시 사람들 (2)

I

퇴근을 서두르는 윤 부장의 휴대폰이 요란하게 울렸다. 화면에 뜬 전화번호가 낯설었다. 그래도 다른 날이라면 받았을 텐데, 오늘은 식구들과 외식하기로 약속된 날이라 일부러 받지 않았다. 두바이 건설 공사 현장을 확인하고 어제저녁에 4주 만에 돌아온 윤 부장이었다. 곧이어 문자가 도착했다는 신호가 왔다. 기별 동창회장인 권 부장이었다.

"야, 왜 전화를 안 받아? 참, 내 전화번호가 바뀌었다. 두바이 갔다 왔다니 혹 알 수도 있겠구나. 탈레반에 피랍된 한국봉사단 소식 들었냐?"

윤 부장은 기내에서 신문을 보아 사건을 알고 있었으나 자세한 것은 모른다. 출근하고서도 윗사람들에게 보고하느라 관심을 가질 겨를이 없었다. 탈레반은 걸핏하면 외국인을 납치해서 흥정하는 터라 이번에는 한국인이 걸려들었구나 생각했다.

"배 목사가 이번 봉사단의 인솔 책임자야."

"형규가?"

"그래. 거 참 골치 아프게 되었어."

윤 부장은 별스럽지 않게 말하면서도 이상한 예감이 들었다.

"최근에 언제 만났어?"

"참, 그러고 보니 올 여름에 어딜 간다고 하던데. 실은 지난봄에 걔가 목회하는 교회에 다녀왔어. 형규가 지도하는 청년 모임에서 날 초대해 줬거든."

윤 부장은 그때 기억이 되살아나 기분이 우울해졌다.

"오늘 만날까?"

"식구들과 약속이….'

"저녁은 집에서 하고, 지하 카페에서 차나 한잔 하자."

권 부장네 사무실도 같은 세웅타워에 있다.

윤 부장은 초조했다. 엘리베이터를 타고 내려가는 동안 배 목사 신상에 안 좋은 일이 일어날지 모른다는 예감 때문에 우울했다.

권 부장은 벌써 와 기다리고 있었다.

"스물셋이나 납치되었으니 틀림없이 흥정을 하겠지. 그놈들은 비즈니스를 위해서 아마 몇 사람쯤 희생시킬지도 몰라."

찻잔을 앞에 놓고 권 부장이 걱정 투로 말했다. 배 목사와 두 사람은 같은 대학 같은 학과 동기로 제법 가까운 친구 사이였다. 학교 내에서는 그들 셋을 삼총사라고 불렀다. 경영과 삼총사는 대학 기독학생회 모임을 주도했다. 처음부터 셋이 가까웠던 것은 아니었다. 윤 부장은 수원이 집이고, 배 목사는 제주에서 올라왔고, 권 부장 고향은 안동이다. 서울에서 멀지 않은 지방 캠퍼스였지만 교통이 불편해서 대부분 기숙사 생활을 했다. 그런데 기숙사를 원하는 학생 모두를 기숙사가 받아 주지 못했다. 대학에서 멀리 떨어져 있는 지방 학생부터 배정 받았다. 그리하여 배 목사와 권 부장은 첫해부터 기숙사 생활을 하게 되었다.

기숙사 호실 배정은 선착순이었다. 2학년 1학기 때였다. 호실 배정은 2월 마지막 주 월요일 9시부터 기숙사 앞에 늘어선 순서대로 배정표를 받고 원하는 방을 차지하게 되어 있다. 그날 권 부장은 안동에서 늦게 올라오는 바람에 제일 마지막에 배정표를 받았다.

기숙사에서 제일 안 좋은 방은 1층 로비 바로 옆의 101호였다. 그 복도 건너에 화장실이 있어서 시끄러웠다. 그 방 중에서도 바로 출입문 쪽 침대가 학생들이 가장 기피하는 자리였다. 그 학기에는 그 침대가 권 부장 몫이었다.

권 부장은 마음을 한가하게 먹고 101호실로 들어갔는데, 벌써 문간 침대에 임자가 있었다.

"어, 내가 잘못 왔나?"

한 학생이 그 침대에 짐을 풀고 있었다.

"아니, 배형규, 네가 웬일이야? 자넨 일착으로 순서표를 받았다던데."

"그래, 일착 순서 표 받은 사람은 이 침대 차지하면 안 되냐? 권혁수, 자네와 한 방을 쓰게 되었군."

1년 동안 같은 과에서 공부를 했으나 별로 가까운 사이는 아니었다. 경영과는 정원이 80명이나 되어서 친하지 않으면 서로 이름도 기억하지 못했다.

"농담하지 마. 내가 꼴찌니까, 내가 그 침대인데."

"순서대로 선택할 권한이 있어."

그렇게 해서 둘은 금방 친해졌다. 그 이후 배형규는 졸업할 때까지 기숙사에서 제일 안 좋은 방의 그 침대에서 생활했다. 그러면서도 그는 그 방을 차지하기 위해 항상 대기번호 순서를 빨리 받아냈다.

둘은 차를 마시면서 20년이 훨씬 지난 대학 시절 이야기를 되살렸다.

"형규는 순교할 각오가 되어 있는 듯했어. 그날 나는 대학생들에게 '회사가 원하는 신입사원'이라는 주제로 한 30분간 틀에 박힌 내용으로 강의했지. 특강 후 예배시간에 그가 설교를 하더군. 그 설교를 들으면서 형규가 순교를 각오한 사람 같다는 생각을 했어."

윤 부장은 그때의 인상적인 설교 내용을 말했다.

설교의 예화에 등장하는 선교사 이름은 잊었다. 미국 선교사가 남미 한 부족을 상대로 선교를 하고 있었다. 그 당시에는 선교사들도 모두 호신용 권총을 갖고 다녔다. 신변에 위험이 닥칠 때 총으로 자신을 보호하기 위해서였다. 어느 날 선교사는 한 부족을 상대로 선교하러 갔다가 부족의 습격을 받아 죽었다. 훗날 그 부족장이 선교사가 무기를 갖고 있었다는 것을 알게 되었다. 무기를 갖고 있으면서도 그것을 사용하지 않았던 사실을 알게 된 것이다. 선교사가 진정으로 자기네를 사랑한다는 것을 깨닫고는 그곳의 모든 부족이 하나님을 믿게 되었다. 독실한 기독교인이 된 그 부족장은 후에 이 사실을 세상에 전하였다. 배 목사는 설교의 결론을 아주 조용한 목소리로 마무리 지었다.

"선교사의 피는 헛되지 않습니다, 피 흘릴 각오가 없이는 선교를 할 수 없습니다, 그렇게 말하는 배 목사 목소리는 너무도 차분했고 그 표정이 정말 평안했어. 그때는 느끼지 못했는데, 모임 끝에 저녁을 같이 먹고 집으로 돌아오면서 문득 그가 순교할지도 모른다는 생각이 들었어."

윤 부장은 그때 그의 얼굴이 떠올랐다. 이번에 두바이로 가면서 전화를 했는데, 배 목사는 그때에도 아프간으로 간다는 말을 하지 않았다.

"하기야, 아프간을 여러 번 다녀왔고 해외 선교 여행을 옆집 드나들듯 했으니, 흔히 있을 일이라고 생각해서 말하지 않았겠지."

권 부장이 그 당시 배 목사의 정황을 미루어 추측했다.

"그렇겠군."

"참 좋은 친구였어."

윤 부장에게는 그에 대한 또 다른 기억이 있다. 그는 배 목사보다 2년이나 늦은 4학년 2학기 때 군에 입대했다. 신병으로 부대에 배치를 받은 어느 토요일에 제대 몇 주를 앞둔 배 병장이 면회를 왔다. 그는 고참답게 윤 이병을 데리고 부대 인근 식당으로 가서 돼지갈비로 배를 채워 주었다. 그리고 소대 장병들에게 줄 초코파이까지 마련해 주었다. 윤 이병은 너무 고마워서 눈물이 났다. 그런데 부대에 들어와 보니 군복 상의 호주머니에 현금 5만 원이 들어 있는 봉투가 있었다. 5만 원은 병장에게 많은 돈이었다.

"어려워 보이는 친구가 있으면 만 원짜리 한두 장 접어서는 지나가면서 슬쩍 친구 호주머니에 넣어 주기도 했지. 친구를 도와주면서도 도움 받는 친구가 부담을 가질까 매우 조심했었어."

권 부장은 그러한 그의 따뜻한 마음이 너무 좋아 보였다. 집 안이 여유 있어 어렵지 않게 대학생활을 했던 그는 힘든 처지에 있는 친구들에게 그리 마음을 쓰지 못했다. 그 대신 배형규에 대한 신뢰감으로 그를 따라 교회를 열심히 다녔다. 그는 친구를 억지로 교회로 끌고 가지도 않았다. 그와 함께 있으면 늘 편안했다.

"어렵사리 부인과 통화를 했는데, 위로할 말이 없더군. 목소리가 매우 지쳐 있었어. 어디냐고 물으니, 미안하지만 말해 줄 수 없다고 그래. 아마 사건이 일어난 후에 주위 사람들로부터 매우 시달린 모양이야."

둘은 커피를 잔에 남겨 두고 자리에서 일어났다.

"좋은 소식을 기다리자."

윤 부장은 오랜만에 식구들과 즐거운 시간을 가지려 했는데, 배 목사 가족을 생각하니 마음이 무거웠다. 그는 아내에게 전화로 권 부장에게 들은 배 목사 이야기를 전했다.

"집에서 저녁 먹어요. 아이들에게는 제가 말하겠어요. 난 몰랐는데, 그 언니도 아이가 둘이나 있대요. 전화를 해볼까."

아내는 울먹이면서 통화를 마쳤다.

윤 부장은 그날 그 모임에서 본 배 목사의 평온한 모습이 갑자기 그리워졌다.

2

배 장로 부부는 집에 없었고 조카라는 중년 부인이 혼자 집을 지키고 있었다. 아파트 주위는 취재진들로 어수선했다. 구 기자는 배 장로를 취재하려고 제주로 내려오면서도 자신의 상황이 너무나 희극적이라고 생각되었다.

그는 며칠 동안 서울 배 목사네 집 주위를 맴돌았다. 잠겨 있는 아파트 문을 열어 달라고 초인종을 몇 번씩 누르는 무례함도 아무렇지 않게 되풀이했다. 왜 기자를 기다려 주지 않고 잠적했느냐고 투덜대기도 했다. 그런데 오늘 오전이었다. 이른 아침 남들보다 먼저 그 아파트를 찾아갔는데, 벌써 취재진 몇이 아파트 입구 로비와 8층 계단에서 어슬렁거리고 있었다. 아마 새벽쯤이면 집에 들르리라 짐작하고 모여들었던 모양이다. 헛걸음을 한 것을 모두 배 목사 부인 탓으로 돌리면서 뒤돌아서려는데, 바로 옆집 문이 열렸다.

"왜들 이리 법석이오. 당신네 설친다고 해서 잡혀간 사람들이 풀려나와요? 모진 사람들! 그 가족들이 애끓는 것은 생각하지도 않고, 그 잘난 기사 몇 줄 쓰려고…. 당신네들이 인간이야?"

70이 가까운 노인이 나와서는 호통을 치자 취재진들은 머쓱해했다. 순간 구 기자에게는 '그 잘난 기사 몇 줄 쓰려고…' 하는 한마디가 뼈에 들어박혔다. 사실이다. 기사 몇 줄 쓰려고. 그 기사라는 글도 그렇고 그런 내용이다. 그는 심한 자괴감에 짓눌려서 도둑처럼 엘리베이터를 놔두고 비상계단으로 내려왔다.

아파트 광장으로 허겁지겁 빠져나오는데, 팀장으로부터 제주로 내려가라는 지시를 받았다.

탑승 수속을 마치고, 제주 주재 고 기자에게 전화를 했다. 고 기자는 배 목사와 절친한 친구라고 했다. 우선 그의 부친 배 장로

의 행방을 추적해서 제주에 도착하는 즉시 만날 수 있도록 조치
해 달라고 부탁했다.

제주공항으로 마중 나온 고 기자는 난감한 표정이었다. 배 목
사 부친의 행방이 사건 이후로 묘연하다는 것이다. 우선 집으로
달려갔으나 예상했던 대로였다. 집을 지키는 조카도 모른다는 것
이다.

"한라산에 들어가 기도하고 계실 겁니다."

조카는 찾아온 손님을 그냥 돌려보내기가 민망했던지 한마
디 했다.

"한라산에 기도원이 있습니까?"

구 기자는 자주 가는 기도원이 있는가 물었다.

"한라산이 온통 기도원이지요. 기도원이 따로 있나요?"

조카는 기자를 조롱하듯 말했다.

"잘 가시는 기도원을 알아보지요."

고 기자는 미안했던지 그를 안심시켰다.

배 목사가 어렸을 때부터 다녔던 제주 영락교회로 이동하는
동안 구 기자는 취재차 제주까지 달려온 자신이 우스웠다. 가족
들은 애타고 있는데, 그 사람들의 사정을 무시하고 무엇을 취재
한단 말인가. 사진이나 찍고 혼란스러운 언어로 기사 몇 줄 쓰기
위해 그의 가족을 만나려는 자신이 너무 이기적으로 느껴졌다.
독자의 구미를 맞추려는 그 기사가 납치된 이들과 그 가족에게
무슨 의미가 있을까? 생각할수록 자신의 처지가 한심했다.

교회에 도착한 고 기자는 배 장로 내외의 행방을 알아보기 위
해 교회에 있는 여러 사람을 만났다. 구 기자는 교회 뜰 벚나무

그늘 아래 멍청히 서 있었다. 이 교회 뜰에서 보냈던 배 목사의 어린 때와 학생 때 모습을 상상해 보았다. 그는 교회 정경을 카메라에 담았다. 한참 후 고 기자가 그에게 다가와 은밀한 눈짓을 주더니 앞장섰다. 교회 지하계단을 따라 내려가면서 아무 소리도 내지 말라고 손짓했다. 지하 3층에는 가운데 복도를 중심으로 양편에 작은 방들이 여럿 있었다. 방마다 '기도실'이라는 아크릴 팻말이 붙어 있다.

고 기자는 그중에 '당회 기도실'이라는 방 앞에서 잠시 멈칫하더니 문을 열었다. 구 기자도 그 안을 들여다보았다. 희미한 보안등 불빛 아래, 한 노인이 벽을 향해 꿇어앉아 기도하고 있었다. 문이 열렸는데도 노인은 움직이지 않았다. 구 기자는 그 뒷모습을 카메라에 담았다. 노인은 움직이지 않았다. 구 기자는 가슴이 서늘했다. 벽을 향해 무릎을 꿇고 머리가 방바닥에 닿도록 굽혀져 허리가 반원처럼 휘어져 있는 노인의 뒷모습을 보는 순간 심장이 격렬하게 뛰었다.

복도를 걸어오는데, 장로 기도실 맞은편 방에서 짐승이 울부짖는 듯한 소리가 들려왔다. 둘은 그 방 앞으로 다가가 귀를 기울였다. 울면서 기도하는 여자들 목소리가 점점 크게 들려왔다.

계단을 오르는 구 기자의 가슴속에 기도실의 기도 소리가 스며들었다. 내가 왜 이런 취재를 하는가. 자신의 속마음을 들여다보았다. 배 목사가 탈레반에게 처형이라도 당하기를 바라는 것은 아닌가. 그래야만 더 많은 기사를 쓸 수 있다. 그 정도 충격적인 사건이라야 독자들은 관심을 갖고 읽을 것이다.

구 기자는 여러 사람들을 만나 배 목사에 얽힌 이야기를 더 들으려던 애초의 계획을 그만두었다. 그런 일이 배 목사의 죽음에 대비한 일이 될 것만 같았다. 생각이 거기까지 미치자 더 취재할 엄두가 나지 않았다.

공항으로 가면서 고 기자는 배 목사에 대해서 많은 이야기를 했다. 그들은 어릴 때부터 친구였고, 초등학교와 중고등학교를 같이 다녔다. 서울에서 대학을 다닐 때에는 대학은 달랐으나, 같은 교회 청년부에서 함께 활동했다. 그는 이해할 수 없을 정도로 마음이 넓고 보통 사람이 생각할 수 없는 것을 늘 생각하며 살았다고 했다.

"참 좋은 친구인데, 이번 일로 어려움을 당하게 되었네요. 그러나 그 친구, 어려움을 잘 이겨 낼 겁니다. 용기 있는 친구죠. 옳은 일이라면 무서워하지 않았어요. 그는 인솔자로서 자기 책임을 다하겠지요. 아무래도 좀 더 유리한 협상을 하기 위해 탈레반이 한두 사람 희생자를 낼 텐데, 인솔자인 그가 그 잔을 받게 되겠지요."

고 기자는 이미 배 목사의 앞일을 다 알고 있다는 투로 말하였다. 그의 목소리에는 울음이 잔뜩 끼어 있었다.

구 기자는 김포공항에 도착하여 팀장의 전화를 받았다.

"인솔자 배 목사가 살해되었어. 자네가 취재한 보람이 있게 되었군. 배 목사 기사를 두 시간 안으로 만들어 봐. 좀 특별한 거 많이 얻었겠지."

팀장의 말에 구 기자는 긴장했다. 어둑한 방 안에서 엎드려 기도하던 배 장로의 등이 눈앞을 막았다.

"내일 아침 2판에 나갈 수 있도록, 9시까지 만들어."

비정한도시

"알았어요."

구 기자는 짧게 대답하고는 서둘러 공항 대합실로 나왔다.

그는 잠시 생각을 정리하다가 시계를 보고는 서둘러 2층 커피숍으로 들어가 노트북을 열었다.

배형규 목사의 학생 때 사진과 그가 교회에서 고등부 활동을 하던 시절의 사진들이 노트북 화면 위에 나타났다. 제주 영락교회의 전경과 그곳에서 만난 사람들의 이야기를 담고, 그가 학생 때부터 오늘의 순교자의 길을 가기 위해서 살아왔다고, 이런 때에 그를 좀 추켜세워 줘도 좋을 것이다. 죽은 자에 대한 마지막 예의이다. 구 기자는 아주 쉽게 기사를 썼다.

그는 그 기사를 몇 장의 사진과 함께 본사로 송고하고는 식은 커피를 마셨다.

가슴이 후련했다. 제주도로 가기를 잘했다. 혼자 중얼거렸다.

3

알 자레아 방송은 7월 25일, 탈레반은 대한민국과 아프가니스탄 정부와의 인질 석방 협상이 결렬되었다며, 인질을 살해하겠다고 위협을 계속하였다고 보도했다.

이날 오후에 탈레반은 한국인 인질 가운데 남자 1명을 살해하였다고 밝혔다. 한국 정부는 아프가니스탄 정부 당국에게 탈레반 수감자들을 석방할 것을 촉구하도록 주문했으며, 이에 탈레반은 26일 1시까지 한국 정부가 반응이 없을 경우 남은 인질들을 살해하겠다고 밝혔다고 전했다.

한국의 한 신문에는 한국학을 연구하는 외국인 학자의 인상적인 칼럼이 게재되었다.

이 글을 쓰는 순간에 계속 반전을 거듭하는 아프가니스탄 인질 사태를 보면서 여러 가지 착잡함을 느낀다. '대 테러 전쟁'을 빙자하여 아프간을 무단으로 점령한 미국의 지시에 따르듯 아프간에 한국군을 보낼 필요는 애당초부터 있었던가? 기독교 나라를 자처하는 미국 주도의 서방세력들이 점령하고 있는 아프간 땅으로 종교적 색채를 띤 '봉사'를 간다는 것이 피침략 지역의 이슬람 신도들에게 좋게 비칠 리가 없다는 것을, 교회가 처음부터 간파할 수 없었을까?…물론 전쟁터에 침략국과 같은 종교적 '코드'를 공유하는 '봉사'를 간다는 것은 한국 교회가 제국주의와의 친밀성이 얼마나 강한지를 잘 보여 주는 대목이다. 로마 침략자들과 유대인 부역자의 손에 죽임을 당했던 예수의 정신으로 돌아오기를 교회에 촉구해야 한다. 그러나 죽음의 위협을 받는 23명이 우리와 '같은 인간'인 데다, 우리의 세금으로 운영되는 정부의 '파병'으로 말미암아 곤란에 처한 것이 아닌가? 정부는 당연히 어떤 양보를 해서라도 그들을 구출해야 할 의무가 있다.

윤 부장은 욱하니 분노가 치밀었다. 논리의 비약이다. 납치된 23명을 앞에 두고 왜 제국주의, 파병을 끌어들이면서 봉사와 제국주의의 친밀성을 운운하는가? 학자가 그렇게 세상살이를 편견을 갖고 봐서야 무슨 학문을 하겠어, 정치꾼이지. 옆에 그 자가 있으면 멱살을 잡고 한바탕하고 싶었다. 그러다 문득 그토록 흥분하는 제 모습이 너무 초라하게 생각되었다.

한 테이블 건너 자리에서 식사하는 젊은이들의 목소리가 이따금 튀었다. 대형 빌딩 3층에 자리 잡은 고기 전문 '목장집'은 보통 고깃집과는 달리 분위기가 조용하다. 좌석마다 반 칸막이가 되어 있어 옆 좌석 말소리가 어느 정도 보호된다. 그런데도 한 자리 건너 통로 저편 젊은이들의 격한 음성들이 귀를 거슬리게 했다. 아프간 사태와 관련된 단어들이 띄엄띄엄 들려왔다. 윤 부장은 그들에게 관심을 갖지 않으려고 일부러 일어나 계산대 옆에 진열되어 있는 신문을 몇 종 갖고 자리로 돌아왔다.

"결국 일을 저질렀군. 걔들은 사람 죽이는 것을 벌레 죽이는 것처럼 아무렇지도 않게 생각하니…. 그런데 다행히 여자들은 보호하고 있다니 안심된다."

윤 부장은 신문을 넘기다가 슬쩍 그들 자리로 눈길을 주었다. 반듯한 정장 차림인 젊은이들은 어느 정도 술기가 오른 상태였다. 앞에 놓인 전골냄비도 반쯤 비어 있다.

"탈레반은 모든 일을 정략적으로 처리하거든. 인솔자 목사를 죽인 것이나, 여자들을 보호하고 있다고 언론 플레이를 하는 것이나. 다 비즈니스야. 선교단체가 그들의 밥이 된 거지."

"이번 기회에 그 알량한 선교단체들도 맛을 좀 봐야 해."

"그런 말 함부로 하지 마. 왜 어려운 사람 도와주러 간 것이 문제가 되냐? 정략적으로 사람들을 인질로 잡아 놓고 흥정하는 탈레반이 문제지."

"너 언제부터 예수쟁이가 되었어?"

"예수쟁이가 뭐니? 너 아주 경박해졌구나."

"허허, 여기 또 한 사람 목사가 있구나. 잘난 척하지 마."

"어려운 처지에 있는 이웃을 도우러 간 것이 뭐가 잘못이냐? 그리고 사람이 죽느냐 사느냐 하는 절박한 처지에 있는데 그들을 위해 한마디 빈말이라도 위로해 주지 못할망정 야유하면 안 되지. 난 그들이 한없이 존경스럽다."

청년의 목소리는 차분했다.

윤 부장은 마음이 놓였다. 며칠 전 사내 회식 자리에서 봉사 단원을 비난하는 부서 사람들과 언쟁을 벌였던 일이 있다. 그때 일이 되살아나니 쑥스러워졌다. 왜 어린애처럼 흥분했을까? 아내는 어렵게 형규 부인과 통화를 하고서 밤새 잠을 설치면서 흐느꼈다. 그 뒷날 출근해도 하루 종일 일이 손에 안 잡혔는데, 퇴근 후 사내 회식 자리에서 일이 벌어졌다. 형규와 그 가족들 처지를 생각하니, 그들을 비난하는 말에 참을 수 없었다.

"존경스러워? 뭐가 존경스러워? 우리 사회를 온통 이 지경으로 만들어 놓고. 아니, 조용히 선교하면 안 되냐? 걔네들 말대로라면 전지전능하신 하나님이신데, 꼭 위험을 무릅쓰고 선교해야 사람들이 예수를 믿게 된다니 이상하지 않니?"

윤 부장은 그들의 말에 부아가 치밀면서 숨이 가빠졌다.

"난 그 봉사단원들 말만 들어도 밥맛이 떨어져. 지들이 뭐가 잘났다고 봉사활동이고, 선교니? 저만 잘났다는 그 예수쟁이들이 역겨워."

청년은 넥타이를 느슨하게 풀면서 자신을 반박한 그 청년을 향해 분노 서린 말투로 공격했다. 윤 부장은 그 청년의 살기 어린 표정을 엿보다가 가슴이 섬뜩했다.

"그래도 죽은 자를 생각하면 마음 아프지 않니? 그만하자."

"뭐, 안 되긴. 이 기회에 순교자 되고 천당 가고, 그 정도면 됐지."

이야기를 주도했던 청년의 목소리가 좀 누그러졌다.

"예수쟁이들이 소란을 떠는 데는 도가 텄어. 지난번 상암 월드컵경기장을 가득 메우고서 뭘 했느냐면, 가슴에 꽃을 단 사람들이 죽 단상에 늘어앉아 야단법석을 떠는데, 난 무슨 축구경기를 하나 해서 눈을 씻고 봤는데, 이게 뭐고 하니 무슨 100주년을 기념하여 참회를 한다나? 기가 차서⋯. 참회라는 거, 내가 죄를 지었소 하고 고백하고, 다시는 안 그러겠습니다 하고 사죄하는 건데, 이거 마이크 앞에서 참회의 기도를 하는 거야. 카메라맨들이 그 장면을 찍느라고 야단을 떨고. 더한 것은 그 참회의 기도라는 것이 참회인지 연설인지 모르겠더라 이거야. 이건 뭐고 하니, 한판의 굿이야. 굿판을 벌여 놓고 즐기는 거야. 이게 한국 교회의 모습이야."

다른 청년이 교회를 비난하는 목소리가 커졌다.

"야, 그런데 말이다. 이거 하나 물어보자. 일부 교회와 신학교 교수들이 왜 이번 사태에 대해 선교단체와 교회를 비난하니? 신문 방송이랑 네티즌들은 그렇다치고 같은 식구들끼리 비난하니, 정말 교회가 잘못되고 있는 건가?"

"그게 우리 한국 사회의 초상이야. 옳고 그름이 없어. 제 비위에 맞으면 옳고, 안 맞으면 그른 거야."

"그렇게 생각하는 것이 편하겠군. 그러니 이제 그 교회 비판하지 말자. 납치된 대한민국의 국민을 위해서도."

윤 부장은 귀를 막고 싶었다. 그들의 말에 화가 나서가 아니다. 내 친구가 죽었는데, 제발 내 앞에서 그런 말을 하지 말아 달라고 말하고 싶지만, 그럴 수도 없으니 한심하고 안타까웠다.

그는 그러한 자신의 모습이 싫어서 건성건성 제목만 읽던 신문 기사를 차근차근 읽기 시작했다. 기사 중에 〈반전, 평화 당위성 일깨우는 아프간 사태〉라는 사설이 눈길을 사로잡았다.

아프가니스탄 탈레반 무장 세력이 끝내 한국인 인질을 살해했다는 충격적인 소식이 들려온 어제 우리는 분노할 수밖에 없었다. 어째서 탈레반은 전쟁과는 전혀 무관한 제3국의 민간인을 무참하게 살해했는가. 누가 탈레반에게 이러한 권리를 주었단 말인가. 그러나 이젠 치밀어 오르는 분노를 가라앉히고 냉정을 되찾아야 한다. 분노만으로는 사태 해결에 도움이 되지 않는다. 그리고 한번 찬찬히 사태의 본질을 생각해 볼 필요가 있다. … 우리가 여러 차례 강조했듯 비극의 뿌리는 미국의 대테러 전쟁과 아프간 점령이다. 오랜 세월에 걸친 외세의 침략과 내전, 거기에 미국의 침공과 점령으로 아프간은 초토화됐고 민중들의 삶은 피폐해졌다. … 탈레반과 많은 아프간 종족들에게 외세는 침탈의 상징이다. 이는 아프간의 역사가 말해 준다. … 우리는 누차 아프간과 이라크에서 철군해야 한다고 주장한 바 있거니와 한 걸음 더 나아가 반전 평화운동이 더욱 활발하게 펼쳐져야 할 필요성을 제기한다. 이번 아프간 피랍사건은 우연히 발생한 것이 아니었다. 근인(根因)을 따져 보면 미국의 침공과 한국 정부의 적극적인 파병 정책이었다. … 노무현 정권은 국익과 한미동맹, 평화 재건을 명분으로 파병을 밀어붙였다. 노 대통령은 자이툰부대 파병을 두고

'남는 장사'라고도 했다. 그러나 죄 없는 민간인들과 병사들을 희생시키는 전쟁에 동참한 것을 남는 장사라고 해서는 안 된다. 비극만 양산하고 있는 명분 없는 전쟁과 파병, 점령은 종식되어야 한다.

"모두 정치적이구나!"

윤 부장은 사설을 건너뛰며 읽는 동안 가슴이 답답했다.

마침 권 부장이 들어왔다.

"늦어 미안하다. 나오는데 상무가 불러서…. 대단치도 않은 일인데…."

"무슨 일 있어?"

권 부장은 친구의 표정이 마음에 걸렸다.

"어딜 가나 그 화제야. 그런데 화제가 되면 왜 두 편으로 갈라지니? 우리 사회가 참 이상하게 변하고 있어. 이번 사태로 친 기독교와 안티 기독교가 분명해지고, 친 아프간과 친 탈레반이 분명해지고, 친미와 반미로 나눠지고, 약소민족과 강대국의 문제가 튀어나오고…. 한국 사람들은 세계사의 모순을 온통 짊어지고 살아가는 거 같아."

"세계사의 모순을? 듣고 보니 그렇구나."

"신문과 방송이 너무 떠들어서 그래. 이 신문 사설 읽어 봐. 정말이지 우리가 세계사의 모순을 짊어지고 살아가고 있는 거 같다니까."

윤 부장은 읽었던 칼럼과 사설이 실린 면을 눈으로 가리켰다.

권 부장은 사설 제목을 보더니, 마치 읽은 사람처럼 말한다.

"무사 귀환을 간절히 바란다면서 딴소리를 하고 있지."

"읽었어?"

"읽지 않아도 뻔하지. 이제 곧 촛불 시위라도 하겠다고 할걸?"

"냉소적이야."

"모두들 정치 이데올로기의 망령에 들렸다."

"다 제 생각을 갖고 주장하기 마련이니까 목소리가 다를 수 있지."

둘은 이 사태로 인해 우리 사회가 둘로 갈라질까 두려웠다.

"기독교와 안티 기독교가 아니라, 큰 사안이 터질 때마다 사회는 둘로 나눠지거든. 참 세상 일은 아무도 몰라. 좋은 일하러 간 봉사단원들이 사건을 만들 줄을 누가 알았겠나?"

권 부장이 윤 부장 표정을 살폈다.

같은 생각을 하고 있구나. 윤 부장도 친구의 진심을 느꼈다.

"배 목사는 준비된 친구였어. 그는 아마 죽음을 두려워하지 않았을 거야. 단원의 안전을 위해서라면…."

윤 부장은 말을 하다가 섬뜩했다. 내가 왜 이런 말을 하지. 은근히 권 부장의 눈치를 살폈다. 그는 그 말을 못 들은 척했다. 잠시 둘은 잠잠했다.

"배 목사 부인은 어때?"

권 부장은 윤 부장 부인이 며칠 전에 어렵게 배 목사 부인을 만났다고 들었다.

"글쎄? 그 아프고 복잡한 마음을 우리가 어떻게 짐작하겠어. 그래도 생각했던 것보다는 의연하더래. 그런 모습이 더욱 안타깝고 보기에 너무 안쓰럽다고…."

비정한 도시

윤 부장은 그날 밤새 흐느끼며 잠을 설치던 아내 모습을 다 말할 수 없었다. 남편의 죽음에 대해 슬퍼할 수 없는 것이 선교사 부인이다. 너무 슬퍼하면 영혼 구원에 대한 확신이 없는 것 같아 보일 수도 있고, 초조하게 기다리는 피랍자 가족들에게도 부담이 될 수도 있다. 그렇다고 너무 마음을 숨기면, 남편의 죽음에 무심한 여자라고 비난받을 수도 있다.

"선교사 부인은 남편의 죽음에조차 슬퍼할 수 없는 세상에 우리가 살고 있어."

"현지에서 직접 남편의 시신을 보면 얼마나 충격이 크겠어. 걱정이 되는데…."

"언제 떠나지?"

"어제 낮에 떠났을 거야. 형과 아버님이랑 셋이서."

대화는 더 이상 이어지지 않았다.

식사를 하는 동안에도 둘은 별로 말을 하지 않았다. 평소에는 맛있던 목장집 고기도 맛이 없었다.

"그런데 말이야, 왜 교회가 그렇게 조용해. 탈레반의 만행에 항의하는 메시지라도 세계 종교 지도자들에게 보내야 하는 거 아냐? 하다못해 촛불예배라도 드려야 하지 않겠어?"

권 부장은 친구의 어두운 표정이 마음에 걸렸다.

"말조심, 몸조심하고 있지. 안티 기독교 세력이 워낙 막강해서, 교회 쪽에선 어서 그들의 저주가 잠잠해지길 기다리고 있어."

"비겁하군."

"비겁한 정도가 아니라, 야비하지. 기독교인들 중에서, 특히 저명한 목회자들 중에는 이 기회에 자신의 허점을 내보이지 않

기 위해서 방송이나 신문에 열심히 줄을 대고 있어. 일부러 세미
나니 연찬회니 하는 모임을 마련하고 교회의 각성을 촉구하고,
문제를 부각시키면서 자신만이 제대로 된 기독교인처럼 행세하
려는 거야. 한국 교회는 온통 문제 덩어리인데 나는 그렇지 않다
고. 평소에는 대형 교회나 교회 정치의 중심부 세력에 밀려 교단
에서도 별 발언을 하지 못했던 사람들이 기회를 얻었다고 야단
을 떠는 거야. 오히려 더욱 신랄하게 교회를 비판하고 있어."

"그들은 교회의 현실과 제도의 모순을 잘 알고 있으니까, 이
기회에 그것을 잘 이용할 테지."

"참, 한국목회자모임이라는 단체에서 기자회견을 했더군. 한
국인으로서 처음 목사 안수를 받은 지 100년이 되는 해를 기념
하여 급조한 단체인 것 같아. 지금이 한국 교회가 각성하고 거듭
나야 할 때라는 거야."

"불난 집에 부채질도 유분수지. 자신부터 각성해야지. 그런
태도를 보면 각성하지 않는 것이 분명해."

윤 부장도 그 기사를 읽으면서 한국 성직자들의 야박한 심
성을 보는 듯했다. 지금 모두 금식하며 기도하고 세계 각국에 인
질 석방을 위해 탄원해도 시원치 않은데, 교회의 각성 운운하는
말을 아무 거리낌 없이 할 수 있는 그 마음을 이해할 수 없었다.

식사를 끝내었다. 오늘은 배형규 목사 시신이 돌아왔을 때 동
창들이 할 일을 의논하기 위해 모였으나, 이야기는 다른 곳에서
맴돌았다.

그때였다.

"이제부터 다시는 너 안 만나! 고작 그 이야기하려고 저녁 산

다고 했니? 유현 언니가 네게 무슨 잘못을 저질렀기에 그렇게 앙심을 품고 비난하지?"

초로의 신사 뒤를 따라가던 두 젊은 여자들이 심하게 말싸움을 했다.

"왜 그러니? 그깟 일 가지고…."

다른 여자가 한발 앞서 가는 여자의 손을 뒤에서 잡아끌었다.

"그깟 일이라니? 인질이 된 유현 언니 처지가 그깟 일로 생각되니? 넌 사람이 아니야?"

여자가 되돌아서서 톡 쏘아붙였다.

"그래! 너처럼 선한 천사는 아니지. 그러나 난 나 자신을 알량하게 숨기며 살고 싶지는 않아."

무안을 당한 여자도 지지 않았다.

"우리도 일어설까? 여기 앉았다가는 어떤 말을 들을지 모르겠는걸."

둘은 자리를 털고 일어났다. 윤 부장이 계산을 하는 동안에 권 부장이 먼저 밖으로 나와서 기다리는데, 조금 전의 두 여자는 빌딩 로비에서도 계속 다투고 있다.

"내가 사과하는 의미에서 한잔 살게."

아까 뒤에서 따라오던 여자였다. 괜찮은 얼굴에 세련된 차림이다.

"점점 날 야유하는구나. 내가 이 밤에 술 마실 줄 알고 그런 제안을 하니? 너 일부러 날 약 올리려 하는 거지? 너나 혼자서 즐겁게 마셔라. 다신 연락하지 마."

여자는 말을 내뱉고는 주차장으로 가는 신사에게 달려갔다.

윤 부장은 어디 가서 한잔 더 하고 싶었다.

그때였다.

"우리 어디 가서 한잔하자. 살아 있는 사람들은 더 열심히 살기 위해서 고기를 먹고 술을 마셔야 하는 거야."

넥타이를 반듯하게 맨 중년 사내가 벌겋게 달아오른 얼굴로 일행을 향해 손을 내저으면서 말했다.

"술을 마신다고 죽은 사람이 살아오니?"

"자식이 어느 날 직장을 때려치우고 선교사가 되겠다고 하더니, 결국 제 목숨을 내놓겠다는 거였구나. 정부는 무얼 하는 거야? 사람이 죽어 가는데, 탈레반으로부터 자국 국민을 보호하지 못하는 정부가 무슨 인권이고 민주주의고 나발이야. 무력으로 하든지 달래든지 무슨 수를 써서라도 살려 놓아야지."

청년이 갑자기 소리를 지르더니, 회전문 옆 벽에 기대어 엉엉 소리 내어 울기 시작했다.

"형규 형님! 그들을 도우려고 그 나라에 가서 그들 손에 죽어야 할 이유가 뭡니까?"

청년은 빌딩 로비가 떠나갈 듯이 통곡을 했다.

윤 부장과 권 부장은 그를 보면서 가슴이 격렬하게 뛰었다. 참 용기가 대단하구나. 친지의 죽음을 슬퍼할 수 있는 자유를 누리는 자가 이 땅에는 많지 않은데⋯ 참 용기 있구나.

"한잔 더 하자."

"오늘은 그만하자. 형규가 옆에 있는 것 같아."

윤 부장은 친구의 손을 잡은 채 쓸쓸하게 웃었다. 권 부장은 문득 쓸쓸하다는 것이 저런 마음이구나 생각했다.

비정한도시

"형규 시신 귀국 소식을 알게 되는 대로 전해라. 내가 친구들에게 미리 연락해 둘게. 참 메일 주소 있지? 문자로 보내든지."

둘은 빌딩 지하 주차장에서 악수를 나누고 헤어졌다.

4

배 목사 피살 소식에 뒤이어 믿을 수 없는 뉴스가 계속 퍼져나갔다. 남은 인질들이 곧 석방된다는 소식도 보도되었다. 정부에서 비공식 라인을 통해 협상을 벌이고 있는데, 탈레반에서 거액의 돈을 요구하고 있다는 추측성 보도도 나돌았다. 그러자 누리꾼들이 발끈했다. 제 종교를 전파하기 위해서 여행을 삼가라는 지역에 갔다가 피랍된 그들을 위해 국민의 혈세를 쓰는 것은 부당하다. 한국 교회들은 부자 아닌가? 그들이 돈을 내놓아 인질들을 구출해야 마땅하다. 국가 재정으로 그들의 몸값을 지불한다면 국민 저항에 부딪칠 것이다. 정부는 생각을 달리해야 한다.

여러 추측성 보도가 나왔다. 정부 관계자는 이런 보도는 협상에 조금도 도움이 되지 않으니 삼가 달라고 요청했다.

인질 중에 한 여자 단원이 CBS 기자와 가진 인터뷰 장면이 전 세계로 퍼져 나갔다. 현재 인질들은 여러 그룹으로 나눠져 있는데, 생활 환경이 매우 열악하여 견디기 힘들다고 전했다. 특히 여성들이 무척 어려움을 겪고 있으며, 인질들은 따로 수용되어 있어서 배형규 목사의 피살 소식도 모르고 있다.

피랍 열흘째가 되었다. 탈레반은 대변인을 통해 처음부터 몸값 아닌 동료 석방 원했다고 했다. 인질 석방을 위해 몸값 흥정이 이루지고 있다는 세계 언론의 보도에 대해서 그들은 나름의 명분을 내세웠다. 그래도 사람들은 인질 석방을 위하여 경제지원 등 '빅딜'이 이뤄질 것이라고 생각하고 있다. 대통령 특사의 '보따리'에 모두들 관심을 가졌다. 특히 네티즌들과 일부 인사들은 기독교 선교단체의 문제를 정부가 나서서 대가를 치르면서 해결하려는 것은 말도 안 된다고 비난했다.

한국 특사가 아프간 카르자이 대통령과 면담하고 인질 석방을 위해 협조해 달라고 부탁했다. 그런데 아프간 측에서는 탈레반의 요구를 들어줄 수 없다고 완강하게 거절했다. 그 전에 알 자레아 방송이 인질 석방에 합의했다고 보도했으나 오보였다.

정부는 대변인 성명을 통해서, 인질 구출에 도움이 되지 않는 어떠한 발언도 삼가 달라고 대국민 담화를 발표했다. 이것은 말할 자유를 탄압하는 것이다. 누리꾼들과 자유주의자를 표방하는 사람들이 발끈했다.

한국 교회는 여전히 잠잠했다. 이번 사태로 세상이 교회에 대해 어떻게 인식하고 있는가를 확인하였기에 섣불리 나설 용기가 없었다. 정부 당국에서 긴급 대책회의가 열렸다. 말들만 무성했다. 모두 옳은 말인데 실속은 없는 의견들이었다.

회의를 주재하던 차관은 윗분의 의도를 설명하였다.

"문제는 탈레반이 우리 봉사단원들을 납치한 이유가 이념 문제 때문이 아니라는 겁니다. 철군이나 기독교 선교 문제를 내세운 것은 구실에 불과하고, 현실적으로 가능하지 않은 조건을 제시함으로써 협상에서 우월적인 위치를 차지하려는 것이지요. 아프간에 피랍된 동지들과 맞교환 문제도 그런 차원에서 접근해야 하겠지요."

그 말에 뒤이어 많은 말들이 이어졌다.

"엄청난 대가를 요구하겠는데요."

"관례가 될 우려가 있습니다. 세계 어느 나라에서도 개인이 피랍된 경우에 정부가 몸값을 지불하면서 구출한 경우는 별로 없지요?"

갑자기 분위기가 냉랭해졌다.

"우선 일을 하고 나서 청구를 할 수도 있지요. 그렇다고 한두 사람도 아니고, 나라 안의 모든 관심이 여기에 쏠려 있는데 정부에서 관심을 덜 보인다고 하면, 시민들이 정부를 불신하게 되겠지요. 원칙을 따질 여유가 없어요. 예외적인 사안으로 인식합시다."

누구도 그 말에 다른 생각을 덧붙이지 않았다. 고위층의 생각이 이렇다면 그대로 밀고 나가는 수밖에 없다.

"이번 정부의 입장은 통상적인 것이 아니라 예외적이라는 것입니다. 새로운 사례를 만들게 되는 데 따르는 부담은 미리 생각해야지요."

"사람을 살리는 일이니까, 예외가 있을 수 있지요. 더 큰 비극을 초래하기 전에 예외라 할지라도 구출하는 것이 정도이겠지요."

"정치적인 부담을 지셔야 합니다."

"어쩔 수 없지요. 그 반대의 경우에도 져야 할 짐은 무겁습니다. 여론이 어느 사이에 그쪽으로 돌아갈 것입니다. 여론은 믿을 것이 못 됩니다."

주무부처 책임자는 이미 고위층과 모든 것을 의논했다. 회의는 끝까지 비공개로 진행되었고, 회의가 끝나자 대통령 특사가 급파되었다.

배형규 목사 시신이 동의부대에 도착하였다.

한국 정부와 국민들은 한 선교사의 죽음에 대해서 가해자 탈레반 측에 한마디 항의도 하지 못했다. 응당 죽을 사람이 죽은 것처럼, 살인자들의 화를 돋우어 더 심술 부릴까 눈치 보기에 급급했다. 언론도 그 많은 교회도 인권과 시민의 권리를 입에 달고 다니는 인권단체와 시민단체들도, 한국의 양심과 지성으로 자처하는 성직자, 종교인, 지식인, 민족주의자들도 모두 입을 다물었다.

누리꾼들만이 더 활발하게 말들을 쏟아 내었다.

현민은 우울한 집안 분위기가 갑갑했다. 왜 누나는 풀이 죽어 있는가. 어머니는 새벽마다 교회에 나가 인질들의 무사 귀환을 위해 기도한다. 아버지는 칼럼 쓰고 방송국에 불려 다니기에 더 바빠졌다. 이번 사태는 한국 교회가 짊어져야 할 십자가이므로 교회는 아픔을 이기기 위해 더 많은 고통을 감내해야 한다는 논조로 말하고 글을 썼다. 어머니는 그러한 아버지가 불만이었다.

"당신이 어떻게 그런 글을 쓸 수 있어요? 증조할아버지를 생각하세요."

강 권사는 남편의 처신에 대해 불만을 말할 때마다 '증조할아버지'를 내세웠다. 성 교수 집안도 한국 초대 교회 때부터 예수를 믿었다. 전통적인 유교 양반 집안의 장손인 그의 증조부는 조상에 반기를 들듯이 모든 기득권을 포기하고 빈 몸으로 집을 나와 외롭게 세상을 살아가면서 신학을 공부하여 목회자가 되었다.

비정한도시

"교회는 그 시대에 따라 해야 할 일과 하지 말아야 할 일이 따로 있어. 하나님은 그렇게 속 좁은 분이 아니거든."

성 교수는 아내의 고집스럽고 구태의연한 믿음을 야유하는 식으로 대응했다.

"그래도 하나님은 변하지 않는 분이에요. 하나님을 내세우지 말아요. 인질을 앞에 놓고 무슨 말이 그렇게 많아요? 현선이의 아픈 마음을 생각해서라도 그렇게 앞장서 교회를 비난하면서 철 만난 메뚜기처럼 마구 뛰어다녀야 하겠어요?"

성 교수는 아내의 맹공에는 더 이상 상대할 수 없었다. 여자와 싸워 봤자 이기기 어렵다. 그러나 현선의 처지를 생각하면 너무한 것 같기도 했다. 밤을 새워 기도하는 장모님께는 미안했다. 그렇다고 이 기회에 교회를 향한 메시아적 발언을 중지할 수는 없었다.

현민은 이러한 집안 분위기를 생각하다가 자기도 이 기회에 가만 앉아 있을 수 없다고 판단하고는 인터넷에 글을 올렸다.

— 배형규 목사의 죽음은 헛되지 않을 것이다. 그의 피는 이미 탈레반들의 가슴을 적셨을 것으로 믿는다. 한국에 뿌린 선교사의 피와 눈물이 오늘 한국 교회를 이루어 낸 것이 그 증거다. 전국의 기독교인이여, 배 목사의 순교 정신을 이어받자.

그런데 이 글이 누리꾼들을 흥분시켰다.

— 여기 또 하나의 광신자가 나타났구나. 넌 왜 서울에 있냐? 아

프간에 가지 않고. 소영웅심을 버려라. 지금이 18세기냐? 무슨 개소리를 짖어 대냐? 종교우월주의자, 근본주의자가 바로 너 같은 놈을 두고 하는 말이다. 너 같은 ××이 있어 한국 기독교가 사회의 비판을 받는 거다. 참회하라. 어서, 어서, 어서!

30분 동안에 비난의 글이 358건이나 올라왔다. 현민은 참을 수 없었다. 자신도 모르는 사이에 글이 거칠어졌다.

— 야, 이 한심한 작자여, 너희는 피도 눈물도 없고, 심장도 멎었냐? 죽은 자를 위한 위로 말 한마디 없이, 그렇게 악랄하게 내 글을 비난하다니? 너희는 배 목사를 무참히 죽인 그 탈레반의 처사에 대해서 '이 잔인무도한 놈들아' 하고 한마디 항의라도 했냐? 마치 탈레반이 배 목사 살해하기를 기다리고 있었던 것 같구나. 이 비정한 친구들아! 너희가 탈레반 한국부대 요원들 같구나. 너희 정체가 도대체 뭐니? 한국의 언론매체, 한국의 지성인, 그 많은 시민단체 인권단체, 당신들은 왜 침묵하는가. 누리꾼들이여! 당신들이 내뱉는 그 무책임한 언어가 탈레반에 억류되어 있는 그 친구들에게 보이지 않는 총알이 되어 심장에 박히는 줄을 아느냐, 모르느냐?

누리꾼들은 현민의 글에 더욱 흥분했다. 그 댓글들이 더욱 거칠어졌다. 날카로운 쇠꼬챙이로 그의 심장을 긁어내는 것 같았다. 현민은 그 댓글을 읽으면서 심장에까지 소름이 끼쳤다.

5. 민유현의 일기 (2)

I

두 팀으로 나눠진 뒤로 우리는 더욱 불안했다. 배 목사님과 윤 선교사님이 우리와 떨어져 있었기 때문이다. 마침 현지에서 합류한 봉사대원이 있어서 다행이었다. 그는 우리가 가야 할 남부 지역 병원에서 간호사로 일하는 정민희 선교사였다. 나이는 나보다 세 살 밑이지만 어른스러웠다. 그는 아프간에 대해 꽤 알고 있었고, 현지어도 곧잘 구사했다.

우리가 승합차를 타고 터덜거리면서 두 시간쯤 밤길을 달려 머문 곳은 마을 외곽에 있는 독립가옥이었다. 차에서 내리니 한밤중이라 주위가 컴컴했다. 멀리 산들이 희미하게 어둠을 갈라 놓고 있었다. 하늘의 별들이 머리 위로 떨어질 듯이 가깝게 보였다. 여름인데도 한기가 느껴졌다.

우리는 인솔자의 지시에 따라 집 안으로 들어갔다. 사람은 보이지 않았다. 방 한편에 있는 선반 위에는 석유 등잔불이 깜박거리고 있었다. 인솔자가 선교사에게 뭐라고 말했다.

"여기서 오늘 밤을 지내면 내일은 가즈니로 가서 석방될 것이라고 하는군요."

'석방'이라는 말에 우리는 서로 쳐다보았다.

"눈을 붙입시다."

우리는 각자의 배낭을 벽 쪽에 붙여 놓고 거기에 몸을 기대었다. 누구도 말을 하지 않았다. 석방된다는 말에 가슴 설레면서도, 남아 있는 11명에게 미안했다. 마지막에 자리가 없어 차에서 내렸던 그 자매의 얼굴이 떠올랐다. 왜 그때 내가 얼른 내리지 못했던가. 계속 생각이 이어지면서 잠이 오지 않았다.

아침 7시가 넘었는데 방 안은 어둑했다. 밖에서 인기척이 났다. 창문이 모두 천으로 가려져 있는데, 문틈으로 희미한 빛이 스며들어 창 반대편 벽으로 이어졌다. 그 빛줄기를 따라 미세한 먼지들이 떼 지어 날아다니는 미생물들처럼 한 줄로 늘어섰다. 일어나 보니, 동료들도 잠은 깨었으나 몸을 일으키지 않고 있었다.

인기척이 점점 가까이 다가왔다. 정 선교사가 일어나더니 밖으로 나갔다. 뒤이어 농부인 듯한 사내와 열대여섯 살쯤 되어 보이는 사내아이가 들어왔다. 둘은 음식 쟁반을 들고 있었다. 음식 냄새가 강하게 코를 자극했다. 모두들 자리에서 일어났다. 농부가 정 선교사에게 뭐라고 말했다.

"아침 식사를 갖고 왔대요."

그 말에 우리는 모두 농부를 쳐다보았다. 가무잡잡한 얼굴에 표정이 없다. 아이는 우리에게 미소를 짓더니 들고 있는 쟁반을 방바닥에 내려놓았다. 둘은 다시 뭐라고 말하고는 밖으로 나

비정한 도시

가 버렸다.

우리는 둘러앉았다. 정 선교사가 식사 기도를 했다.

"우리에게 이 아침 식사를 마련해 준 저들에게 주님께서 은혜를 베풀어 주시옵소서. 우리와 떨어져 있는 일행들을 지켜 주시고, 오늘도 주님 은혜 가운데 주님을 의지하여 하루를 살아가게 하옵소서."

기도 소리에 섞여 흐느끼는 소리가 들렸다. 내 옆에 누워 있는 자매였다. 그녀는 봉사단원으로 참여하기 위하여 대학원을 휴학했다. 평소에는 말이 없고 당차 보였는데, 납치된 후부터 계속 음식을 먹지 못했다.

밀가루를 반죽하여 얇고 넓적하게 구운, 한국식으로 말하자면 커다란 피자 크기의 떡이 세 개 겹쳐 있고, 다른 쟁반에는 채소를 버무린 샐러드 같은 것이 가득 담겨 있다. 음식 냄새가 강해서 누구도 얼른 손을 대지 않았다. 정 선교사가 포크로 그 넓적한 떡을 여러 개로 잘라 내었다.

"요기를 하시죠. 이런 때일수록 먹어 둬야 합니다."

선교사가 먼저 하나를 집었다. 모두들 천천히 식사를 했다. 나는 식성이 까다로운 편이었다. 특히 냄새에 약하다. 편식을 하는 편은 아닌 데도 특정한 음식에 대한 거부감이 있다. 봉사단에 들어와서 우선 그 습관부터 고치려고 애를 썼다. 아프간에 와서도 이곳 음식을 쉽게 먹을 수 없어서 고생했다. 그런데 피랍된 후에는 더욱 그랬다. 배가 고파도 참았다. 이러한 자신을 생각해 보니, 탈레반에 대한 거부 감정 탓인 것 같았다. 이래서는 안 되는데, 생각하면서 억지로 한 조각을 겨우 먹었다. 그런데 채소를 무친 것은 조금 먹고는 더 들지 못했다.

"억지로라도 먹읍시다. 저들의 음식을 우리가 먹어야 서로 적대감을 갖지 않게 됩니다. 우리가 음식 접시를 다 비운 것을 보면 저들이 우리를 경계하지 않을 것입니다."

선교사는 단원들이 손대지 않은 샐러드를 먹으면서 말했다. 그 말에 모두들 그 샐러드를 조금씩 먹기 시작했다. 쟁반이 다 비었다. 잠시 후에 처음 음식을 들고 왔던 그 소년이 들어왔다. 그는 말끔하게 빈 그릇을 보더니 빙긋이 웃었다.

"너 몇 살이니? 학교에는 안 다니니?"

선교사가 물었다.

서로 몇 마디 주고받았다. 한국 학제로는 고등학교 1학년에 다니다가 작은아버지를 따라 탈레반에 들어왔다고 했다. 그의 형이 아프간 경찰에 끌려가서는 집으로 돌아오지 못했는데, 나중에 죽었다는 소식을 들었다. 소년은 학교를 그만두고 탈레반 대원이 되었다.

선교사가 물었다.

"너도 총을 쏠 줄 알아?"

소년은 어깨를 으쓱하면서 총 쏘는 훈련을 받기는 했는데, 총을 쏘면서 직접 싸우지 않아도 할 일이 너무 많다고 했다.

그 말을 들으니 6·25 전쟁 때 중학교 2, 3학년 학생들이 입대하여 전쟁터에서 싸웠다는 삼촌 말이 생각났다.

하루가 지나갔다.

다시 아침이 되었다.

나는 변의를 느꼈다. 얼른 일어나 밖으로 나가려는데 문이 열리지 않았다. 다급하게 문을 두드리면서 "타쉬놉"이라고 소리쳤다. '타쉬놉'은 '화장실'이라는 아프간 현지어다. 문이 열렸다. 총을 멘 탈레반이 지켜 서 있다가 나를 보고 빙긋 웃으면서 마당 한편을 가리켰다. 그러고는 아무 곳에서나 일을 보라고 손짓했다. 사방을 둘러보았다. 꽤 넓은 마당에는 사람 키 정도 되는 이름 모를 나무들이 둘러서 있고 사방에 흙담이 있어 담 밖을 볼 수가 없었다. 마당 한편 구석에 지붕을 이은 헛간이 있었다. 탈레반은 손짓으로 그곳에서 일을 보라고 했다. 나는 급한 김에 안으로 들어가 일을 치렀다.

나와 보니 헛간에서 약간 떨어진 곳에 우물이 있었다. 제법 큰 디젤 엔진이 설치되어 있었다. 우물 옆에서 일을 보았구나 생각하니 어처구니없었다.

마당으로 나오니 탈레반이 지켜 서 있다가 빙긋 웃었다. 내가 일을 보는 것을 그가 훔쳐보지 않았는가 생각하니 소름이 끼쳤다. 탈레반은 어서 안으로 들어가라고 재촉했다. 내가 도망칠까 감시하고 있었던 것이다.

탈레반은 밤이고 낮이고 우리가 거처하는 건물 밖에서 보초를 섰다. 낮에는 방문을 밖에서 잠그고 제 일을 보기도 했다. 급한 일이 있으면 (대부분 용변 보는 일) 문을 거칠게 두드려야 열어 주었다. 이따금 그들이 우리 방으로 들어와서 이야기를 하기도 했다. 그때 그들 표정은 매우 순진했다. 우리는 손짓 발짓을 해 가면서 탈레반 말을 배웠다. 주위에 있는 물건을 들어 보이면서 이것이 뭐냐고 물으면 대답해 줬고, 그 말을 우리가 되받아 되풀이

하였다. 그들은 자기네 말을 배우려는 우리에게 호감을 갖는 것 같았다. 그러다가도 우리에게 무엇을 지시할 때에는 전혀 태도가 달랐다. 우리가 긴장하면 그들도 긴장했다.

아침 식사 시간이다. 탈레반이 스프로 보이는 국 같은 것을 담은 토기 그릇과 삶은 감자를 담은 알루미늄 그릇을 들고 들어왔다. 스프에서는 역겨운 냄새가 났다. 대원들은 코를 막으며 냄새를 피했다. 우리는 감자를 두어 개씩 먹고 스프는 손도 대지 않았다.

잠시 후에 탈레반이 들어와서 스프가 그대로 남아 있는 것을 보더니 토기 그릇을 들고 나갔다. 한 10분쯤 지나자 콜라와 환타와 비스킷을 갖고 왔다. 그동안 이곳 음식을 제대로 먹지 못한 자매들에게 그것으로 요기하도록 했다. 두 자매는 위가 허약하였는데 납치된 후로 정신적인 충격이 겹쳐 식사를 제대로 못했다.

하루가 지났다. 저녁을 먹고 모두들 오늘도 무사하게 지냈구나 생각했다. 기도회를 마치고 잠자리에 누우려는데 총을 든 사내가 들어오더니 소지품을 가지고 모두 밖으로 나오라고 했다. 우리는 서로 얼굴을 쳐다보았다. 틀림없이 무슨 사건이 벌어졌구나 생각하니 두려웠다.

밖에는 봉고가 시동을 건 채 기다리고 있었다. 탈레반이 정 선교사에게 뭐라고 말했다.

감옥에 갇혀 있는 탈레반 수감자들과 인질 교환을 하기 위해 가야 한다고 했다. 카불에서 탈레반 동지들이 풀려나 가즈니로 오고 있으니, 우리도 카불을 거쳐 코리아로 가게 되었다고 설명했다. 아프간에 인질로 잡혀간 동료와 교환을 하기 위해서 일곱 사람이 가야 한다고 했다.

석방된다는 말을 듣는 순간 갑자기 주위가 조용해졌다. 모두들 숨죽여 그 말을 들었다. 누가 먼저 갈 것인가. 정 선교사도 우리 얼굴을 바라보면서도 아무 말을 하지 않았다. 그때 탈레반이 우리들 사이로 들어와서는 들고 있는 손전등으로 단원 얼굴을 하나하나 비춰 보았다. 그러더니 나와 소영, 정화 두 자매를 따로 떼어 놓았다. 그리고 다시 우리 일행을 두루두루 살피더니, 박상민 형제를 가리키면서 우리와 함께 있으라고 했다. 그는 직장생활을 하다가 그만두고 신학을 공부하기 위해 준비하는 청년이었다.

탈레반이 손짓을 하면서 나머지 일곱 사람에게 봉고에 타라고 재촉했다. 우리는 순식간에 서로 부여안고 작별 인사를 하였다. 탈레반이 고함을 지르는 바람에 우리는 제대로 인사도 나누지 못했다. 그들은 차에 타면서 남은 우리에게 손을 흔들었다.

"곧 만나게 될 겁니다."

민 선교사가 안타까운 우리 마음을 달래 주었다.

봉고는 거칠게 시동 소리를 내더니 떠났다. 남은 우리는 말 없이 손만 흔들었다. 봉고가 사라진 뒤 우리가 집 안으로 들어가려하자 탈레반이 잠시 기다리라고 했다. 소영 자매가 현지어를 조금 안다고 했다. 그녀는 이번까지 세 번째 아프간에 왔다.

그때 엔진 소리가 점점 가까이 들리더니 경운기가 마당으로 들어왔다. 우리 네 사람과 탈레반 두 사람이 타니 경운기가 출발했다.

경운기는 마을을 벗어나자 터덜거리면서 천천히 달렸다. 산들이 점점 가까이 다가왔다. 깊은 산악지대로 간다는 것을 알았다. 우리는 서로 얼굴을 쳐다보면서도 아무 말도 하지 않았다. 우리가 염려했던 말이 그대로 현실이 될까 봐 두려웠다.

한참이나 느리게 달리던 경운기가 멈췄다. 산길이라서 경운기도 더 나아갈 수 없었다. 그때 오토바이 소리가 가까워지더니 잠시 후에 두 대의 오토바이가 경운기 앞에 멈췄다. 우리는 오토바이에 두 사람씩 탔다. 나는 박상민 형제와 같은 오토바이를 타게 되었다. 탈레반은 소총을 어깨에 맨 채 오토바이를 운전했고, 그 뒤에 상민 형제가 탔다. 나는 맨 뒤에 타서 그의 허리를 붙잡았다.

오토바이는 비탈진 산길을 오르기 시작했다. 배낭을 진 채 앞사람의 허리를 부여잡았으나 몸이 자꾸 기우뚱거리면서 불안했다. 탈레반은 험한 오르막길을 거침없이 달려 나갔다. 얼마쯤 달리자 내리막이 시작되었고, 길도 좀 평탄하였다. 그동안 우리는 산을 넘어온 것이다.

산기슭에서 오토바이가 멈췄다.

험한 바위들이 우뚝우뚝 하늘로 솟아 있었다. 우리가 걸어서 그 바위 사이로 들어가자 토굴이 나왔다. 토굴 앞에는 출입문처럼 거적대기가 내려져 있었다.

토굴 입구에 선 탈레반은 우리에게 어서 굴 안으로 들어가라고 손짓했다. 여기가 잠잘 곳이라는 뜻이다. 우리는 움직이지 않았다. 너무 무서웠다. 토굴에 들어가면 영영 빠져나올 수 없을 것 같았다. 이렇게 우리도 탈레반이 되는 것인가? 서로 눈으로 말하였다.

탈레반이 들고 있는 손전등으로 굴 안을 비춰 주면서 들어가라고 재촉했다. 굴 안은 눅눅하니 습기가 차서 온몸이 으스스 떨렸다. 짚이 깔려 있었다. 한편에 불을 지피는 화덕도 있었다. 소영 자매가 불을 피울 수 없느냐고 물었다. 탈레반이 고개를 좌우로 흔들었다. 불을 피우면 노출되어서 큰일이 난다고 했다. 그러면서 굴 안쪽으로 들어가더니 짐승의 가죽으로 된 요를 내놓아 깔아 주었고 담요를 들어 보이면서 웃었다.

요를 깔고 그 위에 앉았다. 굴 벽 쪽에는 짚이 쌓여 있어서 어느 정도 냉기를 막아 주었다. 우리는 신발을 신은 채 각자의 배낭을 벽 쪽에 놓고 거기에 기대어 비스듬히 반쯤 드러누워 다리를 쭉 뻗었다. 그리고 담요로 정강이 위를 덮었다. 탈레반은 굴 입구에 자리를 잡고 누웠다. 토굴 생활이 시작되는구나. 저들도 이렇게 살고 있는데, 우리라고 견디지 못할까. 나는 피곤에 지쳐 잠에 빠져들면서도 속으로 중얼거렸다.

아침이 되었다. 소영 자매의 건강 상태가 악화되었다. 겉으로 보기에도 환자였다. 탈레반도 고개를 갸웃거리면서 뭐라고 중얼거리더니 한 사람만 남겨 두고는 오토바이를 타고 사라졌다. 한 시간쯤 지나자, 사라졌던 탈레반이 다른 탈레반과 같이 왔다. 그러고는 소영 자매에게 지역 본부에 가야 한다고 했다. 우리는 서로 쳐다보면서 좋은 일이라고 생각했다. 탈레반은 소영 자매를 오토바이에 태우고 사라졌다. 남은 사람은 셋뿐이다. 좋은 일이 있을 것이라고 생각하면서도 그를 떠나보내는 것이 아쉬웠다.

오후가 되었다.

토굴 안인데도 오토바이 소리가 가까이 들려왔다. 우리는 서로 얼굴을 쳐다보다가 굴 밖으로 나왔다. 탈레반이 벌써 밖에 나와 멀찍이 내다보고 있었다. 달려오는 오토바이 뒤에 탄 여자가 보였다.

"소영 자매다!"

박상민 형제가 소리치면서 손을 흔들었다. 우리도 소리를 지르면서 손을 흔들었다. 탈레반도 우리가 기뻐하는 모습을 물끄러미 쳐다보며 아무 말도 하지 않았다. 오토바이가 토굴 앞에 와서 섰다. 소영 자매가 얼른 내려 달려와서는 내 손을 와락 붙잡았다. 나는 그녀를 껴안고 귓가에 속삭였다.

"살아 돌아와 줘서 고마워."

빈말이 아니었다. 그녀가 살아 돌아왔다는 것은 우리를 절망 가운데서 구원해 주는 징조처럼 생각되었다. 우리 넷은 서로 부둥켜안고 기도했다.

"주님, 감사합니다. 우리를 지켜 주신 주님을 믿습니다."

"사령부에 가서 CBS 기자와 인터뷰했어요."

우리가 토굴로 들어와 앉자 소영 자매가 다녀온 이야기를 했다. 기자는 주로 이곳 인질들의 생활에 대해서 물었는데, 사실대로 대답했다고 했다. 탈레반 측에서도 그런 내용을 말하는 것을 허용했다. 인터뷰 도중에 배석했던 탈레반 간부는 소영 자매를 비롯한 몇 명이 병마로 시달리고 있다고 덧붙였다. 이상하다. 왜 그런 말을 탈레반 측에서 할까.

인터뷰가 끝날 무렵에 기자는 한국어로 물었다.

"서로 나뉘어서 억류되어 있기 때문에 다른 사람들 소식은 모르는가?"

"그렇다."

"지금 인질들에게 가장 시급한 것이 무엇인가?"

"약과 식료품이다. 인질들 중에는 정신적 충격으로 탈진된 사람도 있고, 이곳 음식을 전혀 먹을 수 없어 영양이 극도로 악화된 사람도 몇 있다. 체질적으로 맞지 않기 때문이고, 위장병 환자와 심장병 환자들이 음식과 고지대에 적응하지 못해서 괴로움을 당하고 있다."

"전 세계 시청자를 위해 한마디 해달라."

소영 자매는 의외라고 생각했다.

"우리는 순수한 봉사활동을 하기 위해서 왔다. 어서 돌아가고 싶다. 여러분이 도와 달라."

그때 배석하고 있던 탈레반이 덧붙였다.

"이들 중에는 중환자들도 있다. 이들에게 어떤 문제가 생겨도 우리는 책임을 질 수 없다. 우리는 충분히 식량을 제공해 줬다. 의약품이나 환자에 대한 치료는 우리로서도 어쩔 수 없다. 이들을 위해서는 어서 속히 한국으로 돌아가는 길밖에는 없다. 우리도 이들을 석방해 주고 싶지만, 그렇게 할 수 없는 것이 참 딱하다. 우리 동지들도 적에게 붙잡혀 이런 고생을 하고 있기 때문이다."

인터뷰를 마친 기자는 탈레반 부관과 다정하게 악수를 하였다.

"곧 한국 정부에서 당신네를 구하려고 올 것이다. 한국 정부는 당신들의 형편을 잘 모르기 때문에 여유를 부리고 있다."

영어로 이런 내용의 말을 하더니, 그들끼리 웃으면서 이야기를 주고받았다.

"아주 죽어 가는 환자를 데려다 인터뷰를 해야 하는데…. 한국 정부가 깜짝 놀라도록 말이야. 인질들의 어려운 형편을 알게 되어야 우리가 유리해. 겁에 질리도록 해야 해."

탈레반 본부에서는 인터뷰도 전략적으로 허락했음을 짐작할 수 있었다.

"탈레반은 우리가 매우 어려운 처지에 있다는 것을 한국 정부에 알림으로써 협상의 주도권을 잡으려는 것 같아요. 전 세계로 알려졌으니, 세계 여러 나라로부터 비난을 받게 될까 저들도 초조해지기 시작했을 거요. 그래서 명분을 얻으면 석방하려고 할 텐데, 아프간 정부에 잡힌 저들의 동지와 맞교환 협상이 어렵게 되자, 다른 방법을 택하면서 우리를 값있게 이용하려고 한 겁니다. 우리, 힘을 냅시다."

상민 형제의 말을 듣고 보니 이해가 되었다.

"우리 중에서 보기에도 허약해 뵈는 사람을 택해서 인터뷰를 하게 한 것도 다 이유가 있겠지요. 열악한 환경에서 병고로 고통을 받고 있다는 것을 한국에 알려 놓으면 정부가 적극적으로 나서지 않을 수 없다고 판단했고, 그렇게 되면 협상의 주도권을 잡게 된다고 판단했을 겁니다."

상민 형제는 생각이 매우 치밀하고 논리적이었다.

나도 그의 말에 수긍이 갔다.

소영 자매도 탈레반이 기자에게 보충 설명을 하면서 우리가 매우 어려운 처지에 있음을 강조한 점이라든가, 인터뷰를 마치고 나올 때에 들은 말이 생각났다. 겁에 질리도록 해야 돼. 또 한 사람. 처형. 이런 단어였다.

소영 자매는 인터뷰에서 돌아와 한잠 자고 일어나더니 끙끙

앓는 소리를 했다. 이마에 열이 나고 토할 것 같다고 하면서 밖으로 나갔다. 나도 뒤따라 나갔다. 탈레반이 보이지 않았다. 자매는 굴 입구에서 약간 벗어난 바위 앞에 쪼그려 앉아서 마구 토해 내었다. 나는 그녀의 등을 도닥거려 주었다. 먹은 것도 없는데 검붉은 액체만 토했다. 나는 굴로 들어가 상민 형제를 불러내었다.

그는 소영 자매를 부축하여 일으켜 세웠다. 토굴로 들어와 반듯하게 눕혔는데, 한 오 분도 채 못 되어서 벌떡 일어나 휘청거리면서 밖으로 나갔다. 우리도 뒤따라 나갔다. 그녀는 다시 토하기 시작했다. 깍깍 고통스러운 소리를 지르면서 토해 내려고 애를 쓰지만 입 밖으로 나오는 것은 검붉은 위액뿐이었다.

"위궤양을 앓고 있었는데, 약도 소용이 없나 봐요. 안정이 제일인데…."

상민 형제는 당황해하면서 탈레반을 찾았다.

"다들 어디 갔나? 도움을 청해야 할 텐데."

상민 형제의 안타까워하는 모습을 보니 기분이 묘했다. 우리를 납치해서 감시하는 그들이 우리에게 필요하다니….

"고통이 너무 심한가 봐요. 어떡하지요? 이 친구들은 다 어디 갔나?"

한참이나 뭔가 생각하던 상민 형제가 그녀를 등에 업었다.

"어떡하실 생각이세요?"

"탈레반을 찾아서 병원으로 옮겨야지요. 저들에게도 군의관이 있겠지요."

그는 소영 자매를 업고 굴 밖으로 나갔다.

"여기가 어딘 줄 알고 가세요?"

내가 만류했다.

"소영 자매가 좀 전에 갔다 왔다던 곳을 찾아가 봐야지요."

"거기가 어딘데요?"

"가다가 아무라도 만나면 구조를 요청하겠어요."

그는 자매를 업고서 산 아래쪽으로 내려갔다. 그때였다. 농부인 듯한 사내가 소리를 지르면서 달려왔다.

사내는 낫을 휘두르면서 오다가 상민 형제와 마주치자 뭐라고 고함을 질렀다. 상민 형제도 뭐라고 사정하는 것 같았다. 그렇게 실랑이가 계속되는데, 저편에서 오토바이가 달려왔다. 어깨에 총을 멘 사내 둘이 탄 오토바이가 실랑이를 벌이고 있는 그들 앞에서 멈췄다.

오토바이에서 내린 탈레반이 상민 형제에게 총을 겨누면서 고함을 질렀다. 상민 형제도 뭐라고 계속 말했다. 아마 도망가려는 것인 줄 아는 모양이었다.

탈레반은 두 사람을 데리고 토굴로 돌아왔다. 그들은 상민 형제를 노려보면서 뭐라고 투덜거렸다. 그들이 '총살'하겠다는 말을 한다며 소영 자매가 겁먹은 표정으로 말했다.

하루가 지났다. 탈레반이 상민 형제를 본부로 데리고 갔다. 그리고 하루가 지나도 그는 돌아오지 않았다. 오후에 서울의 한 신문사 기자와 전화 통화를 하게 되었다면서 정화 자매를 탈레반이 데리고 나갔다. 심장이 안 좋은 그녀는 고지대라서 고생하고 있었다. 그녀는 숨이 차서 헉헉거릴 때마다 알약을 먹었다.

굴 안에는 소영 자매와 나 둘만이 남게 되었다.

"언니, 상민 형제가 아무래도 이상해요. 제가 인터뷰하고 나

비정한도시

올 때에 제 귀에 들려온 말이 기억나요. '또 한 사람'이란 말과 '처형'이라는 단어를 들었어요. 우리 일행 중에 이미 한 사람이 희생되지 않았을까요? 그리고 또 한 사람을 더…."

말을 하던 소영 자매의 눈에 눈물이 글썽이더니 더 말을 잇지 못했다. 입술이 까맣게 타들어 가면서 울상이 되었다.

"무서워요. 무서워. 탈레반이 유리한 협상을 위해 어떤 짓을 저지를지 몰라요. 제가 인터뷰하면서 그런 분위기를 느꼈어요. 우리가 매우 어려운 처지에 있다는 것을 세계에 알려 놓으면 협상에 유리할 것이라고 해요. 그런 느낌을 받았어요."

소영은 말을 더 잇지 못했다. 나도 느낌이 이상했다. 협상이 잘 되지 않을수록 한 사람씩 처형할지도 모른다. 입안이 바싹 마르면서 혀가 움직여지지 않았다. 우리는 서로 손을 맞잡고 입안 말로 기도했다.

저녁이 되자 정화 자매는 돌아왔는데 눈물 때문인지 얼굴이 온통 부어 있었다.

"목사님이…."

배형규 목사가 탈레반에 의해 처형되었다는 사실을 알고 있느냐고 기자가 묻더라고 말했다. 이제 우리는 울 수도 없었다. 상민 형제의 처지도 궁금하고, 생각할수록 두려웠다.

뒷날에도 상민 형제는 돌아오지 않았다.

2

토굴 안은 하루 종일 빛의 변화가 없다. 마치 시간이 정지되어 있는 것 같다. 이곳에 들어온 후에 시계를 보는 것을 아예 잊어버렸다. 다가올 시간이 불안했기 때문인가? 그저 지금 아무런 일이 일어나지 않는 것만으로 안심했다.

박상민 형제가 궁금하다. 시간이 지날수록 불안하다. 무슨 일이 일어났는가? 생각하지 않으려 할수록 불안은 두려움으로 변했다. 불안과 두려움이 현실로 나타날 것을 예측하기 때문인가? 상민 형제의 얼굴이 잠시 나타났다가 사라졌다. 언제부터인가. 이곳에 온 후부터 시간이 정지된 듯이 생각될 때가 많았다. 그러다가 시간의 흐름을 의식하면 불안했다. 시간을 잊게 되는 순간만큼은 잠시나마 평안했다. 그저 지금 살아 있다는 사실만을 인정하고 싶었다. 지금 이 시간만이 나의 시간이었다. 누릴 수 있는 시간은 오직 지금뿐이다.

그 정지된 시간에서도 이야기는 사라지지 않았다. 그런데 그런 이야기는 서사가 정연하지 않았다. 여기에서 떠오르는 기억은 불완전했다. 생각나는 것만 말할 뿐이다. 언어의 발화자는 아무것도 의도하지 않기에 그냥 떠오르는 이미지를 언어로 전할 뿐이다. 박상민 형제가 내게 들려준 이야기도 그랬다. 좀처럼 우리 단원들은 자기 신상에 대해 말하지 않았다. 각자의 과거 모습은 지금 일하는 데 별 도움이 되지 않을 뿐만 아니라, 오히려 편견이나 선입견을 만들어 줘서 상대를 잘못 이해하게 만들 수도 있기 때문이다. 우리는 서로를 사랑하고 존경하고 이해하지만, 그것은 서로의 과거 때문이 아니다. 현재 아프간 봉사단원의 한 사람으로 만나 함께 일하는 것만으로도 충분히 서로를 신뢰할 수 있었다. 그런데 피랍된 후부터 서로는 조금씩 자기의 과거를 말하기

　　　　　　　　　　　　　　　비정한 도시

시작했다. 그것도 어떤 의도가 있는 것이 아니라, 그냥 떠오르는 이미지를 전하는 것뿐이었다.

"제가 유현 씨를 만난 것이 봄이었지요."

그가 불쑥 말을 꺼내었다. 나는 그때 아무 생각도 하지 않고 누운 채로 어둑한 굴 천정을 멍청히 올려다보고 있었다. 이 굴에도 박쥐가 살고 있을까? 그렇다면 우리는 박쥐와 동거하는 셈이군. 박쥐들은 어떤 모양일까? 내가 박쥐에 대해서 잠시 생각할 때에 그는 이야기를 계속했다.

우리는 봉사단원으로 참여하기 위해 퇴근 후에 훈련을 받았다. 대부분 직장에 다니는 처지여서 훈련은 주로 저녁이나 주말에 이루어졌다. 그날은 교육을 마치고 나니 저녁 9시가 넘었다. 7시부터 2시간씩 교육을 받았는데, 교육 장소가 안양 교외에 있는 선교 훈련원이어서 집에 들어가면 11시가 되었다.

"제가 그때 유현 자매를 뒤따라 나섰지요. 누구와 이야기하고 싶었어요. 그날 회사에 사표를 내었거든요. 3년 동안 다니던 직장이고 동료들과도 정이 들었는데, 막상 그만두게 되니 마음 한편이 텅 빈 것 같았어요. 처음 당하는 일이라 주체하기 힘이 들더군요. 물론 오래전부터 준비한 일인데도 막상 닥치고 보니 마음을 종잡을 수 없었어요. 누구와 이야기를 나누었으면 하고 현관을 나서는데, 유현 자매가 앞서 걷고 있었어요."

그랬다. 훈련원을 나오는데 그가 잰걸음으로 뒤따라 왔었다.

"미안하지만 동승할 수 없을까요? 오늘 제가 차를 갖고 오지 못했어요. 서울 들어가는 전철역 부근에서 내려 주시면 됩니다."

그의 목소리는 약간 어눌했다. 아무리 믿음의 형제라고 하지만 늦은 밤에 동승을 부탁하는 것은 좀 미안했던 모양이다. 만약 거절하거나 동승할 형편이 되지 않는다면, 서로 기분이 흐트러질 것이 빤하기 때문이다.

"그러지요. 봉천동 부근이거든요."

그렇게 우리는 동승하게 되었다. 차가 시흥대로를 달리는 동안 그는 많은 이야기를 했다. 우리는 함께 교육을 받는 처지지만 이야기를 나눌 기회가 없었다. 만나면 같은 훈련을 받으면서도 눈인사만 하는 정도였다. 대학을 나와 전자회사 관리직으로 근무한 지 3년차가 되는데, 오늘 사표를 내었다고 했다. 순간 나는 출장 휴가를 내준 회사의 배려가 너무 고맙게 생각되었다.

평범한 이야기를 나누었다. 그리고 나는 그에 대해 생각을 더하지 않았다. 우리는 훈련을 받는 일에 전념해야 했다. 그 일이 그렇게 쉽지는 않았다. 지금까지 세상에서 살아왔던 삶의 방식을 바꿔 놓는 일이었다. 그만큼 자신에 대해 많은 생각을 하게 되었고, 그러노라니 스스로 자기를 용납할 수 없는 부분이 많음을 알게 되었고, 그것은 고통이기도 했다. 그러저러한 일들과 생각이 겹쳐서 남에 대해 관심을 가질 여유가 없었다.

"참 이상하지요. 탈레반에 납치되어 유현 자매와 함께 이 토굴 생활을 하게 되었네요. 오늘은 처음 만나 차를 태워 주던 그때 일이 아주 선명하게 떠올라요. 견딜 만하세요?"

그는 불쑥 내 처지를 궁금해했다.

"제가 함께 있는 자매들을 도와드려야 하는데, 그럴 일이 없네요. 저 힘이 세거든요. 필요하면 쓰세요."

그의 말소리가 점점 나지막해졌다. 졸음이 오는가 보았다. 듣다가 잠에 빠질 수 있으면 다행이다.

"한국 친구들이 보고 싶네요. 특별히 내가 좋아했던 얼굴들이 있는데…."

그가 갑자기 한국 이야기를 했다. 우리는 인질로 있는 동안 한국 이야기를 하지 않았다. 집안 식구 이야기, 직장 이야기, 교회 이야기, 좋아하고 사랑하는 사람들에 대해서도 이야기하지 않았다. 그런 이야기를 하게 되면, 뭔가 마지막이라는 불길한 생각이 뒤이어 떠오를 것 같아서였다. 그런 이야기는 마지막에 하는 것이다. 우리가 납치되었을 때에 배 목사가 그렇게 당부했다. 우리에게는 '현재'만이 있습니다. 그렇게 생각하면 어려움을 이길 수 있습니다. 과거를 생각하지 마세요. 약해집니다. 미래도 생각하지 맙시다. 주님은 초시간적인 분입니다. 지금 우리와 함께 계십니다. 그것을 믿으면 됩니다. 배 목사의 그 권유가 우리에게 힘이 되었다. 그래서인지 누구도 지난 일이나 다가올 일을 말하지 않았다. 과거나 미래는 현재와는 관계가 먼 상황일 수도 있다. 그런데 사람들은 현재와 밀착되어 있는 것으로 생각하면서 현재의 자신을 무력하게 만들 수도 있다. 나를 동아줄로 매고 있는 현재의 시간을 하찮게 생각할 우려가 있다.

"지난겨울 대학 시절 동아리 동문 모임에 갔다가 동아리 재학생들이 근육병 환자들의 독서모임에 이동 요원으로 참여하고 있다는 것을 알게 되었어요…."

이야기가 계속된다.

매주 토요일 장애우 독서회 모임에 나가 거동이 불편한 그들을 이동시키는 일을 하게 되었다. 그러는 동안 매주 토요일을 기다리게 되었다. 그날이 가까워 오면 긴장되고, 어린아이가 제 생일을 기다리는 것처럼 약간 흥분이 되기도 했다. 한 주간 하루하루를 살아가는 것은 그 근육 장애우들을 만나는 토요일을 위해서였다. 그들을 만나면 마음이 편안해졌다. 마음에 아무런 꺼림이 없어졌다. 외모가 무너지기 시작하는 그 얼굴에 웃음이 가득 찼고, 말 한마디도 하기 어려운 뇌 장애우들도 자신을 보면 반가워하면서 그 분절이 잘 안 되는 언어를 토해 내는데, 짐승의 울음소리 같은 그 말이 그렇게 듣기 좋을 수가 없었다. 그들은 자신이 오늘 이렇게 살아 있음에 대해서, 그리고 이렇게 나와 여러 친구들을 만나 책 읽은 이야기를 나누게 되어서 행복하다고 했다. 그래서 늘 감사할 뿐이라고 하였다.

그들 모임에 몇 주 참석하다가 그들을 이동시키는 일을 하게 되었다. 아침 일찍 차를 몰고 맡은 친구의 집을 찾아가 그가 탄 휠체어를 끌어안고 차에 태워 모임 장소로 간다. 그러고는 하루 종일 그 친구와 함께 지낸다. 모임이 끝나면 그를 태워 집에 데려다 주고 집으로 돌아온다. 그때가 되면, 하루가 즐겁기만 했다. 그래서 감사할 수밖에 없었다. 그러면서 한편으로는 그들보다 편안하게 살아갈 조건을 갖추고 있음에도 평안하지 못한 자신에 대해 부끄럽고, 그래서 화도 나고, 평안할 수 없는 이유가 욕심에 있음을 생각하면 그 굴레에서 어떻게 벗어날까 고민하다가, 이 봉사단에 들어왔다.

"회사에 사표를 내고 다른 길을 생각하고 있어요. 작은 것으로도 행복할 수 있는 생활을 찾아 새롭게 시작하려고 해요. 많이 기도해 주세요."

나도 그의 말을 들으면서 여러 생각을 해보았다. 왜 우리는 평안할 수 없는가? 먹을 양식, 살아갈 집과 입을 옷이 없는가? 살아가는 데 고통스러운 불치의 병을 앓고 있는가? 그러한 부족함이 없다면 왜 우리는 평안하지 못하는가? 모자란 것이 무엇인가? 그것은 어떻게 채울 수 있을까? 채워지면 행복할 수 있을까? 나도 상민 형제처럼 한국으로 돌아가면 그 근육병 장애우를 이동시키는 일을 해볼까?

"유현 자매, 이거 기분이 이상하네요. 토굴에 오고 보니, 우리가 탈레반과 함께 여기에서 살게 되지 않을까 하는 생각이 드네요. 안 좋은 생각인가요? 이들도 개인적으로 대할 때에는 좋은 사람들 같아요. 이들과 함께 살게 된다면 우리 마음도 바뀌고 정도 나눌 수 있겠지요."

나는 그 말을 들으면서 우울했다. 토굴에서 살아가는 것은 상상해 보지 않았다. 상민 형제가 정신적으로 매우 허약해지고 있다는 것을 느꼈다.

"그런데 말예요. 그 독서회에서 정말 아름다운 사건이 벌어졌어요. 동아리 2년 후배인 건강한 청년이 그 독서회 회장을 사랑하게 되었어요. 그 청년은 그들과 인연을 맺은 지 3년이 되었는데, 은행에 근무하면서 토요일마다 장애우 이동을 맡아 왔어요. 회장이 바로 그가 맡은 장애우였어요. 독서회 회장은 고등학교를 나와 대학 입학을 앞두고 병 증세가 나타났는데, 지금은 얼굴이 야위었고 하반신이 불편해요. 외모는 아직은 허물어지지는 않았는데, 한 달 한 달 달라진데요. 글쎄 후배가 그 회장과 약혼을 했어요. 나는 그들을 볼 때마다 눈물이 나와서 일부러 모임 장소에서 그들을 외면하고 다녔어요. 너무 아름다운 것을 보면 눈물이 나나 봐요. 그 친구는 그렇다치고, 나는 그의 부모님이 너무 존경스러워요. 어떤 분들이기에 시한부 인생을 살아가는 불치 환자 처녀를 며느리로 맞아들일 마음을 갖게 되었는가? 내가 부모라면 전혀 생각할 수 없는 일이지요. 나는 그들과 그의 부모를 생각할 때마다 소리 내어 울고 싶은 때가 많았어요. 나는 그들과 약속을 했지요. 이번 봉사활동을 가서 아프간 들에 핀 들꽃을 따다가 그것으로 멋진 화환을 만들어 결혼 선물을 하겠다고. 그래서 이렇게 꽃을 모았어요.

상민 형제는 파카 호주머니에서 종이로 곱게 싼 마른 들꽃을 보여 주었다. 이름 모를 들꽃이었다.

"여기는 들꽃이 안 보이네요. 내일 날이 밝으면 탈레반에게 말해서 들꽃을 좀 찾아 꺾어다가 말리겠어요. 탈레반도 내 이야기를 들으면 허락해 주겠지요. 그런데 내가 그 결혼식에 참석하여 그들을 축하해 주지 못할 것만 같아요. 어떻게 하지요?"

그의 목소리가 흔들렸다.

"왜 못 나가요. 우리는 곧 나갈 수 있어요. 그네들이 우리를 잡아 둬서 뭣에 쓰겠어요. 온 세계가 우리의 석방에 관심을 갖고 있는데…."

나는 자신 있게 그를 위로했다.

"만약, 정말 만약인데 말입니다. 내가 돌아가지 못한다면, 유현 자매가 저 대신 그 친구의 결혼식에 참석해서 축하해 줘요. 아직 청첩장은 받지 못했는데, 아마 돌아가면 받을 수 있을 거예요. 10월 첫 주라고 했어요. 내가 그 친구 연락처를 드릴 테니…."

그는 종이에 전화번호를 적어 내게 내밀었다.

"관둬요. 내가 그런 심부름 왜 해요? 왜 상민 형제가 나가지 못해요? 그런 일 절대 없어요. 힘을 내세요!"

나는 버럭 화를 내면서 그의 청을 거절했다. 그 청이 얼토당토 않기도 했지만, 그것을 받아들임으로 그의 기우가 현실이 될 것이 두려웠다. 그래서 거친 언어로 거절했다.

토굴 안이 어둑하다. 상민 형제의 그 수줍은 얼굴이 눈앞에 다가왔다가 스러진다.

"어서 돌아와요. 두 사람의 아름다운 결혼을 축하하기 위해서라도 한국으로 돌아가야 해요. 제가 탈레반에 청원하겠어요. 그렇게 하면 아름다운 축하를 해주도록 탈레반도 형제는 내보낼 거예요."

나는 혼자 중얼거렸다. 그러고 보니, 그때 그 형제가 준비해준 들꽃이라도 받아둘걸. 후회되었다.

날이 유난히 맑았다. 맑은 햇살이 오랜만에 굴 주위에 내려 부서졌다. 나는 토굴 밖으로 나왔다. 보초를 서고 있던 탈레반이 내 표정을 유난스럽게 살폈다. 그런데 주위를 둘러보니 잡풀 속에 들꽃들이 피어 있었다. 노란 맨드라미부터 파란색 분꽃 같은 꽃, 이름을 알 수 없는 여러 종류의 꽃들이 피어 있었다. 왜 그동안 여러 곳을 거쳐 오면서도 들꽃을 보지 못했을까? 그러고 보니 추운 지역일수록 여름에는 들꽃이 많이 핀다는 말이 생각났다. 언젠가 한여름 몽골을 여행하는데, 그 황무지 같은 초원은 들꽃 천국이었다. 나이아가라 관광을 갔을 때에도 가고 오는 길가에 핀 들꽃이 너무 아름다웠다.

들꽃은 땅이나 나라를 가리지 않고 피는구나. 전쟁터에도 피고, 평화로운 마을에도 피는구나. 나는 신들린 사람처럼 들꽃을 뜯었다. 탈레반이 내 거동을 보고 빙긋이 웃었다. 나는 그 꽃 한 송이를 탈레반에게 내밀었다. 청년 탈레반은 갑자기 수줍어하며 그것을 받았다. 나는 딴 들꽃 한 송이를 내 머리핀에 꽂았다. 그리고 다른 한 송이를 탈레반의 앞 단춧구멍에 달아 주었다. 탈레반의 얼굴에 부끄러운 웃음이 가득했다.

정화 자매는 돌아왔으나 상민 형제는 소식이 없다.

"아마 곧 좋은 소식이 있을 거예요. 신문 기자와 인터뷰했는데, 그 과정을 봐도 한국 정부와 탈레반 측이 서로 협상하고 있다는 느낌을 받았어요. 인질 중에 제일 건강 상태가 안 좋은 사람과 인터뷰해서 인질들의 처지가 매우 절박하다는 것을 한국 정부에 알리려는 의도가 있는 것 같았어요. 그래야만 그들로서는 협상의 유리한 고지를 차지할 수 있다고 생각하겠지요. 한국 정부에서도 인질들의 처지가 매우 어렵다는 것을 세계에 알려 탈레반이 더 이상 도에 지나친 일을 할 수 없을 것이라고 판단하겠지요."

나는 그 말을 들으면서 한국이라는 나라의 시민임을 새삼스럽게 확인했다. 평소에는 국가와 시민의 관계가 별로 실감 있게 다가오지 않았다. 정부란 개인의 삶을 위해 무엇을 해주는가? 대학생 때는 정부의 존재를 무시하기도 했다. 그런데 피랍된 23명을 위해서 모든 가능성을 열어 놓고 애쓰는 정부 여러 기관들을

비정한도시

생각하니 갑자기 가슴이 벅차오르면서 눈물이 나왔다. 상민 형제는 무사히 돌아올 거야. 한국 정부가 있는데, 탈레반이 그를 어떻게 하겠어? 불안했던 생각이 위로가 되었다.

"참, 사람 마음이란 이상하지요. 우리가 이 토굴에 와서 겨우 하룻밤을 보냈는데, 여기가 내 집처럼 생각되는 거 아니겠어요. 아마 두 자매가 나를 기다리고 있다는 생각을 해서 그런지 몰라도, 인터뷰하는 그 방이 여기보다 훨씬 낫고 또 형편도 안심되는데도 이 토굴 생각이 간절해서 어서 돌아가고 싶었어요. 이렇게 돌아와 유현 자매를 만나니 긴장이 풀려요. 집에 돌아온 기분이에요."

그녀는 자기의 기분을 자신도 모르겠다면서 말했다. 그리고 비스킷과 비타민제와 과자를 내놓았다.

"저는 눈을 좀 붙여야겠어요. 너무 긴장해서인지 피곤해요. 집에 돌아오니 긴장이 풀려서 졸음이 와요."

그녀는 짚 위에 깔려 있는 짐승 가죽 요 위에 벌렁 눕더니 곧 코를 골면서 잠에 빠졌다.

밖으로 나왔다. 탈레반이 보초를 서고 있다가 나를 경계하는 눈으로 쳐다보았다. 아까 내가 들꽃을 꽂아 줬던 그가 아니었다. 그가 서 있는 풀밭에 피어 있는 노란 들꽃을 가리켰다. 탈레반이 아래를 내려다보았다.

"꽃 곱지요."

한국말로 그에게 다가가며 말했다. 그가 고개를 들고 나를 경계의 눈으로 쳐다보다가 내가 빙긋이 웃자 따라 웃었다. 나는 그의 발 옆에 있는 노란 민들레를 꺾어 그에게 보였다. 그의 눈이 뚱

그레졌다.

"이 꽃 참 곱지요."

나는 그 꽃이 향기가 없을 줄 알면서도 그것을 내 코로 가져다 냄새를 맡았다. 그리고 다시 탈레반의 코앞으로 내밀었다. 그가 얼굴을 활짝 펴고 웃으면서 냄새를 맡는 시늉을 하다가 고개를 끄덕였다. 냄새가 좋다는 것이다. 나는 다시 그 꽃 냄새를 맡아 보았다. 향기가 없었다. 그러나 무슨 향기인지, 분명 좋은 냄새가 났다.

탈레반의 주위에 있는 여러 이름 모를 꽃들을 꺾었다. 손바닥 가득히 꽃을 따서 그것을 다시 그에게 보였다. 그는 꽃으로 무엇을 할 것이냐고 눈을 똥그랗게 뜨면서 물었다. 나는 꽃 한 송이를 내 머리에 꽂았다. 그가 손뼉을 쳤다. 꽃을 싫어하는 사람은 없구나 생각하니, 그가 이웃 마을 청년처럼 보였다.

저녁이 되어도 상민 형제는 돌아오지 않았다. 돌아올 테지. 굴 밖에서 작은 기척이 나도 벌떡 일어나곤 했다.

"배 목사님은 어떻게 되었을까?"

정화 자매가 혼잣말로 중얼거렸다. 그녀는 인터뷰하면서 배 목사의 소식을 들었으나, 그 소식을 믿고 싶지 않은 듯했다. 아니 믿어지지 않는 모양이다. 나는 짚더미에 기댄 채로 기도했다. 주님 저희를 잊지 않으시겠죠? 주님을 향한 믿음이 나약해질까 두렵습니다. 도와주세요. 믿음을 지키게 해주세요. 배 목사님을 지켜 주셔야 합니다. 그리고 다음 기도문이 이어지지 않았다. 지켜 주세요. 지켜 주세요. 배형규 목사님, 박상민 형제님, 그들을 지

켜 주세요. 기도가 이어지지 않자 불길했다. 이미 기도를 들어줄
수 없는 상황이 되었는가? 내가 입을 열어 기도를 하지 못하게 하
는 것인가? 아니, 사탄이 내 기도를 방해하는가? 내가 어떠한 상
황을 생각하는 것은 사태를 잘못 판단하는 것이다. 그때 은은하
게 어떤 분의 음성이 들려왔다. 자세히 들으니 배 목사님의 목소
리였다.

"내가 살아오기를 기도하지 말고, 비겁하게 주님을 배반하지
않도록 기도해 주십시오."

"탈레반을 미워하지 않도록 기도해 주십시오."

"나를 적대시하는 그들을 위해 기도할 수 있는 마음을 달라
고 기도해 주십시오."

배 목사의 목소리가 토굴 천정을 울리면서 내 심장 속으로 흘
러들었다.

6. 비겁한 사람들

I

주일 저녁 한성제일교회 예배당은 교인들로 가득 찼다.

목사의 설교에 힘이 실렸다.

"그동안 한국 교회는 오만했습니다. 교회는 낮은 자로 오신 예수님을 잊어버리고, 권위를 내세워 신자들 앞에 군림했습니다. 목회자는 교인들이 낸 헌금으로 자기 이름을 드러내는 데 썼고, 교회의 권위를 앞세워 자신의 권위를 내세웠습니다. 낮은 자로 오신 예수님도 선민의식에 빠진 유대 민족을 향하여 하나님의 징벌을 선포했음을 잊어서는 안 됩니다. 이번 아프간 사태를 계기로 한국 교회는 회개하고 변화되어야 합니다…"

100년 역사를 자랑하는 한성제일교회 원성수 담임목사는 주일 저녁예배 설교를 하면서 스스로 신이 났다. 그는 교회 목회보다는 사회나 정치 문제에 더 관심을 가졌고, 그래서 사회적인 이슈가 생길 때마다 열심히 뛰어다녔다. 그가 만나는 사람은 교인보다는 정치가나 사회운동가가 더 많았다. 그렇기에 천여 명이 채 안 되는 교인의 처지에 대해서는 아는 것이 많지 않지만, 민족과 한국 사회, 세계 평화의 문제에 대해서는 상당히 박식하다.

원 목사는 이러한 자신의 목회 방향이 한성제일교회의 전통에 근거한 것으로 생각하고 자부하고 있다. 이 교회는 한국이 근대화의 열망으로 가득 찼던 때에 그 욕구를 복음을 통해 충족해 주는 데 크게 기여했다. 근대화의 길목에서는 근대의식과 합리적 사고를 통해서 새로운 풍속을 진작시키는 계몽운동의 산실이 되었고, 일제가 민족 말살 음모를 드러낼 때에는 민족을 지키는 최후의 보루 역할을 했다. 신사 참배를 반대하여 일본어로 설교를 하지 않으면 교회 문을 닫겠다고 하자, 신자들 각자가 집 안에서 예배를 드리도록 권고하고는 교회 스스로 문을 닫았다. 교회 무쇠 종을 떼어다가 군수품을 만들겠다는 일본 헌병과 대결하다가 교회 장로가 감옥살이를 하였다.

6·25 때에는 교회를 지키던 장로가 순교했다. 북한군이 들어오자 담임목사가 교회를 지키겠다고 피난을 가지 않았다. 한 장로가 월남한 목사는 북한군이 가만두지 않을 것을 알고 목사를 교인 집 다락에 숨겨 두고 교회를 지켰다. 인민군이 들어와서 교회를 병영으로 쓰겠다고 하자 이에 반발했다가 그 자리에서 총살당했다. 서울이 수복되자 그 장로의 죽음이 알려지면서 교회가 더 부흥되었다. 60년대에는 교회 청년들이 앞장서 한일회담 반대운동을 폈다. 물론 담임목사도 앞장섰다. 유신시절에는 민주화 운동의 후원자가 되었고, 80년대 들어오면서 통일운동을 목회 방향의 중심에 두었다. 90년대 초에 부임한 원 목사는 한성제일교회가 한국 역사의 선두에서 일해 왔다고 자부하면서 이것

이 하나님께서 내려 주신 소명이라고 생각했다.

그는 이 교회 유치원을 졸업하였고, 교회 초·중·고등부에서 신앙의 기초를 다진 한성교회 사람이었다. 명문대학을 나와 신학대학원에서 목사가 되기 위해 공부했고, 독일에 유학을 다녀온 학구파 목사다. 한국 개신교계에서는 실력 있고, 지성을 갖춘 목사 중 한 사람이었다. 그러나 교인은 10년 전에 비해 늘어나지 않았다. 교회의 늙은 장로들과 권사들은 그 이유가 목사가 교회 안에 있는 양들을 돌볼 생각을 하지 않고, 밖으로만 돌아다니기 때문이라고 생각했다. 그들은 원 목사가 어렸을 때부터 자라 온 과정을 잘 아는 터라, 어떤 때는 담임목사라는 신분을 잊고 못마땅한 점을 내놓고 말하기도 했다. 그런 경우 목사는 선생 앞에 선 어린 학생처럼 교회 어른들의 불만이 섞인 추궁을 그대로 받아들였다.

이 교회는 강 권사의 증조부인 강태섭 장로가 주동이 되어 세워졌다. 그는 한양 부자 집안의 장자였으나, 장자로서의 모든 권한을 포기하고 예수를 믿었다. 대대로 역관을 세습해 왔던 중인 계층으로 재력을 갖춘 집안은 개화 바람이 불자 장손을 일본 유학생으로 보내었다. 그런데 그는 정치가가 되기를 기대했던 부모의 뜻을 버리고 일본에서 미국 선교사를 통해 예수를 만나 예수쟁이가 되었다.

그는 집안의 완강한 반대에도 불구하고 장자로 살아가기를 거부하고 세 식구가 생활을 꾸려 갈 만한 재산을 겨우 받아 집에서 나왔다. 그는 그 재산을 팔아 교회를 세웠다. 교회가 부흥하고 남이 할 수 없는 일을 하자, 그를 외면했던 집안에서도 그를 도왔다. 교회가 부흥하면서 유치원을 세우고, 민족을 위한 청년 교육을 실시하는 한편, 거리의 거지들과 부랑자들을 모아다 일거리를 만들어 주면서 돌봤다. 집안에서는 아들이 하는 일이 기특해서 계속 재정 후원을 해주었고, 결국 집안이 모두 예수를 믿게 되었다.

맨 앞줄에 앉아서 아들보다 더 어린 목사의 설교를 듣던 팔십이 넘은 두 권사는 눈을 내리깔고 한숨을 내쉬었다. 목사는 설교를 마무리하던 중 이들 두 권사에게 눈길이 갔다. 순간 긴장했다. 등이 굽어 의자 안에 푹 빠질 듯이 앉아 있는 두 권사는 교회 초창기 기둥이었던 강 장로와 백 장로의 딸들이다. 그들은 이 교회 출신인 목사와 그 부인의 중·고교시절 교회학교 교사이기도 했다.

예배가 끝났다. 원 목사는 교회 출입문 곁에 서서 교인들과 인사를 나누었다. 두 권사가 목사 앞을 지나가다가 고개를 꼿꼿이 세우고 목사를 노려보듯 응시했다. 원 목사는 순간 오늘 설교가 이 노파들 마음에 들지 않았다는 것을 직감적으로 느꼈다.

원 목사는 교인들과 인사를 마치고 1층에 있는 담임목사 방으로 들어와서 차를 한잔 마시고 있었다. 그런데 이상하게도 그 두 늙은 권사들 표정이 눈앞에서 지워지지 않으면서 기분이 묘해졌다. 원 목사는 방을 나와 사택으로 향했다. 주일 저녁예배는 오후 5시부터 시작해서 6시쯤에 끝난다. 주일이지만 저녁은 가족들과 함께하도록 하기 위해 예배 시간을 조정했다.

그는 한 블록 건너에 있는 사택으로 들어갔다. 오래된 붉은 벽돌집이지만 고풍스러운 멋이 돋보였다. 20년 전에 교회가 담

　　　　　　　　　　　　　비정한 도시

임목사를 위해서 당시로서는 꽤나 공들여 지은 목회자 사택이었다. 그는 이 건물을 보면 마음이 편안해진다. 예전에는 이 자리에 한옥이 있었다. 원 목사는 어렸을 때부터 담임목사의 사랑을 받아 사택을 제집처럼 드나들었다. 그는 목사관 뜰에서 뛰놀던 어린아이들 얼굴이 생생하게 떠올랐다. 그들이 자라서 청년이 되었다. 사회가 뒤숭숭할 때면 목사님을 찾아와 의논하였고, 이 나라를 걱정하면서 교회 기도실에서 철야하면서 기도하기도 했다.

원 목사는 언제나 그렇듯이 샤워를 하고 아내가 마련한 저녁 식탁에 앉았다.

"소식 못 들으셨어요?"

아내의 표정이 어두웠다.

"뭔데?"

"강 권사님과 백 권사님이 오늘 저녁부터 금식을 하신대요. 인질들이 풀려날 때까지 하신다나 봐요."

"그 나이에 금식이라니? 당치 않아!"

원 목사는 자신도 모르게 버럭 소리를 질렀다. 그러고 나서 곧 내가 왜 이러지 하고 후회했다.

"왜 금식하시는 줄 아세요? 목사가 납치된 형제들을 위해 기도하지 않으니까, 목사를 대신하여 금식하시면서 기도하신대요."

부인은 목사의 시선을 피하면서 말했다. 그녀가 생각하기에도 요즈음 목사의 태도가 마음에 들지 않았다. 탈레반에 납치된 봉사단원들에게 연민을 갖기는커녕 공공연히 딴소리만 하니 이해되지 않았다.

저녁예배가 끝난 후에 교회 뜰에서 부인은 두 권사에게 호되게 꾸중을 들었다.

"사모님! 목사님을 어떻게 보필했기에, 그런 설교를 하도록 내 버려 두셨어요? 하나님의 진노가 두렵지 않으세요? 인질이 된 형제자매들이 죽고 사는 고비에 처해 있고, 그 가족들은 밤새 워 안타깝고 불안하여 눈물로 기도하고 있는데, 어떻게 목사라 는 분이 하나님의 말씀을 전하는 그 자리에서 그런 설교를 하실 수 있어요?"

두 권사는 목사와 그 부인의 교회학교 교사였다. 목사 부인은 할 말이 없었다. 노인 권사의 말이 모두 옳았기 때문이다.

"제가 잘못 보필했습니다. 잘 말씀드리겠습니다."

"우리가 잘못 가르친 때문이지요. 그렇게 전하세요. 목사님 이 그 마음 고치고 기도할 때까지 우리가 금식하면서 기도하겠 다고요."

두 노인은 그 말을 남기고 지하 계단으로 내려갔다. 지하 1층 에는 24시간 기도실이 마련되어 있다.

사정을 들은 목사가 투덜거렸다.

"이 노인네들이 나를 어린아이로 취급하는군. 지금이 어느 때인데, 참 노인네도…."

목사는 속으로는 찔끔하면서도 부인 앞에서 체면을 세웠다.

두 노인의 금식기도는 그다음 날 아침에 그 자녀들에 의하여 중단되었다. 두 노인은 자식들의 간청을 들었다기보다는, 노인들 이 노망기가 발동해서 공연히 목회자에게 반기를 들었다는 소문 이 밖으로 새어날까 두려웠다. 그러나 기도하면서 식사는 한 끼 에 보리빵 한 조각과 생수 한 병으로 그치기로 했다. 인질들의 식

　　　　　　　　　　　　　　비정한 도시

사 수준으로 하겠다고 선언했다.

한국 교회 자성의 목소리가 시작되었다. 회개와 개혁운동이 일
어나기 시작했다.

목요일자 조간신문 종교란에는 이런 제목으로 서울 시내 몇
몇 목회자들 사이에서, 이번 사태로 한국 교회에 어떤 변화의 바
람이 일어야 한다는 목소리가 높아지고 있다는 기사가 실려 있
다. 기사와 함께, 한성제일교회 원 목사의 주일 저녁예배 설교의
한 대목이 그의 사진과 함께 길게 인용되었다.
    원 목사는 교회 사무실 직원을 시켜 그 기사를 확대 복사하
여 교회 안에 있는 여러 게시판에 붙이도록 했다.

두 노인 권사가 인질들이 풀려날 때까지 금식기도를 한다는
소문이 삽시간에 교회에 퍼졌다. 한 사람, 두 사람 그 권사를 따
라서 기도실로 모여들었다. 50여 명 남짓 모일 수 있는 기도실이
밤낮으로 기도하는 사람들로 가득 찼다. 최근에 없던 일이었다.
이 외에도 교회에서는 예전에 없던 일들이 일어났다.
    게시판마다 붙어 있는 목사의 기사를 보는 교인들이 수군거
리기 시작했다. 우리 목사님 이상해졌어. 목사님이 은퇴 권사님
들에게 혼이 났다고 그러더군.
    그러한 수군거림이 며칠 계속되더니 이번에는 새로운 일이 벌
어졌다. 교회 게시판에 붙어 있는 신문기사 위에 "목사는 회개하
라!"고 빨간 매직펜 글씨가 쒸어졌다. 사무직원으로부터 게시판

에 낙서가 있다는 얘기를 들은 원 목사는 직접 그것을 확인하였다. 목사는 신문기사 위에 갈겨쓴 빨간 매직펜 글씨를 보더니 얼굴이 빨개졌다. 주위를 슬며시 살피면서, 복사하여 붙인 그 신문기사를 얼른 떼어 버렸다.

목사는 지금도 기도실에서 기도하는 사람들이 있나 해서 지하 계단으로 내려갔다. 기도실 앞 게시판에 붙어 있는 신문기사에도 꼭 같은 낙서가 있다.

갑자기 교인들이 무서워졌다. 하나님이 두려워서인가? 왜 이러지? 내가 무슨 실수를 했나? 평소에는 교인들 생각이나 행동에 별로 마음을 쓰지 않았다. 그들은 나를 존경했고, 내 설교에 모두들 은혜를 받고 감동했는데, 내가 왜 이런 낙서에 흔들리지? 누가 이런 장난을 했나? 의도적으로 나를 야유하고 있는 건가? 그는 교회 여러 게시판을 둘러보았다. 그 기사 위에는 모두 그를 야유하는 빨간 글씨가 보란 듯이 씌어 있었다. 글자 하나하나가 교인들 얼굴이 되어 그를 향해 소리치는 것 같았다.

마지막으로 원 목사는 교육관으로 쓰는 별관 4층 건물로 들어갔다. 교회 설립 100주년 기념으로 지어서, 초·중등학교 교육시설과 청년부들 활동 공간으로 쓰고 있는 곳이다. 그 로비에도 게시판이 있다. 그는 현관에 들어서면서 우선 게시판 쪽을 바라보았다. 빨간 매직 글씨가 보이지 않았다. 긴장이 풀렸다. 학생들과 청년들에게 불미스러운 일이 전해져서는 안 된다. 그러면 그렇지. 이 짓은 틀림없이 아직도 낡은 편견에서 벗어나지 못하는 늙은이 소행일 것이다. 젊은이들은 나를 존경하고 있다.

원 목사는 가슴을 펴고 게시판 쪽으로 다가갔다. 그런데 거기

비정한 도시

에는 낯선 게시물이 나붙어 있었다. 하얀 네모진 종이에 파란 글씨로 쓴 한 줄의 문장이 그를 짓눌렀다.

비겁은 어떠한 명분으로 화장해도 감춰지지 않고 오히려 더 드러날 뿐이다.

7월 31일, 탈레반이 인질 중 박상민 씨를 살해했다는 뉴스가 전해졌다. 협상에 아무런 진전이 없으니, 탈레반이 전략적으로 인질을 살해했다는 뉴스 논평이 뒤따랐다. 한국 정부가 협상에 적극적으로 나서야 추가 살해를 막을 것이라는 논평 보도도 나왔다. 탈레반은 인질들의 얼굴과 생활을 담은 비디오와 박상민 씨 시신 사진을 언론에 공개했다. 신문 방송과 인터넷은 남의 일처럼 트라이앵글(탈레반, 아프간, 미국)에 갇혀 한국 외교는 무기력했다고 비꼬았다. 언론사 기자들은 뭔가 큼직한 사건이 터질 것을 기대하며 돌아다녔다. 탈레반이 공개한 비디오에 대해 말들이 무성했다. 인질 가족들의 모습은 처절했다. 신문은 그러한 모습을 즐겨 전했다.

2

장로들과 목사들로 구성된 당회가 열리는 소회의실 분위기는 침통했다. 당회장인 표 목사 얼굴에는 표정이 없다. 그는 미국 프린스턴에서 조직신학으로 박사학위를 받았고, 한때 신학대학 교수로서 학계에서 활동하던 중견학자이기도 하다. 항상 원칙주의자이면서 원만한 인간관계를 유지하고, 종교적 계율을 형식적으로 이해하지 않는 포용력도 갖춘 사람이다. 신학교 교수직을 내놓고 목회에 뜻을 두었을 때에 서울의 큰 교회에서 청빙하였으나 사양하고, 300여 명 모이는 교회를 맡았는데 불과 10년 만에 5천 명이 모이는 대형 교회로 성장했다. 그런데 그는 지금 모든 것이 혼란스러웠다. 지금까지 그가 지켜온 신앙 양심이나 원칙이 무력함을 느끼는 순간 전혀 생각하지 못했던 혼란에 빠져 버렸다. 이 혼란 앞에 지식도 경험도 그 자신이 금과옥조처럼 간직하고 지켜 온 목회 철학도 아무 쓸모가 없었다. 그는 차츰 자신을 회의하기 시작했다. 내가 주님 앞에 범죄했는가? 오만했는가? 말씀을 잘못 전했던가? 주님보다는 나를 내세웠는가? 내 도움이 필요한 어려운 형제들을 외면했던가? 그는 이러한 상황이 그가 믿는 주님에 대한 자기 죗값이 아닌가 생각되어 너무 무력해졌다.

지금 목사는 표정이 없다. 장로들은 지금까지 전혀 대하지 못한 이상야릇한 목사의 표정이 의아했다. 강한 의지를 나타내는 것 같기도 하고, 모든 것을 포기한 듯이 보이기도 하고, 만사를 귀찮게 생각하는 듯한 표정이기도 하다. 앞자리에 앉아 있는 담임목사를 바라보는 30여 명 장로들은 지금이 담임목사로서 단호한 결의를 보여야 할 때라고 생각하고 있다. 그런데 목사의 표정은 그게 아니었다.

교회 당회는 교단의 헌법에 따라 장로와 담임목사와 담임목사를 보좌하는 목사들로 구성되어 있다. 당회는 교회 운영에 따른 제반 사항을 결의하고 시행한다. 지금까지 사태 수습을 위하여 목사와 장로로 이루어진 7명의 대책위원회가 이번 사태에 따르는 문제를 의논하고 대책을 마련해 왔다. 배 목사가 살해되었을 때만 해도 비통한 마음은 한이 없었으나, 희생자가 목회자이기에 모든 문제를 교회 자체로서 처리할 수 있었다. 그런데 박상민이 살해되자 문제가 복잡해졌다. 앞으로 남은 인질들 중에 몇이 더 희생될지 모른다는 극도의 위기감을 갖게 된 것이다. 인질 가족들도 당황하기 시작했다. 그러한 위기감은 모든 국민들에게 퍼져 나갔다. 봉사단원들 중에는 가족이 교인이 아닌 경우도 있었다. 이번에 살해된 박상민의 경우도 그렇다.

세상의 여론은 마치 희생자가 더 나오기를 기다렸다가 때를 만난 듯이 아우성쳤다. 교회가 그들을 죽음의 굴로 내몰았다며 공격해 왔다. 교회가 국민들에게 이번 사태에 대해 입장을 표명하라는 여론이 들끓었다. 교회도 사람이 죽어 가는 판에 세상의 여론을 무시할 수 없었다. 말은 입장 표명이지 사실은 사과이다. 그런데 그 문제는 그렇게 간단하지 않았다. 더구나 다양한 사람들이 모여 있는 교회 구성원들 간에는 입장 차이가 너무 컸다. 우선 당회원들만 해도 생각이 모아지지 않았다. 그래서 입장 표명이 쉽지 않았다. 절차도 담임목사의 마음대로 결정할 사안이 아니었다. 우선 당회가 결의해야 한다. 그다음에 교회법에 따른 절차를 거쳐야 한다. 교회의 모든 중요 사항을 결정하는 제직회에 이 안을 상정하고, 그다음 전 교인이 참여하는 공동의회에 회부하여 통과해야 한다.

이번 사태에 대한 교회 입장 표명 내용이 애초에 봉사단을 파견할 때의 그 목적과 상치된다면 문제는 더 복잡하다. 교회는 여러 해 전부터 많은 돈과 인력을 들여 아프간 지역에서 어려운 사람들을 돕기 위한 일들을 해오고 있었다. 어려운 처지에 있는 타민족을 돕는 것은 교회가 해야 할 일이라고 생각했다. 이번 사태에 대해서 사과한다면, 지금까지 해온 사업의 의미를 부정하는 것이 된다. 애초에 탈레반이 전략적으로 주장한 사항을 그대로 수용하는 결과가 된다. 그것은 간단한 문제가 아니다. 교회가 분쟁 지역에서 고통당하는 사람들을 돕는 일은 하나님의 사업이기에 교회가 응당 해야 할 일이라고 교인들에게 교육해 왔고, 교인들도 적극적으로 참여하였다. 그런데 그 사업이 잘못되었거나 문제 있음을 세상에 발표한다면, 앞으로 그 모든 사업을 중단하고 철수해야 한다. 그렇다고 교회의 정당성을 주장할 수도 없다. 사람이 죽어 가는데, 잘못하면 탈레반을 자극하여 다시 어떠한 사태가 일어날지 모른다. 담임목사도 입장을 표명하는 데는 많은 문제가 뒤따른다는 사실을 알고 있었다.

당회 개회를 위한 원로 장로의 기도는 울음으로 변해 버렸다. "이러한 시련을 저희가 이길 수 있도록 주님 도와주시옵소서." 기도에 이어 모든 당회원들이 "아멘"으로 화답했다. 기도 중에 '소원합니다'라고 간원을 말할 때마다 당회원들은 모두 '아멘' 했다. 참석자들은 이번 사태가 교회로서 감당해야 할 큰 시련으로 생각하였다. 세계 선교의 큰일을 감당하는 데 이러한 어려움은 있을 수 있다. 그러나 시련치고는 너무 감당하기 어려웠다.

"백이십 년 전에 이 땅에 주님의 복음을 들고 와서 온갖 고생을 하면서 복음을 전하였던 주님의 종들의 그 고통을 이제 우리가 짊어질 때가 되었습니다. 그 짐을 지는 데 비겁하지 않도록 저희를 지켜 주옵소서. 그동안 우리는 너무 편안하게 주님을 믿어 왔습니다. 고통 없이 복음의 씨가 뿌려질 수 없음을 이 기회에 알게 하옵소서. 아프간의 들판에 뿌려진 두 종의 피가 영원히 그곳 형제들 가슴에 남아 기억하게 하옵소서. 이 늙은 종의 목숨을 인질이 되어 고통당하는 이들과 바꿀 수 있게 하옵소서."

이 대목에 이르러서 회의장은 울음바다가 되었다. 팔십이 넘은 장로의 기도는 끝이 없었다. 그의 선대도 이 교회의 창립 교인이었다. 그는 어렸을 때부터 이 교회에서 한평생을 지낸 교회의 역사였고, 그 역사를 짊어지고 살아온 어른이었다.

5분여 동안 계속된 긴 기도가 끝나자 회의실 분위기는 숙연해졌다. 누구도 입을 열지 않았다. 당회의 의장인 표 목사는 앉은 자리에서 고개를 숙인 채 움직이지 않았다. 모두들 그를 주시하고 있었다.

표 목사가 회의를 주재하기 위해 앞으로 나섰다.

"오늘 당회는 이미 말씀드렸습니다만, 아프간 사태에 대한 교회의 입장을 국민 앞에 발표하는 문제를 의논하기 위해서 모였습니다. 교회 목회를 담당한 제가 이번 사태의 책임을 져서 해결될 수 있다면 피할 생각은 전혀 없습니다. 이번 사태 해결이 저 개인의 문제도, 우리 교회만의 문제로 끝나지 않는다는 데 어려움이 있습니다. 어떤 네티즌은 담임목사를 볼모로 탈레반에 보내어 인질들과 교환하라는 요구를 했습니다. 그럴 수만 있다면 다행입니다. 그러나 사태를 그렇게 감정적으로 접근할 수 없는 여러 가지 복잡한 사안이 얽혀 있습니다. 제 심정은 당회원 여러분과 같으리라 생각합니다. 그래서 이렇게 무거운 마음을 갖고 모이게 되었습니다. 특히 두 번째 희생된 박성민 형제는 봉사단에 처음으로 참여했고, 믿는 집안의 자제가 아니라는 점에서 우리가 그 유족들을 어떻게 위로해야 할지 막막합니다. 앞으로 이러한 사태가 계속 벌어질지 모르는 상황에서, 교회로서도 어떤 일관된 방침을 세우고 그에 따라 사태에 대처해 나가야 하겠습니다. 그래서⋯."

담임목사가 길게 개회 인사를 하였는데도 듣는 이들에게는 말하려는 요지가 명확하게 들어오지 않았다. 모두 혼란스러웠기 때문이다.

"목사님의 심정은 충분히 이해하고도 남습니다. 우리 당회원들이 인질이 되어 잡혀 있는 형제자매들을 석방시킬 수만 있다면 누가 마다하겠습니까?"

시무장로 중에 제일 연장자인 이 장로가 일어나 비장하게 서두를 꺼내었다. 그는 전직 신문기자 출신으로 중앙신문 편집국장까지 지내어서 사회 물정에 밝은 사람이다. 그뿐만 아니라, 삼 대에 걸친 신앙의 후예로서 교회의 입장도 충분히 이해하는 사람이기에 모두들 그의 발언에 관심을 가졌다.

"우선 이 자리에서 원론적인 내용을 되풀이한다고 해서 문제가 해결되지 않습니다. 그러니 우선 대책위 의견을 듣고 시작하십시다."

이 장로의 발언을 듣던 장로들은 약간 실망했다. 대책위의 의견을 존중하자는 취지의 발언은 모든 것을 대책위에 넘기려는 인상을 주었다. 기다렸다는 듯이 대책위 위원장인 송 장로가 일어났다. 그는 국회 2선의원으로 정치에 환멸을 품고 신앙으로 자

비정한 도시

신의 말년을 회복해 보려는 신자였다.

"대책위에서 문제를 해결하지 못하고 당회에서 이 어려운 문제를 내놓게 되어 송구스럽습니다. 지금 한국 사회는 우리 교회를 향해 돌팔매를 던지고 있습니다. 생각해 보면 그들의 분노와 야유에 이유가 없지는 않습니다만, 그 도가 너무 지나치다고 생각합니다. 그동안 한국 교회에 대해 쌓인 불만을 이 기회에 우리에게 쏟아놓는 것 같습니다. 그렇다면 그 돌팔매를 그대로 우리가 받을 수는 없습니다. 물론 받을 수도 있습니다. 그런데 야속한 것은 그들이 아니라 기독교 단체와 교회와 일부 목회자들, 그리고 기독교인들이 더욱 심하게 우리 교회를 비난하고, 한국 교회의 해외 선교 정책에 대해서 비판을 넘은 비난을 거침없이 하고 있다는 사실입니다. 왜 그러는지 이유를 모르겠습니다. 그러나 어떻든 23명이 탈레반에 인질로 잡혀 있고, 그들 중 두 분이 순교를 했습니다. 나머지 21명에 대해서 그 생명을 지키는 것이 우리의 급선무입니다. 거기에는 모든 방법을 동원할 수밖에 없습니다. 그리고 이번 사태로 온 나라가 불안과 염려에 휩싸여 있고, 드러나지는 않지만 국가 사회적으로 큰 어려움을 당하고 있습니다. 이러한 상황에서 봉사단 파견의 옳고 그름을 논할 것이 아니라, 우선 교회가 이번 사태의 원인을 제공했으므로 사과라고 할 것까지는 없지만 유감의 뜻을 표하는 것이 어떤가 하는 의견을 갖고 이렇게 모였습니다."

위원장 장로는 자신의 발언에 대한 반응을 살피기 위해 회의실에 모인 당회원들을 재빨리 둘러보면서 앉았다.

"물론 봉사단원의 피랍으로 온 국민이 걱정하고 있는 상황에서 교회가 가만히 있을 수는 없는데요, 어째서 국민에게 우리의 입장을 내놔야 합니까? 원인 제공이라고 말씀하셨는데, 그 문제만 해도 생각을 정리해야 할 필요가 있습니다. 봉사단원은 순수한 민간인입니다. 더구나 아프간의 어려운 사람들을 도우려고 갔습니다. 그런데 탈레반이 정략적으로 납치해서 이용하려고 했습니다. 이러한 상황에서 우리가 원인을 제공했다고 한다면, 우리가 지금까지 해온 그 모든 해외 봉사사업이 문제 있다는 것을 수긍하는 것입니다. 그것은 지금 이 시간에도 이루어지고 있는 반 기독교, 반 교회 세력들의 주장과 일치합니다. 명목상으로는 해외 봉사이지만, 실질적으로는 기독교의 세력을 과시하고 타 종교를 지배하려는 제국주의적 발상이라는 둥, 목회자의 영웅심을 충족하기 위해서 허울 좋은 봉사를 내세웠다는 둥 그 악의적인 주장을 교회가 인정하는 결과가 됩니다."

제일 연배가 낮은 공 장로가 약간 흥분된 어조로 말했다. 그는 공학 교수로서 평소에는 당회에서 발언을 하지 않았다. 선배 장로들의 의견을 존중하는 사람으로 젊은 장로치고는 꽤 사려 깊은 편이었다. 그의 발언에 장로들 표정이 흔들렸다. 예상 외였다. 젊은 장로일수록 현실적이고 교회의 전통에 관심이 덜한 것이 일반적인 경향이다. 당회원들은 공 장로가 일어서자 으레 사과문 발표를 주장하는 발언을 할 것으로 생각했는데, 전혀 다른 생각을 듣게 되자 모두들 자신의 생각을 점검하기 시작했다. 그의 말은 모두 옳았다. 사과는 반기독교적인 네티즌들의 요구를 받아들이는 것이고, 소위 진보적이라는 기독교 여러 단체와 목회자들의 비판을 수용하는 결과가 된다.

비정한도시

"공 장로님의 말씀 백번 옳습니다. 저도 같은 생각입니다. 그런데 이제는 그러한 원칙적인 생각으로 이 상황을 대처할 수만은 없게 되었습니다. 온 나라가 우리 교회가 보낸 봉사단으로 인해서 걱정하고 안타까워하고 기도하고 비난하고 있습니다. 그러니 교회로서 그러한 분들에게 뭔가 입장을 밝혀야 하지 않겠습니까? 유감이라는 애매한 단어가 있습니다만, 일단 유감을 표명하는 선에서 처리해도 될 일인지 그것도 문제입니다."

중견 회사 사장인 구 장로가 현실적인 발언을 했다.

"유감 정도라면 그렇게 하십시다. 유감을 표명하면서 적극적으로 정부와 각 사회단체에서도 인질들의 석방을 위해 노력해 달라는 권유도 포함할 수 있도록, 예를 들면 한국의 종교 지도자들, 그들 중에 타 종교 지도자들이 나선다면, 모슬렘 지도자들과 교류할 수도 있고, 국회 차원에서 미국과 교섭을 벌일 수도 있고, 중동의 여러 나라와의 외교 관계를 통해, 그리고 정부에서 실질적으로 나서서 일을 해결해 주도록 간청을 할 수도 있으니까요. 가만히 있으면서 사회적으로 그러한 요구를 할 수는 없지 않겠습니까?"

퇴역 장성 출신인 정 장로가 구체적인 방안까지 말하면서 사과를 할 것을 주장했다. 그런데 마치 그러한 발언을 기다렸다는 듯이 대국민 입장 표명에 대해 장로들의 반대 발언이 이어졌다. 표 목사로서는 의외였다. 오히려 장로들이 앞장서서 대국민 입장에 사과하는 내용을 포함하여 발표함으로 지금 교회로 향한 질타를 잠시 피해 보자고 할 줄 알았다. 대책위에서는 대강 그런 방향으로 의견이 모아졌다. 그런데 장로들 생각은 예상 밖이었다.

장로들이 사과를 권해도 목회자로서는 그 의견을 받아들일 수 없는 것이 솔직한 심사였다.

"목사님의 생각을 듣고 싶습니다."

공 장로가 다시 담임목사의 얼굴을 바로 쳐다보면서 조용히 물었다. 모든 당회원들 시선이 일제히 목사에게 쏠렸다.

"솔직히 말씀드리면, 원칙적으로는 사과할 일이 아닙니다. 우리는 주님의 일을 하기 위해서 순수하게 고통받는 형제들의 아픔을 조금이라도 덜어 주려는 목적으로 아프간에 갔습니다. 그것은 잘못이 아닙니다. 그러나 23명의 형제자매들이 탈레반에 인질로 잡혀 있고, 온 나라는 이 문제로 여론이 비등하고, 정부에서도 우리 형제들을 구출하려고 애를 쓰고 있는데, 당사자인 우리가 가만히 보고만 있을 수는 없지 않겠습니까? 우리 일에 전 국민이 나서서 걱정하고 있는데, 혹 비난하는 사람이 있다는 것도 알고 있습니다만, 그 비난도 관심에서 나온 것입니다. 우리도 그런 경우가 있지 않습니까. 어떤 문제가 발생했을 때에 가까운 사람들도 그 일이 발생한 원인에 대해서 따지면서 추궁조로 말하는 경우가 있지요. 그러니 안티 기독교다, 안티 교회다 해서 너무 마음 쓰지 마시고, 기도로 이 위기를 타개해 나가십시다. 그러니 일을 당한 본인으로서 이 일 때문에 수고하고 걱정하는 분들에게 인사를 드린다는 차원에서, 유감의 뜻을 표하는 것도 정도에 크게 벗어나는 일이 아니라고 생각합니다. 주님께서도 그 정도의 일은 이해하시겠지요. 뭐, 우리가 주님 사업을 부인하는 것은 절대 아니고, 주님의 지상 명령인 땅끝까지 가서 복음을 전하라는 사명을 외면하는 것도 아니니까요."

대국민 사과를 하겠다는 말이었다. 그 말에 누구도 다시 말을 꺼내지 않았다.

"목사님, 말이라는 것은 말하는 자와 듣는 자가 각각 다르게 받아들일 수도 있습니다. 우리는 유감 표시를 한다고 하지만, 사회는 사과로 받아들인다면 어떻게 되지요."

변호사인 권 장로가 고개를 갸웃거리면서 물었다.

"글쎄요? 받아들이는 개개인의 입장을 우리로서 어떻게 할 수는 없지요. 우리의 심중은 주님은 아시겠지요?"

"주님께서 아시기 전에 세상 사람들이 말하는 사람의 생각과 다르게 받아들일 때에, 주님의 이해만을 믿고 있어야 합니까?"

공 장로의 말이 갑자기 튀었다.

목사의 눈길이 그 얼굴 위에 머물렀다.

"장로님이라면 어떻게 하시겠습니까?"

표 목사가 미소를 지으면서 공 장로에게 물었다.

"의미가 명확한 언어로 발표하는 것입니다. '유감', '사과', '죄송' 등등의 언어를 배제하고, 명확하게 문안을 작성하여 읽는 것입니다. 그 주요 요지는 아프간에 봉사활동을 간 것은 잘못이 아니다. 무고한 양민을 인질로 삼아 정략적으로 자기 이익을 추구하려는 탈레반의 행동은 반인도적이므로 국민과 더불어 규탄해야 한다. 앞으로 이러한 불법 납치 행위는 지구상에서 근절시켜야 한다. 이와 같은 주장을 내세운 다음에 '이번 봉사단원들의 불상사에 대해서 국민 여러분이 자식의 문제처럼 생각하셔서 걱정해 주시고 백방으로 구출을 위해 애쓰시는 정부 당국에 감사를 드립니다'로 마무리했으면 합니다."

공 장로가 메모한 것을 보면서 조목조목 신중하게 말했다.

"아니, 그렇게 세상을 모르시유. 밖에서 우리 교회를 향해 수없이 돌팔매를 던지는데, 그런 글로 문제가 누그러지겠어요?"

대책위에 참여했던 민 장로가 어이없다는 표정으로 공 장로의 말을 반박했다.

"어떻든 사과는 안 됩니다. 감사와 협조를 당부하는 수준으로 정리해야 합니다."

처음 발언을 한 후에 아무 말도 하지 않던 이 장로도 공 장로를 거들었다.

"'사과'와 '감사와 협조'를 부탁하는 그 중간을 택해서 '유감'을 표시하지요."

재정을 담당한 채 장로가 안을 내놓았다.

"'유감'도 안 됩니다. 그 유감이라는 표현은 바로 '사과'를 의미합니다."

권 장로가 나섰다. 그는 유감이 곧 사과를 의미한다는 것을 알고 있었다.

표 목사 귀에는 아무 말도 들려오지 않았다. 머리가 텅 빈 듯한 느낌이다. 이래서는 안 되는데, 안팎으로 들볶임을 당한다고 생각해서는 안 되는데…. 그러나 아무 말도 들려오지 않았다.

"목사님의 생각을 듣고 싶습니다."

개회 기도를 했던 원로 장로가 은근한 눈길로 목사를 바라보았다.

목사는 아무 말도 하고 싶지 않았다. 아마 아버지뻘 되는 장로의 청이 아니었으면 대답을 하지 않았을 것이다.

"저는 교회 담임목사로서 무거운 책임감 때문에 견디기 힘이 듭니다. 사과든 유감이든, 저희 마음이야 주님이 헤아려 주시겠지요. 여기에서 우리가 무슨 말을 할 수 있겠습니까."

목사는 겨우 한마디를 했다.

"그것은 담임목사로서는 너무 안일한 생각이십니다. 괴로우셔도 결단을 내리셔야 합니다. 이러한 고난은 앞으로 수없이 닥칠 것입니다. 한번 단추를 잘못 끼우면 일이 더욱 어려워집니다. 정면 승부를 하셔야 합니다. 네티즌들이나 정부 당국자들, 교회를 비난하는 이들에게 무릎을 꿇어서는 안 됩니다. 주님은 우리 편이시라는 것을 잊으셨습니까?"

지금까지 잠잠히 듣고만 있던 선교부장 명 장로가 일어서더니 목에 힘을 주어 말했다. 모두들 그를 쳐다보았으나 목사는 여전히 허공에 시선을 두고 있었다.

"지금 우리가 누구와 싸우고 있습니까? 싸우고 있다면 자신과 싸우는 것입니다. 누구 편이냐는 문제가 안 됩니다. 사람으로서는 어느 수준 정도가 있다고 생각합니다. 그것을 따라야 하는데, 그것도 장애가 많습니다. 그런데 장로님의 그 발언은 너무 강경해서 오히려 사태를 해결하는 데 장애가 될 수도 있습니다."

대책위원장 송 장로가 갑갑하다는 표정을 지으면서 말했다. 그는 이렇게 말들이 많을 것이라고 생각하지 못했다. 사회가 우리에게 사과를 하라고 하는 이 상황을 견딜 수가 없으나, 사람이 둘이나 죽었으니 사과를 할 수밖에 없다. 사과하는 데 무슨 논리가 필요한가? 어떻든 우리 때문에 둘이 죽었고, 스물한 사람의 생명도 보장할 길이 아득하다. 이들을 구할 수 있다면 사과를 백

번이라도 할 수 있다. 그는 되도록 조용히 이 사태를 넘기고 싶었다. 사람이 죽은 판인데, 뭘 그렇게 한가하게 생각하는가? 명분도 좋다. 주님의 뜻을 어길 수 없다. 그러나 주님의 뜻이 무엇인가?

"담임목사님의 뜻을 따르도록 합시다. 이번 사태로 인해서 제일 어려움을 당하시는 분이 담임목사님이시니, 목사님의 선택을 대책위에서 검토하시고 그대로 이행하시죠. 밤새껏 토론을 해도 끝이 안 납니다."

이 장로가 좌중을 둘러보면서 정리했다.

"그러실까요?"

대책위원장인 송 장로도 좌중을 둘러보면서 토론을 마무리지으려고 했다.

"그러시죠."

구 장로가 재빨리 이어받았다.

"그러면 유감을 표명하는 쪽으로 발표 문안을 만들도록 하겠습니다."

송 장로가 말을 마치려고 하는데, 문이 덜컥 열렸다. 모든 장로들이 일제히 문 쪽을 쳐다보았다. 여남은 젊은이들이 회의장으로 몰려들었다.

"누구요?"

회의록을 정리하던 당회 서기인 김 장로가 벌떡 일어나는 순간, 청년들이 재빨리 회의장 출입문 주변을 에워쌌다. 청년부 회원들이었다. 그들은 맨 앞자리에 앉아 있는 표 목사를 확인하고는 그곳으로 몰려들었다. 장로들은 겁에 질려 움츠리다가 아는 얼굴을 보고는 마음을 놓았다.

"왜들 이러는 거야."

장로들과 젊은 목사들은 청년들이 표 목사에게 접근하지 못하도록 몸으로 막았다. 낯익은 청년들이었기에 대수롭지 않게 생각했다.

"장로님들, 유감 표명은 안 됩니다. 우리가 장사하러 그곳에 갔습니까? 관광하러 갔다가 그 변을 당했습니까? 주님의 일을 하려고 가지 않았습니까. 우리는 주님의 일을 하다가 핍박을 받는 것은 하나님의 영광을 드러내는 일이라고 배웠고, 그렇게 믿고 있습니다."

청년부장이 장로들을 바라보면서 호소하듯이 말했다.

"장로님, 목사님 죄송합니다."

그때 한 청년이 마이크 앞으로 나서서 좌중을 정리했다.

"자네는 누군가?"

송 장로가 물었다.

"저는 대학부 회장입니다. 교회 어르신들이 회의하시는 이 자리에 깡패처럼 들어온 것을 먼저 사과드립니다."

그때 젊은 보좌 목사들 중 서넛이 자리에서 일어나 앞으로 나갔다. 그들은 청년부를 지도하는 목사들이다.

"놔두시오. 할 말이 있는 것 같은데 들어 보십시다."

이 장로는 청년들을 제지하려는 목사를 만류했다. 오히려 이 기회에 당회의 고통을 청년들도 이해할 수 있고, 청년들의 생각을 당회원들도 들을 수 있는 것이 나쁘지 않다고 생각했다.

표 목사는 등골이 섬뜩했다. 청년들이라면 유감 표명도 수용하지 않을 것이다. 그들의 입장은 이해하나, 그것은 담임목사의 입장이 될 수 없다. 명분을 내세우는 장로들의 입장도 담임목사의 입장을 이해한 결과는 아니다.

담임목사도 피랍된 후 며칠이 지나서도 아무런 흔들림이 없이, 아프간에 봉사단원을 보낸 일에 대해서 떳떳하게 대응했다. 악의에 찬 비난을 들으면서도, 그들의 주장은 사실이 아니기 때문에 흔들리지 않았다. 제국주의적 선교 의식, 종교적 교만, 교회 우월주의, 이 모두가 터무니없는 말이고 거짓 명분을 내세운 억지라는 것을 모르지 않았다. 그는 주님 앞에서 늘 겸손한 마음으로 일했다. 종교적 교만이라니 말이 안 된다. 주님을 알지 못하는 사람들에 대한 뜨거운 연민과 사랑을 주기 위해서 일한 것이 어찌 종교적 교만인가. 제국주의적이라니…. 한국이 제국주의 나라인가? 한국 교회가 성장했다고 하지만, 세계에 대해서 우월의식을 갖지 않았다. 그러한 진실은 주님만이 아신다. 그렇게 생각하니, 사회의 따가운 눈총이나 누리꾼들의 비난이나, 일부 신학자들의 비판도 두렵지 않았다. 오로지 피랍된 형제자매들이 어서 풀려나기만을 기도했다. 그들의 고통과 두려움을 생각하면 안타깝고 가슴이 아팠지만, 그럴수록 그들을 내세워야 한다고 마음먹었다.

그런데 배 목사의 죽음을 듣고 나서 표 목사는 흔들리기 시작했다. 우선 그는 배 목사를 인간적으로 정말 좋아했다. 든든한 동역자인 그를 잃었다는 것은 너무 슬프고 안타까운 일이었다. 우선 그 가족들에게 미안하고 안쓰러운 마음이었다. 그러나 그는 목회자이고, 선교사였다. 그는 자주 순교를 말했다. 선교사로서 순교를 생각하지 않는다면 선교 열정은 허위라고까지 말한 적

비정한 도시

이 있다. 안타깝고 슬프기는 하지만 어쩌면 그 길이 주님이 그에게 허락한 길이라는 생각이 들기도 했다.

그런데 박상민 형제의 죽음 앞에서는 어렵게 간직했던 신념이 무너져 버렸다. 사람의 죽음 앞에 신념은 별로 힘이 없었다. 더구나 남은 21명의 앞날이 아득했다. 뉴스를 보지 않았다. 죽음의 소식이 들려올 것이 두려워서였다. 두 번째 희생자가 나오자 사회의 비난은 노골적이었다. 네티즌들은 더욱 악을 쓰듯이 교회를 비난했다. 23명을 제물 삼아 교회가 순교의 명예를 얻으려 한다고까지 하며 살인자라고 몰아붙였다. 당신이 대신 가서 인질이 되라고 했다. 할 수만 있다면 얼마든지 하겠다고 생각했다.

더구나 믿지 않는 박상민의 부모님을 대할 때에는 고개를 들 수 없었다. 죄인이었다. 무슨 말로도 그들 마음을 위로할 수 없었다. 그들의 아픈 마음을 이해하고도 남았다. 하루하루가 긴박하게 돌아가는데, 봉사단을 보낸 교회 담임목사가 전 국민을 상대로 사과를 해야 한다는 여론이 들끓었다. 사과가 인질 구출에 무슨 의미를 줄 수 있을 것인가. 모든 일이 끝난 다음에 책임질 것은 지고 사과할 것은 사과할 수 있다. 그러나 지금은 사과가 인질 구출에 도움이 되지 않는다. 사과를 한다고 희생자 가족들이나 인질 가족들이 위로를 받을 수 있을까. 위로가 된다면 몇 번이라도 할 수 있다.

표 목사는 여러 말을 들을수록 생각의 갈피를 잡지 못했다. 죽음이라는 것이 이렇게 큰 힘으로 사람의 의식을 조종하는구나. 그렇다면 희생된 두 분은 죽음 직전에 무엇을 생각했을까? 교회를 원망했을까? 주님을 만나는 소망을 가졌을까? 죽지 않고,

그 죽음 때문에 모든 생각이 혼란스러워 안절부절못하는 목사보다도 더 절박했을 것이다. 그렇게 생각하는 순간, 모든 생각과 논리와 감정이 한꺼번에 정지되어 버렸다. 이 시간에 당회에서 입장 표명 문제를 의논하자고 제안한 것도 대책위 위원장 장로였다. 표 목사는 담임목사로서 모든 생각이 정지되어 버린 듯 아무런 생각도 트이지 않았다.

"목사님, 강단에서 순교의 아름다움을 말했던 것은 거짓이었습니까? 아프간에 대한 우리의 관심이 매우 소중하다면서 동참하기를 권유했던 그 말들은 가짜였습니까?"

대학부 청년이 표 목사를 똑바로 노려보듯 하면서 쇳소리를 질렀다.

"그 말은 진실이었어요."

표 목사는 정신을 수습하고 분명한 어조로 대답했다.

"그렇다면 옳은 일을 하다가 발생한 문제에 대해 사과를 하셔야 합니까?"

"사과를 하려는 것이 아니라, 교회의 입장을 전하려고 하는 것이네."

대책위 송 장로가 대신 대답했다.

"입장이라는 것이 뭡니까? 결국 사과 아닙니까? 목사님, 분명히 말씀하셔야 합니다. 아프간 봉사활동은 주님의 뜻에 합당한 행위라고 말입니다."

"그래요. 그 일은 주님의 뜻에 합당한 일입니다."

"그렇다면, 그 일을 하면서 벌어진 예기치 않은 사태가 문제가 될 수 있습니까?"

청년은 담임목사를 향해 심문하고 있었다.

"그러한 논리로 이 사건을 판단할 수는 없어요. 예기치 못한 사태도 사태 나름이고, 그에 따른 파장도 문제가 될 수 있으니까. 지금 봉사활동이 옳고 그름을 떠나서 사람이 죽어 가고 있어요. 그러므로 우선 사람의 희생을 최소화할 수 있는 방법을 찾아보자는 것이오. 그렇게 하려면 교회 힘만으로는 어려워요. 모든 국민이 합력하여야 하고, 국민들의 여론을 통일해야 하지 않겠어요? 우리가 입장이든 사과든 발표하는 것은 국민의 여론을 한데 모으려는 것이지요."

표 목사는 어렵게 감정을 자제하고 청년들에게 설득조로 말했다. 청년들의 생각이 모두 옳다고 생각했다.

"사태의 파장이 문제가 아니라, 그러한 결과 때문에 본질이 훼손될 수 있습니까?"

"사람의 사고에 의한 판단과 실제 사태가 벌어졌을 때 상황에 대처하는 생각은 다를 수밖에 없어요. 그리고 어떤 상황은 매우 복잡한 관계를 갖고 있기 때문에, 판단은 획일적일 수 없어요."

그것은 표 목사의 솔직한 생각이다. 배 목사의 죽음이나 박상민의 죽음에 대한 반응도 각각 다르다. 그 유족의 입장과 교회의 입장이 다르고, 교회 안에서도 담임목사의 입장과 청년 대학생들의 입장과 장로들의 입장이 각각 다를 수밖에 없다. 그렇게 다른 생각들을 하나로 묶어 낸다는 것이 거의 불가능하다고 목사는 생각했다.

"목사님, 무슨 일이 있어도 사과는 안 됩니다. 주님의 사업에 헌신하려는 청년들이 흔들리고 있습니다. 목사님, 닭 울기 전에 세 번 주님을 부인한 베드로의 처지를 모르십니까?"

"왜 모르겠습니까? 잘 알고 있고, 그러한 배신을 한 베드로의 고민도 알고 있습니다. 그러나 우리 역시 베드로가 될 수밖에 없을 수도 있습니다. 두 분의 죽음에 대해 교회로서 책임을 통감하고 사과를 하는 것은 배신도 아니고, 하나의 상황에 대한 솔직한 대응입니다. 상황 논리로 한다면 모든 행동을 합리화할 수 있기 때문도 아닙니다. 그렇게 할 수밖에 없기 때문입니다. 여러분은 그렇게 이해해 주십시오."

담임목사는 진정으로 말했다.

"목사님, 말이란 게 한번 뱉으면 다시 거둘 수 없기 때문에 영원히 말한 그대로 남게 됩니다. 교회의 발언은 하나님도 빼지 않고 들으십니다."

"주님은 이해하실 것입니다. 사과를 해야 한다고 주장하시는 분이나, 해서는 안 된다고 반대하시는 그 마음들을 다 살피시고 그들에게 긍휼을 베푸실 것입니다."

표 목사는 결론을 짓듯이 말했다. 그때였다. 청년들 가운데서 버럭 고함소리가 터져 나왔다.

"목사님, 말놀이를 그만하십시오. 만약 사과를 하신다면 그것은 일평생 목사님을 따라다니면서 괴롭힐 것입니다."

모두들 그 소리 나는 쪽을 바라보았다. 한 여학생이었다. 그의 얼굴에는 눈물이 번지고 있었다.

"설사 괴롭더라도 좋습니다. 교회가 위기에서 숨통이라도 트일 수 있다면 괴로움을 감당하겠습니다."

표 목사는 그 여학생을 외면하면서 혼잣말처럼 중얼거렸다.

비정한도시

젊은 목사 몇이 여학생 주위로 몰려가서는 밖으로 데리고 나가려고 했다.

"목사님의 심정을 자네들이 이해할 수 있어? 자네는 원칙을 말할 수 있지만, 담임목사는 원칙만을 말할 수 없어. 상황이 너무 복잡해서 그래. 모든 책임은 교회가 질 테니, 그렇게 알고 돌아들 가게."

송 장로가 청년들을 진정시켰다.

"책임을 어떻게 지겠다는 겁니까? 훼손된 본질을 어떻게 회복한다는 말씀입니까? 교회가 문을 닫게 되는 상황이 된다는 것을 모르십니까?"

청년부장도 울먹였다.

"문을 닫아?"

"교회가 주님의 뜻을 거스른다면 문을 닫아야지요. 아프간 선교가 주님의 기뻐하시는 사업이라는 것을 인정하고 참여했는데, 이제 와서 참여하게 한 교회가 잘못했다고 세상을 향해 사과하는 마당에 교회가 필요하겠습니까?"

청년부장은 물러서지 않았다.

"이 사람들, 논리의 비약이야. 사과한다고 해서 선교사업의 정당하지 못함을 인정하는 것은 아니야."

박 장로가 일어나서 청년들을 타이르듯이 말했다.

담임목사는 창밖으로 눈길을 준 채 움직이지 않았다.

장로들이 청년들의 등을 떠밀면서 밖으로 내보냈다. 청년들도 더 이상 버티지 않았다.

청년들이 나가 버리자 회의실은 잠시 정적이 몰려온 듯이 조용했다.

"목사님!"

이 장로가 벌떡 일어나자 창밖을 내다보던 표 목사가 자세를 바로 하였다.

"사과를 하지요."

"사과라고 하지 맙시다. 유감 표명이라고 하지요."

다른 목소리가 튀어나왔다.

"이렇게 문안을 만들지요. 우리 교회는 아프간의 열악한 형편을 알고서 몇 년 전부터 그곳 사람들을 돕는 일을 계속해 오고 있으며, 이번에 참여한 봉사단원들은 순수한 봉사 정신을 품은 사람들이 자발적으로 참여하였다는 점을 부각시키고, 탈레반의 정략적인 납치 전략에 희생되어 고생하고 있다는 점을 부각시킵시다. 그리고…."

대책위 간사인 박 장로가 메모한 것을 죽 읽었다. 대책위에서 이미 마련한 초안이었다.

"괜찮은데요. 그런데 그런 수준으로 발표해서 비난을 면할 수 있겠어요?"

장로들이 한마디씩 했다.

"비난을 면하기 위해서라기보다는 교회로서의 입장을 밝히는 것이 이 시점에서 필요하다고 생각해서 취하는 조치 아니겠어요."

"공연히 불난 데 부채질하는 결과가 되지 않도록 문안 작성에 신중을 기하세요. 요즘 사람들 얼마나 영악한지, 우리가 생각하지 못했던 우리의 생각까지 들춰냅니다. 그러니 진실한 우리의 입장을 밝히지 못할 바에는 애초에 시작하지 않는 것이 나을 겁니다."

지금까지 아무 말이 없던 제일 나이 든 원로 장로가 비장한 표정으로 말했다. 목사는 그 장로를 넌지시 바라보았다. 갑자기 회의장 분위기가 싸늘해졌다. 이미 은퇴한 장로의 말이라서 큰 힘을 발휘하지는 못한다 하더라도 그의 말을 그대로 흘려보낼 수가 없었다. 그것은 그의 말이 옳았기 때문이다. 사과를 한다는 것은 의미가 없다. 그것은 나중 일이다. 해법을 찾는 과정에서 입장 표명이 어떤 의미를 갖기 위해서라면, 오히려 정당하게 교회의 입장을 발표하는 것이 옳다.

그때 나갔던 청년들 중에 두 사람이 다시 들어왔다.

"장로님 말씀대로 봉사단을 보낸 취지와 참여자들의 결단을 세상에 알려야 합니다. 사과를 한다면 그것은 하나님을 배신하는 행위이고, 순수한 마음을 갖고 봉사단원으로 참여한 그들을 모욕하는 처사입니다."

청년들은 아마 회의장 바깥에 서서 안에서 주고받는 이야기를 다 들은 것이다.

"여보게 젊은이, 이리 와 앉아서 말하게. 이 자리는 누구의 의견이 옳고 그름을 따지는 곳이 아니고, 이 어려운 때에 교회가 해야 할 일을 의논하는 자리일세. 사회에 우리의 입장을 표명하는 것도 그 일 중의 하나일 뿐이야. 그러니 입장 표명이 사실을 왜곡하는 것은 아니야. 그러니까 흥분하지 말게."

변호사인 권 장로가 목사와 맞서고 있는 청년의 손을 잡아끌었다. 청년들은 빈자리에 앉았다.

"여보게 젊은이들, 우리도 자네 못지않게 교회를 생각하고 사랑하네. 그러니 염려하지 말게. 교회는 질서가 필요하네. 당회가 결의하는 사항이 자네들 생각에는 다소 미치지 못한 점이 있더라도 이해해야 하네. 우리라고 교인의 믿음과 교회의 권위를 실추시키는 일을 하겠나? 그런데 사회는 우리와는 달라. 어쨌든 봉사단원의 일로 한국 사회가 걱정하고 염려하고 있으니, 교회로서도 가만히 앉아 있을 수 없지 않겠나? 그래서 입장을 전하려는 것인데, 그것이 사과라고 생각하는 것도 무리일세."

권 장로의 설득에 청년들은 말이 없다. 그렇다고 그들이 선선히 나갈 것 같지 않았다.

"그러면 대책위에서 만든 입장 표명 요지를 중심으로 문안소위를 구성하여 문안을 작성한 후에 다시 당회의 동의를 얻고서 발표하도록 하겠어요."

대책위원장인 송 장로가 젊은이들도 들으라는 듯이 회의를 정리했다.

"문안소위에 공 장로도 함께 참여하도록 하지요."

장로 중에 누군가 말했다.

"저는 사양하겠습니다."

젊은 공 장로가 일어나더니 손사래를 치면서 강하게 거부 의사를 표했다.

"공 장로님은 수고해 주셔야 합니다. 입장을 표명하는 데 있어서 문제점을 잘 지적해 주신 분이 불참하시면 되겠습니까?"

이 장로 말에 공 장로도 더 말을 하지 않았다.

"저희도 한 사람 추천하겠습니다."

청년부장이 일어나더니, 목사를 바로 쳐다보았다.

"자네들은 참여할 일이 아닐세. 그러다 교회 안 여러 부서와 자치 단체에서도 참여하겠다고 하면 문안소위가 구성될 수 있겠나?"

청년부 담당 보좌 목사가 안타까운 표정을 지으며 청년을 만류했다.

"그러면 문안을 만드신 다음에 저희가 한번 살필 기회를 주십시오."

청년부장은 물러서지 않았다. 장로들은 그 당돌한 모습을 바라보면서 한숨을 내쉬었다.

청년들은 어른들의 생각이 마음에 들지 않았다.

"그러면 대책위에서도 문안작성소위를 구성하여 처리하도록 모든 권한을 대책위에 맡길 것을 동의합니다."

권 장로가 정리해서 동의안을 말했다. 뒤이어 재청이 나왔다.

"이의 없으십니까?"

담임목사가 묻자,

"예, 이의 없습니다."

여러 장로들이 한목소리로 대답했다.

회의는 끝났다.

모두들 무엇을 논의했는지, 아무 생각도 남아 있지 않았다.

"무슨 의논을 하려 모였지요."

공 장로가 어이없는 표정을 지었다.

"어려울 때일수록 생각을 한데 모으는 일이 필요합니다. 일단 맡겨 봅시다."

서로가 서로를 이해하자고 했다.

청년들은 서둘러 회의실을 빠져나가는 장로들의 뒷모습을 바라보면서 허탈해했다.

"우리의 생각을 교회에 전달했으니, 알아서 하실 거야."

회장이 친구들을 위로했다.

서울제2교회 표성훈 담임목사가 교회 소회의실에서 미리 배포한 〈아프간 사태를 당하여 여러 국민들에게 드리는 말씀〉이라는 제목으로 교회 입장을 발표했다. 국내외 기자들과 카메라맨들로 소회의실이 가득 찼다.

"여러 언론사 관계자 여러분! 이렇게 먼 거리까지 오셔서 이번 사태에 대한 저희 교회의 입장을 들어주시는 여러분께 감사의 말씀을 우선 드립니다."

이렇게 인사를 하고서 미리 배포한 유인물을 읽기 시작했다.

"이번 아프간 사태를 당하여 그동안 인질들의 무사 귀환을 위해 애써 주신 대통령님을 비롯해서 정부 각 부처 관계자분들과 모든 국민 여러분들께 심심한 감사의 말씀을 드립니다. 그리고 특히 23명 봉사단원의 무사 귀환을 위해 한국 교회와 교회 공동체의 여러분들이 기도해 주신 것을 감사드립니다. 이 자리에서 특별히 말씀드리는 바는 이미 희생이 된 한 분의 목사님과 한 형제의 가족 되신 분들께서 당하시는 그 아픔을 무엇으로 위로해 드려야 할지, 교회의 책임 목사로서 오직 송구한 마음뿐입니다. 그러나 돌아가신 분들이 평소에 가졌던 고통을 당하는 지구촌 가족들을 위한 사심 없는 헌신과 봉사의 마음은 우리의 생명이

비정한도시

되시는 주님께서 아시고 위로해 주실 것을 믿으며, 그 두 분이 흘리신 희생의 고귀한 피는 그분들을 희생시킨 그들의 마음에 오래오래 남아 그들이 행한 미움과 폭력을 회개하며 사랑을 만드는 계기가 되리라고 생각합니다. 이번 사태를 당하여 봉사단을 보낸 교회로서 책임을 통감합니다. 특별히 여행을 자제하라는 정부 방침에도 불구하고, 특히 모슬렘 종교권에 봉사단원을 파견함으로 이번 사태의 빌미를 제공한 것에 대해서 교회로서는 정부 당국과 국민 여러분께 송구한 마음을 갖고 있습니다. 그러나 책임을 통감하는 것으로 문제가 해결되지 않는다는 것을 잘 알기에, 남은 형제자매들이 무사히 석방될 수 있도록 모든 노력을 다할 것입니다. 저와 저희 교회 장로님들은 우리가 인질이 되어 피랍자를 자유롭게 할 수 있다면 마다하지 않겠다는 마음입니다. 이번 사태로 인해서 밤낮으로 걱정해 주시는 국민 여러분과 바쁜 국정에도 피랍자들의 석방을 위해 백방으로 뛰어다니시며 애써 주시는 각 부처 여러분들께 고마운 마음을 전합니다. 감사합니다. 그리고 사태가 원만하게 해결된 다음에 이 사태와 관련된 모든 책임을 교회가 질 것을 약속합니다. 그리고 이번 기회를 계기로 세계 각처에서 불법과 비인도적으로 자행되고 있는 정치적 납치 행위가 근절되도록 노력해 줄 것을 세계의 지도자들, 특히 종교 지도자들에게 부탁합니다. 감사합니다. 죄송스럽습니다만 개별적인 질문을 받지 않기로 하겠습니다. 왜냐하면 모든 질문이 피랍자의 석방 문제와 관련된 것이라면 그에 대해서는 지금 답할 말이 없기 때문입니다."

표 목사는 비장한 표정으로 유인물을 다 읽더니 서둘러 자리를 뜨려고 했다.

"한마디만 물읍시다."

앞에 앉았던 기자가 벌떡 일어났다. 순간 청년들이 목사를 빙 둘러쌌다. 목사가 몸을 돌리자 호위하듯이 바짝 붙어서 소회의실과 통하는 문으로 걸어갔다.

"이게 무슨 기자회견이야."

다른 기자가 들었던 유인물을 내팽개치며 고함을 질렀다.

"여러분, 대단히 죄송합니다. 지금 목사님이 너무 긴장하시고 피곤하셔서 여러분의 질문에 대답할 처지가 못 됩니다. 며칠 동안 금식하시고 잠도 자질 못했습니다. 질문이 있으시면, 제가 이 사태의 대책위 책임자이니 제게 말씀해 주십시오."

대책위 송 장로가 앞으로 나서서 불만에 차 있는 기자들을 상대하려 했다.

"아니, 송 위원님 아니세요? 언제부터 예수 믿으셨어요? 참 희한하네요. 아니 그런 판에 박힌 말을 하려고 우리를 여기까지 부르셨어요? 아니, 피랍자들은 죽느냐 사느냐 하는 공포의 기로에 처해 있는데, 담임목사라는 사람은 태평이네요. 눈 가리고 아웅 하는 식으로 우리를 상대하려는 모양인데, 우선 하나만 여쭤봅시다. 책임을 지겠다고 말했는데, 그 책임이라는 것이 구체적으로 무엇입니까? 죽은 사람 목숨을 살릴 수는 없는 것이고, 지금 정부에서는 엄청난 달러를 써 가면서 탈레반 측과 협상하는 것으로 알고 있는데, 나중에 그 협상에 소요된 모든 비용을 교회가 감당하겠다는 말인가요?"

한성일보 구 기자가 송 장로를 빤히 쳐다보면서 따지듯이 물었다. 송 장로는 얼굴이 빨개졌다. 과거 권위주의 시대에 야당 투사로서 이름을 날렸던 그는 한동안 폭력 의원으로 사람들의 입에 오르내리던 자였다. 예수를 믿고 이제는 완전히 새 사람이 되었다고 자부하는데, 기자들 눈에는 과거의 모습만이 남아 있을 것이다. 그것은 그렇다 치더라도, 돈 문제가 나오니 함부로 대답할 사안이 아니었다.

"알겠습니다. 그러한 문제에 대해서 구체적으로 결정한 바는 없습니다만, 우리로서는 우선 피랍자들의 안전을 유지하는 것이 최우선입니다. 나중에 정부와 협의하여 교회가 감당해야 할 몫에 대해서는 회피하지 않을 것입니다. 지금 기자님께서 물으신 그 문제를 의논할 수 있는 때가 어서 속히 오기를 기도하겠습니다."

송 장로는 갑자기 퍼뜩 '그런 문제를 의논할 때'가 떠올랐다.

"그럼, 기대하지요. 우리가 잊지 않고 있겠어요."

그때였다.

"목사님은 이번 사태에 책임을 느끼고 담임목사 자리에서 물러나실 결심은 없으신가요?"

"그 문제도 사태가 해결된 다음의 문제입니다. 목사님은 책임을 회피하지 않으실 것으로 압니다."

"그러면 당회에서 사태 수습 후에 목사님의 책임을 묻기로 의논이 되었나요?"

다른 기자가 물었다.

"그건 아닙니다. 우리 교회로서는 이 시점에서 책임 문제를 운운할 여유가 없습니다. 그리고 여유보다는 그것이 일을 해결하는 데 아무런 도움이 안 된다는 것도 알고 있지요. 목사님은 개인이 아닙니다. 하나님의 종으로서 하나님의 명령에 순종할 뿐입니다."

송 장로는 단호하게 말했다. 국회의원 시절 기자들에게 말꼬투리가 잡혀 혼이 났던 일들이 순식간에 스쳐 지나갔다.

"하나님의 명령을 누가 내리나요?"

기자가 실실 웃으면서 물었다. 송 장로는 야유조의 기자 질문에는 웃으면서 답을 피했다. 기자들이 하나둘 회의실을 빠져나갔다.

방송 카메라 장비들도 서둘러 철수했다.

구 기자는 마지막까지 남았다가 송 장로 곁으로 다가왔다. 둘은 어색하게 악수했다.

"잘 써주세요. 언론과 인터넷 때문에 교회가 죽을 지경입니다. 구 기자님은 독실한 크리스천으로 소문이 났던데, 왜 그리 기사가 매워요?"

송 장로는 이 기회에 구 기자에게 항의조로 물었다.

"제가 크리스천이기에 묵과할 수 없는 일들까지 눈에 들어오거든요. 한국 교회는 이번 일을 타산지석으로 삼아서 거듭나야 합니다."

구 기자는 이 능글맞은 정치 장로를 한마디로 무너뜨리지 않으면 말이 많아질 것을 알았다.

"너무 예민하시군. 한국 교회가 거듭나게 하는 데 구 기자님이 많이 기여하시겠네."

송 장로도 지지 않으려고 호탕하게 웃으면서 젊은 기자의 손을 잡아 흔들었다.

저녁 7시 정규 뉴스 시간에 모든 방송은 아프간 사태를 보도하였다. 대국민 입장을 발표하는 표 목사의 어두운 얼굴이 커다랗게 나타났다. 목사는 유인물을 짤막하게 읽고 여러 사람들의 호위를 받으면서 총총히 사라졌다. 그의 뒷모습은 매우 인상적이었다. 이어서 현장을 취재한 기자가 전했다.

"이러한 입장을 표명하기까지 교회 안에서 여러 의견들이 분분했습니다. 입장 표명을 거룩한 예수님의 사업을 배반하는 일이라고 주장하며 적극 만류하는 측의 의견도 만만치 않았으며, 특히 청년 대학생들은 교회의 모든 문제를 치리하는 당회 회의장에 들어가 장로들에게 입장 표명을 유보해 줄 것을 강력하게 주장했습니다."

취재기자가 현장 상황을 덧붙였다.

조간에서 한성일보 구 기자는 인상적인 기사를 내보냈다. 교회 담임목사로서는 선교의 정당성이라는 신앙 양심과 교회를 향한 사회의 비난을 방어하는 두 길에서 고민하고 있다, 앞으로 이 입장 표명 때문에 담임목사는 큰 시련을 당할 것이고, 사건이 잘 해결된 뒤에 교회 안에서는 이 일이 큰 문제로 남을 수 있는 개연성을 배제할 수 없을 것이다. 구 기자는 교회에 다가올 문제까지 시사했다. 마치 그러한 일이 일어나기를 기다리는 듯한 인상을 주었다.

네티즌들이 벌 떼처럼 들고일어나 미지근한 대국민 입장 표명을 비난했다.

교회는 네티즌들의 반응에는 별로 마음을 쓰지 않았다. 이들은 교회가 어떠한 입장을 표명해도 긍정적으로 받아들이지 않을 것이라고 생각했다. 그런데 문제는 다양한 기독교단체들의 반응이었다. 이들은 종교적인 문제, 순수한 봉사활동을 정치 문제로 이슈화하려고 묘한 논리를 만들어 내었다. 그들은 우선 기독교와 교회를 힘 있는 존재로 인식하며, 선교와 봉사를 힘을 가진 자의 오만한 행위라고 주장했다.

3

세웅그룹 본사 빌딩으로 들어가는 사람들은 정문 옥상에 걸려 있는 현수막을 보고는 고개를 갸웃거렸다.

탈레반은 즉각 한국 봉사단원 인질을 석방하라
어려운 이웃 돌보러 간 세웅그룹 비서실 민유현을 속히 석방하라
우리는 봉사단원들이 무사히 돌아올 것을 믿고 기도한다

하얀 바탕에 진한 청색으로, 또 하나는 초록색으로, 그리고 다른 하나는 주황색으로 쓴 현수막 맨 위에 천진스럽게 웃고 있는 유현의 얼굴이 있다. 현수막과 현수막 사이에는 가로로 넓은 천에 기도하는 비서실 직원들의 모습과 봉사활동하는 현장에서 어린아이들에 둘러싸여 행복하게 웃는 봉사단원 사진이 실물처럼 뚜렷했다.

유현의 피랍 소식을 들은 비서실 동료들은 그날부터 1시간 먼저 출근하여 사무실에서 유현의 무사 귀환을 위해 기도했다.

기독교인인 비서실장이 이 일을 주도했다. 교회를 모르는 사람들에게는 그저 무사 귀환을 위하는 마음을 말로 전하도록 했다. 불교도도 한 사람 있는데, 그에게는 부처님께 기원하도록 했다. 그 일은 곧 회장에게 알려졌다. 회장은 좋은 일을 한다면서 자신도 회장실에서 기도하고 있다고 말했다. 그러던 어느 날 회사 홈페이지를 통해 이 사실이 전 사원에게 알려졌다. 우리 그룹 비서실 민유현 대리가 이번 봉사단에 참여했으니 그를 위해 기도하자는 제안이 제기됐고, 그리하여 각 회사마다 기도하는 팀들이 생겨났다.

어느 날 비서실장은 사회의 여론이 어떻든 탈레반에 납치된 동료 직원을 위해 기도하는 것은 아름다운 일이니, 본사 사옥 현관에 현수막을 걸어, 오가는 사람들이 보고 함께 그들의 무사 귀환을 기원하는 마음을 갖게 하는 것이 좋겠다고 제안했다.

그렇게 며칠이 지났다.

홍보 담당 상무는 출근하자마자 과장으로부터 놀라운 보고를 받았다.

"상무님, 네티즌들이 인터넷에 세웅을 비난하는 글들을 올렸습니다. 세웅은 기독교 맹신주의자들의 집단이라는 것입니다. 그룹 비서실 여직원을 공무로 처리하여 봉사활동을 보냈고, 그가 인질이 되자 그룹 사옥 옥상에 그의 석방을 위해 기도하자는 현수막을 걸었고, 거기에다 아프간에서 활동하는 사진까지 제시하여 특정 종교를 옹호하고 있다, 이런 일련의 사실들을 보면 세웅은 틀림없이 기독교 맹신주의자들의 집단일 가능성이 많다, 이런 내용인데, 벌써 접속자가 1천 명을 넘고 있습니다. 이 사태를 어떻게 하지요?"

보고를 받은 상무는 직접 인터넷에 들어가 보았다. 벌써 '세웅을 감시하는 사람들의 모임'이라는 약자로 〈세감모〉라는 인터넷 카페가 마련되어 있었다. 세웅을 비난하는 글이 차츰 늘어 가고 있었다. 올린 글에 대한 댓글도 많아졌다.

— 그렇다면 세웅을 다시 봐야 하겠군요. 세웅은 아프간에서 큰 경제적 이득을 얻으려는 것은 아닌가요? 비서실의 유능한 사원을 공무로 위장하여 봉사단에 참여하도록 한 것 자체가 의심스럽지 않나요.
— 그렇군요. 아니, 회장은 철저한 불교 신자라고 들었는데.
— 경제적인 이익을 위해서라면 종교가 무슨 의미가 있겠어요.
— 우리가 세웅 제품 불매운동을 해야 하는 거 아닌가요. 저도 오늘 그 그룹 본사 빌딩에 걸려 있는 현수막을 보았어요. 너무 하단 생각이 들던데요.

상무는 숨이 컥 막혔다. 아무렇지도 않게 글을 올리는 그 음흉한 속셈이 보이는 것 같았다. 그렇지 않아도 이번 사태로 교회도 감히 대응을 못하고 잠잠해 있는데, 네티즌들이 삽시간에 한 기업을 흔들어 놓을 수 있는 것이다. 앞으로 어떤 악담과 터무니없는 비난이 쏟아질지 모른다.

— 세웅 물품 불매운동에 다 참여합시다. 기독교 맹신주의자의 회사, 제국주의적 발상으로 분쟁지역에 개입하여 이득을 얻

으려는 부도덕한 기업이니 우리가 앞장서 이를 막아야 합니
다. 여러분 생각은 어떠신지요?

　여기까지 읽은 상무는 과장에게 네티즌들이 올려놓은 내용
을 모두 조사하도록 지시하고는 사옥 현관으로 나왔다. 지나가
는 사람들 틈에서 직접 그 현수막을 보고 싶었다. 오가는 사람들
이 잠시 걸음을 멈추고 현수막을 올려다보았다. 그들 중에는 고
개를 갸웃거리는 사람들도 있었다. 현수막은 엷은 바람에 가볍
게 펄럭이면서 사람들의 눈길을 끌었다.
　상무가 사무실로 들어와 보니 사원들이 전화를 받느라 허둥
대고 있었다.
　"전화가 쉬지 않고 옵니다. 현수막을 철거하지 않으면 본격적
으로 반 세웅운동을 벌이겠다는 겁니다. 상무 바꿔라, 회장 바꿔
라, 아주 고압적으로 야단을 치는 전화도 있습니다."
　과장이 보고하는 동안에도 여러 통의 전화가 걸려 왔다.
　"네티즌의 글들을 유형별로 나눠서 중요한 건 따로 정리하
고, 걸려 오는 전화의 내용도 분류해요. 앞으로 30분 안에."
　상무는 우선 회장을 만날 스케줄을 비서실과 의논했다.
　상무는 1시간 후에 그룹 총괄 담당 부회장과의 면담을 약속
하였다.
　회장은 긴급한 용무로 만나기 어려운 처지였다.
　부회장은 상무의 보고를 받고는,
　"무서운 나라군. 이건 폭력이야, 폭력!"
　애써 분을 삭이면서 중얼거렸다. 상무는 오랫동안 곁에서 총

괄 부회장을 모셔 왔지만 이렇게 화를 내는 경우를 본 것은 처음이었다.

"철거하겠습니다. 주먹이 법보다 앞선다지 않습니까? 사회는 저들이 말에 대한 아무런 책임도 지지 않도록 묵인해 왔습니다."

부회장은 현수막 철거를 허락했다.

비서실 직원들은 그 현수막을 곱게 개어 비서실 창고에 보관하였다. 그들은 여전히 1시간 전에 출근하여 피랍자들을 위해 기도하는 일을 계속하였다.

4

현선은 11시 TV 뉴스에 출연한 성 교수를 보고는 기운이 빠지고 마음이 산란했다. 어떻게 저런 말을 할 수 있나? 아버지가 전혀 낯선 사람처럼 보였다. '아프간 사태의 진단과 전망'이라는 주제로 방담을 하는데, 그중에 성 교수도 끼어 있었다. 아프간에 봉사단을 보낸 서울제2교회에서 오늘 대 국민 입장 발표한 것을 가지고 시비를 늘어놓았다. 성 교수가 화제를 주도했다. 먼저 사회자가 오늘 교회에서 발표한 내용을 읽기 시작하자, 화면에 교회 회의실에서 있었던 기자회견 장면이 비춰졌다.

"이 입장 표명의 의도가 무엇인지, 우선 이번 사태가 발발한 이후로 지대한 관심을 갖고 지켜봐 오신 성 교수님께서 말문을 열어 주시죠."

사회자의 지명을 받은 성 교수는 자세를 가다듬더니 달변을 늘어놓았다.

"저도 오늘 교회에서 입장 표명을 한다는 소식을 듣고 기대를 했지요. 회견 본문도 제 연구실 팩스로 받아 보았습니다. 저는 그 회견문을 보면서 도대체 교회가 왜 기자회견을 했는지, 그리고 모든 국민들에게 과연 무슨 말을 하려고 했는지 알 길이 없더군요. 이번 사태에 대한 변명 같기도 하고, 사태를 해결해 달라는 강력한 권고이기도 하고, 두 사람이나 희생된 마당에 사태의 원인을 제공한 교회 책임자로서의 입장이 너무 안이하다고 생각됩니다."

성 교수는 교회의 입장 표명 자세와 그 내용이 마땅찮다는 듯 말했다.

방송을 듣던 현선은 전원을 껐다. 아버지가 왜 저러시는지 이해되지 않았다.

성 교수는 이번 사태가 일어난 후 이틀에 한 번 꼴로 신문이나 방송에 얼굴을 내밀어서는 하던 말을 되풀이했다. 그의 논지는 조금도 변하지 않았다. 한국 교회는 세계를 복음화하겠다는 거창한 비전을 오만스럽게 내놓고는 교인들을 충동질하고 있다, 마치 하나님의 지상명령인양 성경 몇 구절을 인용하면서 그 일에 뒤처지면 큰 죄를 범하는 것처럼 교인들에게 주입시키고 있다, 세계 선교에 앞장서겠다는 오만한 종교 우월감에 빠져 있다, 한국 교회는 이 문제만이 아니라 여러 면에서 위기를 맞고 있다, 그것은 외부로서의 도전이 아니라 내부의 적을 제대로 파악하지 못하고 있기 때문이다, 이런 내용을 늘어놓았다.

현선은 아버지의 주장을 어느 정도 수긍하면서도, 지금은 교회를 공격할 때가 아니라고 생각했다. 더구나 집안은 이번 사태로 더 침울한 분위기에 싸여 있다. 아버지와 어머니 사이가 더 벌어졌다. 아버지는 일에는 몰두하면서도 교회와 집안일에는 무관심했다. 두 분이 각방을 쓴 지 오래다. 더구나 사위가 집안의 신앙을 이어 주리라고 믿었던 외할머니는 이번 사태로 그 정체를 알게 되면서 마치 배신을 당한 것처럼 서글퍼했다.

백 권사와 강 권사 두 노인은 이 기회에 교회의 전통을 바로 세워야겠다면서, 장로들과 담임목사의 만류에도 불구하고 철야기도를 계속하였다. 아예 기도실에서 숙식을 하였다. 금식만 하지 않았을 뿐이지, 인질들이 당하는 고통을 그대로 받겠다면서 겨우 목숨을 연명할 정도로만 식사했다. 그러다가 백 권사가 먼저 졸도하는 바람에 병원 신세를 지게 되었다. 박상민이 탈레반에 살해되었다는 뉴스를 듣고 나서였다. 강윤희 권사도 친정어머니와 고모와 함께 기도실에서 기도하면서 노인네의 수발을 들었다.

현선은 어머니와 외할머니 일이 아니더라도, 이번 사태에 대한 아버지의 태도가 못마땅했다. 한국 교회에 문제가 있다 하더라도 지금은 그것을 논의할 때가 아니다. 아버지가 상황을 잘못 판단했거나 사실을 일부러 왜곡하는 것 같지는 않았다. 지금까지 아버지의 논조는 더 많은 희생자가 나와서 한국 교회가 사회로부터 더 혹독한 비판을 받기를 바라는 것 같았다. 혈육인 딸도 그렇게 생각하는데, 다른 사람들은 어떻게 생각할까? 현선은 아버지의 진심이 무엇인지 알고 싶었다.

성 교수는 12시가 다 되어서 집 안으로 들어오다가 거실에 혼자 있는 현선을 보고는 자기를 기다리고 있다는 것을 알아챘다.

"왜 아직도 자지 않고…. 나를 기다렸니?"

"아버지와 이야기 나누고 싶어서…."

성 교수는 눈을 껌벅이면서 고개를 끄덕였다. 현선이는 2층 아버지 서재로 올라갔다. 성 교수는 가방을 내려놓더니, "나, 옷 갈아입고 올 테니 기다리고 있어" 하며 아래층으로 내려갔다.

아버지 서재에 들어와 보기는 오랜만이다. 이 서재는 식구들 중 누구도 출입하지 않는다. 청소도 아버지가 계실 때 청소 도우미가 와서 한다. 서재는 아버지의 유일한 영토였다. 그 점에 대해서는 식구들도 이해하였다.

성 교수는 서재로 들어오다가 성숙한 여자의 뒷모습을 보고 주춤했다. 문득 딸의 나이를 생각하면서, 자신의 나이도 새삼스럽게 헤아려 보았다.

"그러고 보니 너와 이 서재에서 마주 앉았던 적도 별로 없었구나."

그 말을 하는데 성 교수는 갑자기 목이 메었다. 이 성숙한 여자가 자신의 딸이라는 사실이 새삼스러워지면서 첫딸을 낳았을 때의 그 감격과 놀라움이 되살아났다. 어려운 유학 시절이었지만, 하루가 다르게 성장하는 딸을 보면서 어려움을 이길 수 있었고, 비로소 생명은 신의 선물임을 확인하게 되었다. 그 생명은 무한한 에너지를 스스로 간직하고 있으면서 또한 쉬지 않고 무엇을 만들어 낸다는 것을 깨닫게 되었다. 딸의 성장을 보면서 그는 신의 존재를 비로소 확신하였다.

"아버지는 이 방을 너무 사랑하시나 봐요. 딸에게도 공개하기를 꺼리시는 것을 보면…."

"아버지만의 공간이 필요해서 그래. 사실 아버지는 투명인간으로 살아가거든. 학교에서는 교수로서, 집안에서는 아버지와 남편으로서, 일터에서는 그 일을 성사시키는 일꾼으로, 어디에서든 아버지는 공인으로 살아가게 되어 있어. 그러니까 아버지의 개인적인 공간도 없지. 모두가 사무실이야. 그러니 집에서만이라도 사무실이 아닌 아버지 방이 필요했던 거야."

성 교수는 지금까지 누구에게도 하지 못했던 말을 딸에게 털어놓았다.

"투명인간으로 살아가는 것이 그렇게 싫으세요?"

"싫다기보다는 나 자신에 대한 배려를 전혀 할 수 없으니, 나중에는 완전히 로봇처럼 될까 봐 두려워. 아버지는 한국 땅에서는 어디 가서도 자유가 없어. 목사이고, 기독교대학의 신학과 교수이고, 시청자와 독자의 감시망에 갇혀서 살아가고 있거든."

성 교수는 마치 준비해 둔 것처럼 말했다. 현선은 아버지의 그 말을 이해할 수 있었다. 아버지라면 틀림없이 그러한 투명인간의 삶을 거부하고 싶었을 것이다.

"그래도 아버지 속에는 가족이 중요한 자리를 차지하고 있잖아요. 가족이 불행하면 아버지 혼자 행복할 수 있겠어요?"

"그거야 그렇지. 현선아, 아버지가 너희에게 뭐 소홀한 것이 있냐?"

부녀의 눈이 마주쳤다.

"저희에게 소홀했다기보다는…. 우리는 한 가족이니까, 아버지 하시는 일과 저희가 긴밀하게 연결되어 있어요. 아버지, 외할머니께서 거의 식사를 거르시면서 기도하는 거 아시죠. 그러시다가 탈진하셔서 병원에 입원해 계세요. 어머니도 외할머니와 함께 기도하시고, 그런데 아버지는 외할머니와 어머니에 대해서 너무 무관심하세요. 그리고 이번 사태에 대한 아버지 생각이 이해되지 않는 부분이 많아요. 꼭 아버지께서 나서야 할 일도 아닌데, 외할머니나 어머니를 생각하시면, 좀 조용하셔도 되지 않겠어요?"

현선은 하고 싶었던 말을 조금도 숨기지 않았다.

"그건 아버지의 몫이다."

"아버지 몫이라니요?"

"한국 교회를 위해서 누군가 짊어져야 할 십자가다. 교회에서는 나에게 손가락질을 할 거다. 비겁자라고 할 수도 있고, 기회주의자라고도 하겠지. 하나님으로부터 꾸중을 들을 것이라고 눈치를 보는 교회와 침묵하는 목사와 많은 신학 교수들이 나를 비판하거나 비난한다는 것을 알아. 그런데 이 기회에 한국 교회가 거듭나야 한다는 것은 누구나 인정할 거야. 그렇다면 아버지 논리나 주장이 잘못된 것은 아니지 않니?"

모두들 몸을 사리고 있다. 자신들이 떳떳하다면 왜 나서서 아프간 봉사활동은 아름다운 일이며, 정치적인 비즈니스로 비정치적인 사람들을 납치하여 인질로 삼은 것은 비인도적인 행위라고 세계 종교계를 향해 호소하지 못하는가. 비겁자들은 따로 있는데, 왜 나를 비난해라고⋯. 한국의 기독교가 세계 교회에서 막강한 힘을 갖고 있다고 말하면서도 정작 일을 당하니 눈치만 보면서 허약한 모습을 숨기지 못하는 것이 비위에 거슬렸다. 그래서 이 기회에 비겁한 목회자들이 일어나지 못할 정도로 두들겨 패는 일을 하고 있다고 생각했다.

"그런데도 아버지 처신에 대해서 저는 섭섭해요. 인질로 갇혀 있는 그분들과 그 가족들의 처지를 생각하시면 그렇게 사사건건 봉사활동과 단기 선교를 부정적으로 말씀하실 필요는 없지 않아요?"

현선은 아버지가 자기방어를 하고 있다고 생각했다. 이제는 신문이나 방송에 그만 얼굴을 내밀었으면 했다.

"나도 이해할 수 없다. 왜 평소에는 그렇게 떠들썩하던 교회 지도자들이 나와 같은 반교회적 발언자를 상대하여 떳떳하게 대응하지 않는가 말이다. 그래서 아버지같이 교계의 변두리에서 서성대던 아웃사이더들이 떠들 때라고 생각한다."

"어째서 아버지가 교계의 아웃사이더세요?"

현선은 순간 아버지가 그동안 교계와 거리를 두고 오로지 신학자로서만 일해 온 것이 아버지 처지와 무슨 관계가 있는지 의아했다.

"한국 기독교는 개교회 중심으로 발전해 왔다. 개교회 중심이라는 것이 단점만 있는 것은 아니야. 막강한 종교 권력을 분산시키는 이점도 있다. 그런데 이제는 그 개교회주의가 목회자의 영웅주의를 만들고 있어. 그동안 신학자들은 아무런 발언도 할 수 없었지. 신학교를 운영하려면 교회의 지원이 필요하니까, 돈 없는 교수 사회에서는 아무 일도 할 수 없었다. 고작 교회의 목회자가 하는 사업에 들러리를 서는 정도였지. 그런데 이번 사태가 일어나니, 영웅주의적 목회를 하는 사람들이 잠잠할 수밖에 없고, 지금까지 아버지처럼 교계의 변두리에서 서성이던 사람들이 쓴소리를 하게 되었다. 그 와중에 아버지가 본의 아니게 중심부에 서게 되었지. 처음에는 제법 진지하게 문제를 제기하였는데, 신문과 방송의 페이스에 내가 말려들게 되었다. 그것을 깨닫는 순간 이제는 늦었다는 것을 알게 되었어. 그래서 아버지는 이 기회에 아주 철저하게 몰락할 셈으로 나설 수밖에 없다. 그동안 하고 싶어도 하지 못했던 말과 글을 마음대로 할 수 있는 여건이 되었으니, 내가 이 기회를 잡고 놓지 않을 거야. 그것이 도가 지나치다 하더라도 한국 교계에는 약이 될 수도 있다는 확신을 하게 되었어. 물론 훗날 나에게는 내가 원하지 않는 보상이 따르겠지. 그렇다고 계산해서 말하고 글을 쓰지는 않겠다. 내 몫에 대해 거절할 생각은 없다."

"아버지, 저는 요즈음 아버지 글과 말씀을 들으면, 정말 아버지가 하나님의 존재를 믿으시는지 의아해요."

"나를 보면? 허허, 아버지는 한국 교회의 지도자들을 보면 그런 생각이 들 때가 있다. 저들이 정말 하나님을 두려워하는가?"

그 말에 현선은 가슴이 서늘했다. 아버지의 속마음까지 읽게 되지 않을까 두려웠다. 아버지가 혹시 개신교 신자이고, 목사이고, 기독교대학의 신학 교수라는 것이 순전히 세상을 살아가는 방편이 아닐까 생각되면서, 아버지 입에서 '그렇다'는 대답을 들을까 겁이 났다.

"아버지, 내일은 외할머니를 찾아뵈세요. 어머니도 위로해 드리시고. 외할머니는 아버지를 외가의 신앙 전통을 이어받을 분이라고 생각하시는데… 가족 간의 관계, 특히 처가와의 관계가 아버지 일생을 얽매는 사슬이 되는 것을 바라지는 않지만, 그래도 전 외할머니가 안타까워요. 이제 인생을 마무리할 즈음에 아버지에 대한 기대가 무너지면 어쩌나 하고…"

현선은 아버지의 고뇌와 갈등을 느낄 수 있었지만, 그것을 그대로 받아들이기는 두려웠다.

초인종이 울렸다. 현선이가 아래층으로 내려가 보니, 인터폰 화면에 어머니와 나란히 서 있는 현민의 얼굴이 보였다.

강 권사는 현관 입구에 서 있는 남편과 딸을 보더니 의외라는 표정을 지었다.

"당신 수고가 많아요. 내일은 내가 장모님을 뵈러 가겠소."

강 권사는 남편의 한마디에 지금껏 가슴에 묻어 두었던 섭섭함이 한꺼번에 스르르 녹아내렸다. 현선은 어머니 뒤를 따라 안방으로 들어가는 아버지 뒷모습에 마음이 놓였다.

5

"무슨 일로 찾아오셨죠?"

현선이 한국교회연구소 사무실로 들어서자 중년 여성이 긴장한 얼굴로 그녀를 맞았다. 현선은 잠시 그녀의 표정을 살피면서 생각을 가다듬었다. 그동안 여러 차례 경 목사와 통화하려고 할 때마다 전화 연결을 거절했던 그 여자라고 짐작되었다. 오늘도 소장 목사를 만나기는 틀렸다고 생각되었다. 그 순간이었다.

"제 아버지가 성민구 교수이신데요, 아버지 심부름으로 소장님을 뵈러 왔어요."

비정한 도시

여자의 표정이 풀어졌다.

"그러세요. 소장님이 방금 출근하셨는데, 잠시 기다리세요."

여자는 현선을 응접용 소파로 안내했다. 자리에 앉은 현선은 실내를 둘러보았다. 한쪽 벽에는 책장이 있고, 그 옆으로 '소장실'이라는 팻말이 붙어 있다. 스무 평쯤 되는 방 안에는 책상이 여섯 개 놓여 있는데 모두 칸막이가 되어 있었다. 그중 두 자리는 비어 있었고, 안내해 준 여성은 문 쪽에 자리를 잡고 있었다.

"잠시만 기다리세요. 소장님이 방금 출근을 하셔서 일정을 확인하고 계세요."

그 여성은 친절했다. 현선은 친절한 이 여성에게서 적개심을 느꼈다. 틀림없이 내 전화를 쌀쌀맞게 받던 그 목소리이다. 그런데 이렇게 친절하다니? 아버지 이름 때문이겠지. 여기서도 이름이 행세하는구나. 순간 기분이 묘했다. 현선은 며칠 동안 경 목사와의 사전 약속을 받아 내려고 여러 번 통화를 시도했다. 그러나 번번이 실패했다.

오늘도 이곳을 찾아오면서도 만약 만나 주지 않는다면 하루 종일 기다릴 각오를 했다. 그런데 그 싸늘한 여성의 얼굴을 대하는 순간 불쑥 아버지 이름이 튀어나왔다. 왜 진작 그 생각을 못했던가. 그렇다고 아버지와 경 목사의 관계를 아는 것도 아니다. 이번 사태에 대한 생각이 비슷하다는 것을 우연히 확인하고서 혹시나 하고 아버지 이름을 팔았던 것이다.

오늘 경 목사를 만나면 할 말이 많다. 현선은 아프간 사태 이후 주변에 벌어지고 있는 여러 일들을 보면서 너무도 야박한 세상 분위기가 혼란스럽기만 했다. 아무리 세상이 야박하더라도 적어도 교회만은 그래서는 안 된다고 믿어 왔던 것이다.

오늘 경 목사를 만나려는 것은 며칠 전 우연히 차에서 들은 라디오 방송 때문이다. 어머니가 외할머니께 드릴 죽을 갖고 오라고 해서 택시를 타고 병원으로 가던 길이었다. 마침 남성 아나운서가 진행하는 전화 인터뷰 시간이었다. 탈레반 피랍사건으로 두 명의 희생자가 발생하자, 정치권에서도 이 사태의 해결을 위해 백방으로 노력하고 있었다. 의원들이 미국을 방문한다는 소식이 들려왔고, 정부에서도 여러 경로를 통해서 탈레반 측과 석방 교섭을 벌이고 있다는 것이다. 피랍자 중에 몇몇은 신병으로 고생하고 있으며, 여성 대원들 중 몇이 병색이 완연한 모습으로 기자회견하는 장면이 전해졌다.

"오늘 이 시간에는 탈레반 피랍사건과 관련하여 한국 교회의 해외 선교 문제에 대해서 연구를 하고 있는 한국교회연구소 경구서 목사님의 생각을 전화로 듣도록 하겠습니다. 안녕하십니까? 이렇게 전화로 뵙게 되어서 반갑습니다. 목사님께서는 한 교회의 강단을 맡으셨고, 또한 신학대학에서 강의도 하시면서 한국교회연구소를 운영하고 계시는 걸로 알고 있습니다. 이번 사태를 교회의 입장에서 어떻게 생각하십니까? 그리고 한국 교회가 중점 사업으로 추진하고 있는 세계 선교에 대해서도 한 말씀 듣고 싶습니다."

아나운서의 질문에 나는 긴장하였다.

"예, 한국 교회가 그동안 벌여 온 세계 선교 사업은 다음과 같은 몇 가지 특징을 갖고 있어요. 한 미국의 신학자도 지적했듯이 한국 교회의 해외 선교는 일종의 종교 마케팅, 또는 선교 마케팅이라고 할 정도로 문제를 갖고 있지요. 선교의 본분을 떠난 일종의 세력을 뻗치려는 전략이지요. 마치 과거 서구 열강들이 약소국가를 지배하기 위해서 기독교 선교를 이용했던 것과 다르지 않다는 것입니다. 두 번째로 교인들은 선교를 통해서 교회에 대한 충성도를 스스로 확인하면서, 담임목사나 하나님께 인정받으려는 소영웅주의적 사고의 산물이 되고 있습니다. 선교는 교인이면 꼭 해야 할 일이고, 자기 신앙을 검증하는 일이라고 생각하고 있습니다. 그래서 교회도 이 일을 적극적으로 추진하고 있지요. 세 번째는 문화 우월의식입니다. 선교활동을 통해서 우리보다 좀 어려운 처지에 있는 사람들 위에 군림하려는 것이지요. 이것은 일종의 문화 콤플렉스의 반작용이라고 할 수 있습니다."

경 목사는 아주 당당하게 말했다.

"예수님께서 제자들을 통해서 모든 신자들에게 말씀하신 것이 '너희는 땅끝까지 가서 내 복음을 전하라'고 하지 않으셨나요? 그러한 부탁을 실현하는 것은 교인이나 교회로서는 당연한 일 아니겠어요?"

"그렇지요. 그런데 그 본래의 의도를 왜곡하여 자신을 내세우고, 교회를 내세우기 위해서 선교를 하고 있으니 문제지요. 또한 세계 선교가 우리보다 못사는 나라를 대상으로 하는 데 더 문제가 있어요."

"왜 우리보다 열악한 환경에 사는 사람들을 선교 대상으로 삼습니까?"

"그거야 빤하지요. 그곳에 가면 문화적 우월의식을 갖고 현지 주민들 위에 군림할 수 있으니까 그렇지요. 그래서 개인적으로 만족감이나 일종의 성취감을 가질 수 있어요."

"일종의 제국주의적 발상인가요?"

아나운서가 묘한 논리를 갖다 붙였다.

"진정으로 예수님의 사랑과 화해를 전하려는 것이 아니라, 지배의 욕망에서 우러나온 인간적인 발상에서 인간의 일로 끝나기 때문에 문제가 생길 수밖에 없지요."

나는 더 듣지 않았다.

집에 돌아온 현선은 경 목사에 대한 자료를 인터넷으로 검색해 보았다. 그런데 놀랄 만한 사실들을 찾을 수 있었다. 그는 최근에 어떤 기독교 관계 연구소에서 주최한 '한국 교회의 선교 정책에 대한 반성과 전망'이라는 세미나에서도 한국 교회를 향해서 직설적인 비판을 하였다. 그의 논조는 "한국 교회는 공격적인 선교 정책을 바꿔야 한다"는 것이었다. 특히 한국 교회는 배타적인 구원관을 극복하고, 타 종교를 있는 그대로 존중해야 하며, 공격적인 선교 정책에서 벗어나서, 교리를 전하는 선교에서 사랑을 나누는 선교로 방향을 바꿔야 한다고 주장하였다. 언뜻 듣기에 그럴듯한 논리였다. 그는 이러한 전제하에 좀 더 구체적으로 문제를 제시하였다. 타 종교인을 억지로 기독교인으로 만들려는 무모하고 공격적인 선교 정책은 지구촌에서 끊임없이 갈등을 야기하게 되어서, 자칫 종교전쟁의 빌미도 제공할 수 있다고 주장하였다. 그는 "공격적 선교 방식은 세상을 다양하게 창조한 하나님의 역사를 기독교인 스스로 제한하고 파괴하며 획일화하는 신앙적 범죄행위"라고 주장하면서 "한국 교회는 교리를 전하는 선교에서 슈바이처 박사와 테레사 수녀처럼 하느님의 사랑과 화평을 전하고 나누는 선교 방식으로 바뀌어야 한다"고 강조했다.

그러면서 최근에 일어난 아프간 사태를 통해서 논지를 확장시켰다. 그는 한 사건을 상기시켰다. 지난해 8월 5일부터 나흘간 2천여 명이 참가하는 대규모 선교행사를 아프간에서 개최하려고 했는데, 아프간 정부는 행사에 참가하려고 입국한 수백 명의 한국 기독교인들에게 출국 명령을 내렸다. 아프간 정부가 출국 명령을 내린 이유는 "이슬람 문화를 훼손하려 하기 때문"이라고 했다. 그는 한국 교회에 이렇게 제안했다.

선교하지 말자. '선교'라는 말도 쓰지 말자. 지난 2천 년 동안 기독교가 선교라는 이름으로 이웃 종교의 고귀한 삶과 그들의 아름다운 문화를 얼마나 훼손했던가.

현선은 이러한 자료들을 읽으면서 경 목사를 꼭 만나 보고 싶었다. 그가 이 시점에 기독교와 한국 교회에 대해서 이렇게 적극적으로 비판하는 의도가 궁금했던 것이다.

소장실로 들어갔던 여성이 밝은 미소를 머금고 나오더니 들어가 보라고 했다.

"감사합니다."

현선은 긴장되었다.

"어서 오세요."

경 목사는 친절하게 맞아 주었다. 큰 키에 미남형이었다. 목사의 희끗희끗한 새치가 오히려 중후한 멋을 더해 주었다.

"불쑥 찾아와서 죄송합니다. 전화를 여러 번 드렸으나, 통화가 안 되었습니다. 바쁘신데도 시간 내어 주시니 감사합니다."

"성 교수님이 이렇게 예쁘고 영민한 따님을 두셨으면서 자랑한 번 않으셨군요. 워낙 겸손하신 분이라…. 하여튼 반가워요. 마침 오늘 약속했던 분이 급작스런 일로 약속을 미루는 바람에 성양을 만나게 되었네요. 반가워요. 아마 주님께서 우리가 서로 만나도록 시간을 만들어 주신 것 같군. 자, 앉아요."

현선은 경 목사의 세련된 언어와 옷차림에 마음이 편안해졌다. 글의 논조로 봐서는 투박하고 거친 인상이었는데, 만나고 보니 방송 사회자처럼 틈이 없을 것 같아서 조심스러웠다. 마구잡이로 하고 싶은 말을 털어놓을 생각으로 찾아왔는데, 그 세련된 외모와 태도 때문에 오히려 처음부터 주눅이 들었다.

"사무실 분위기가 좋고 꽤 넓네요. 제 아버지 서재의 배는 되겠어요. 책들도 많고요. 참, 목사님은 연구도 하시고, 사회 참여도 하시고, 또 강단에서 말씀도 전하시고…. 참 열정적으로 주님 사업을 하시는가 봐요. 이렇게 뵙게 되어서 정말 영광입니다. 개인적으로 목사님을 뵙고 싶었는데, 목사님이 하도 바쁘시고 유명하셔서 만나기 힘들었어요. 전화로 약속을 받으려고 여러 번 통화했는데 매번 실패해서 오늘은 단단히 마음먹고 왔는데…. 이렇게 뵙게 되어 감사합니다."

현선은 일부러 어리광을 부리듯이 말했다. 상대로 하여금 경계심을 갖지 않도록 하기 위해서였다.

"다 주님께서 일하라고 마련해 주신 것이지."

"이 연구소에서는 어떤 일을 하시는지 물어봐도 되나요?"

현선은 이곳을 찾아온 용건을 은근히 내비치며 자연스럽게 이야기를 풀어 가려고 했다.

"연구소 이름 그대로 한국 교회의 여러 문제를 연구하지요. 교회의 문제는 교회 안에서는 제대로 파악할 수 없어요. 그래서 이러한 연구소가 필요하지요. 연구는 현재의 상황을 극복하기 위해서 필요한데, 물론 경우에 따라서는 현재의 상황을 더욱 공고히 하기 위한 연구도 있지요. 우리 연구소가 교회로부터 오해를 받기도 해요. 비판적인 안목으로 교회의 문제를 제기하기 때문이지요. 성 교수도 저와 같은 입장인데, 종종 만나면 한국 교회에 대하여 많은 생각을 나누지요."

현선은 이야기가 자연스럽게 풀려 간다고 생각했다.

"참, 성 교수님도 요즈음 바쁘시겠구나. 나도 성 교수님의 글과 방송에서 하시는 이야기를 꼭꼭 다 듣는 편이거든요. 참 어려운 일을 하시더군. 성 교수님이시니까 용기 잃지 않고 그런 생각을 거침없이 말씀하실 수 있지, 아무나 하는 것이 아니거든요. 현선 양도 아버님께 용기를 주세요. 그런 일을 하려면 용기가 필요하고, 세상을 거슬러 생각하는 일이니까 엄청나게 외로우실 거예요."

"그런데 저는 제 아버지의 글과 말의 내용에 동의할 수 없는 경우가 많거든요."

현선은 앞뒤 생각지 않고 불쑥 말해 버렸다. 생각하다 보면 말하지 못할 것 같았다.

경 목사의 눈빛이 번쩍 튀는 것 같았다.

"어떤 면에서 아버님의 생각이 마음에 안 든다는 거지?"

그의 음성이 은근해지면서 진지해졌다.

"외람된 말씀입니다만 어린아이의 응석처럼 받아 주세요. 아프간 사태 이후에 아버지는 너무 많은 말을 하셨고, 글을 쓰셨어요. 그런데 제 생각에는…. 참, 제 개인적인 사정을 말씀드리면, 지금 제가 드리는 말씀이 이러한 제 처지와 무관하지 않기 때문이기도 해서요. 제 친구 중에…."

현선은 유현의 이야기를 했다.

"참, 안되었군. 마음고생을 많이 하였겠네."

목사의 표정이 약간 누그러졌다. 그는 현선의 말을 개인적인 문제로 이해하려고 했다.

"그런데 말이죠, 탈레반의 인질이 된 형제들은 지금 절박한 상황에 처해 있는데, 제 아버지는 그러한 형제들의 처지를 외면하고 원론적인, 그것도 문제를 해결하는 일과는 상관이 덜한 말과 글을 늘어놓으시면서 문제의 핵심을 호도하고 있거든요."

현선은 직설적으로 말해 놓고 상대의 반응을 살폈다. 아마 그는 현선의 말을 친구에 대한 안타까운 마음을 털어놓는 정도로 이해하였다.

"성 양의 마음은 이해가 되요. 친구가 그 지경에 처해 있는 마당에 원칙적인 문제를 제기하는 아버님의 처신이 마음에 안 들겠지. 그러나 그러한 일을 해야 하는 것이 지식인의 책무거든. 듣기 좋은 이야기야 많지. 그러나 지식인은 듣기 좋은 이야기보다는 누구도 듣고 싶어 하지 않는 생각을 세상에 내놓아야 할 때가 있어요."

경 목사는 미소를 지으면서 현선의 마음을 이해한다는 투로 말했다.

"목사님, 저는 오히려 그 반대라고 생각하거든요. 세상이 탈레반에 피랍된 형제들에게 돌팔매를 던지고 있습니다. 그것도 본질을 왜곡해서 그들을 매도하고 있어요. 이런 사회 형편에 아버지가 편승하여 그들의 생각과 처신을 합리화하는 데 앞장서고 있다고 생각됩니다. 이것은 듣기 싫은 언어가 아니라, 대중이 듣기에 좋을 언어만을 골라서 말하는 일종의 대중영합주의 태도라고 생각해요."

나는 아버지를 비난하는 동시에 경 목사도 지적하려고 했다.

"물론 세상의 여론과 생각을 같이한다고 그것이 대중영합주의라고 생각할 수는 없지. 왜냐하면 지금까지 교회는 이러한 비판을 받아본 적이 없었으니까, 이 기회에 교회가 거듭나는 것이 중요하지. 그러한 일을 나와 성 교수님이 외롭게 해나가고 있거든."

경 목사는 현선의 의도를 파악하였다. 그것만으로 오늘 현선은 경 목사를 찾아온 목적은 이룬 셈이다. 점차 마음의 여유가 생기면서 더 자유롭게 이야기할 자신도 생겼다.

"목사님, 그러면 제가 한 말씀 드리겠어요. 저는 어떤 이념이나 가치의 문제를 생각하려는 것이 아니라, 그 사태의 본질에 대한 문제에 관심을 두고 싶거든요. 탈레반에 납치된 23명은 아프간에 봉사활동을 간 것임에 틀림없습니다. 목사님께서는 어느 세미나에서 작년에 그곳에서 있었던 선교행사를 예로 들면서 말씀하셨는데, 지금 이 상황에서 지난날의 문제를 내놓고 비판하는 것은 너무 의도적이라고 생각해요. 그들은 분명히 봉사활동을 갔습니다. 그것이 선교를 위한 전략적인 활동이라고 해도, 탈레반이 그들을 납치한 이유는 국내 여론처럼 봉사활동을 빙자한 선교활동이기 때문이 아니었습니다. 그들의 납치행위는 전략적 비즈니스라는 점이 외신을 통해 밝혀졌습니다. 그런데도 국내에서는 피랍자들이 선교하러 갔다가 모슬렘과 종교적 갈등을 일으켰고 피랍된 것처럼 호도하고 있으니 문제지요. 이러한 왜곡된 국내 여론이나 일부 지식인들의 논조는 비인도적인 납치 행위 자체를 정당화할 수 있다는 무서운 결과를 가져올 수도 있지 않겠습니까?"

"그것은 관점의 차이이지요. 원인 제공은 봉사단이 했으니까."

"그래도 한국 교회의 선교 정책 문제와 한국 교회의 문제는 사태가 수습된 다음에 논의해야 순서지요. 죽느냐 사느냐는 친지들과 자식들의 문제 앞에 밤을 새우면서 기도하는 피랍자의 가족들이 있는데, 국내 여론은 봉사활동이 빌미가 되어 피랍되었으니 한국 교회에 책임이 있다고 주장하며, 탈레반의 납치 행위는 정당하다는 투로, 더 나아가서 국제 관계에서 미국의 제국주의적 오만함을 비판하면서 탈레반의 민족주의적 경향을 옹호하는 듯한 논조도 여과 없이 내보내고 있거든요. 제 친구가 피랍되었기 때문이 아니라, 이러한 반응 자체가 모든 현상을 이념적으로 인식하기 때문이고, 설사 바르게 인식하였다 하더라도 세상의 여론이 무서워, 아주 작은 자기 이익 때문에 생각을 정직하게 발표할 수 없는 비겁한 처사라고 생각합니다."

현선은 '비겁하다'는 말까지 해버렸다.

경 목사의 얼굴에 곤혹스러운 빛이 역력했다.

"성 양이 뭔가 오해를 하고 있는 것 같은데, 이 사태는 그렇게 감성적으로 생각할 문제가 아니거든. 한국 교회의 실상을 잘 모르기 때문인데, 교회의 선교 정책과 실태가 한심한 경우가 많지요. 이것은 한국 교회가 극복해야 할 문제지. 이번 사태가 어쩌면 한국 교회로서는 자신을 정직하게 인식하여 환골탈태할 수 있는 좋은 기회가 될 수도 있겠지. 그러니까 교회로서도 아무리 말이 쓰다고 해도 귀 기울여 들어야 약이 되지 않겠어?"

경 목사는 현선의 말에 대해서 이미 선입견을 갖고 듣고 있었다. 그렇다면 구체적인 문제를 가지고 말해야 될 것 같았다.

"목사님, 혹시 해외 선교사로 일하신 경험이 있으십니까?"

현선의 돌연한 질문에 경 목사는 당황스러웠다. 이제야 현선이 찾아온 의도를 다 알아챘다. 그는 슬쩍 손목시계를 봤다. 현선도 시간을 확인했다. 이야기를 시작한 지는 30분도 채 안 되었다. 두 시간은 여유가 있다고 했으니, 시간은 많다.

"선교사는 아무나 하는 게 아니지. 내게는 그런 달란트가 주어지지 않았어."

"그렇다면 선교사들의 생활 현장에 대해서도 아는 것이 별로 없으시겠네요?"

"그렇지는 않아. 내 지인 중에도 선교 단체의 중책을 맡아 일하는 분들이 많고, 종종 선교사들 모임에 나가 그들의 사역 현장을 보고 듣고 파악도 하고, 한국 교회의 세계 선교에 대한 일들은 아주 빤히 알고 있지. 이곳에서 생각하는 것처럼 그러한 사역이 모두 아름답고 주님의 마음에 합당하게 이루어지는 것만은 아니지. 성 양은 단기 선교로 나가 봤나?"

그는 현선이 그런 경험이 없을 것이라고 생각하고 묻는 것 같왔다.

"대학 4학년 때 몽골을 다녀왔어요. 갔다 와서 저는 제 삶이 너무나 이기적이라는 것을 알게 되었고, 이번에도 아프간 봉사를 가려고 교육까지 받았다가 개인적인 사정으로 눌러앉아 버렸어요."

현선은 유현이와 같이 가려다가 번역 일 때문에 불참하게 된 사연을 말했다.

"너무 부담 갖지 말아요. 사람이 하는 일에는 다 의미가 있어요. 주님이 확실하게 아시니까. 성 양의 일에도 그만큼 의미가 있지. 혼자 남아 있으니 친구를 위해 기도하고, 그들의 처지를 좀 더 이해하고 나를 찾아와 이렇게 이야기도 나누고…. 그렇게 각자의 몫은 다르지."

그는 현선을 위로했다. 그런데 그녀가 하려는 말은 그게 아니다.

"제가 몽골로 단기 선교를 갔었는데, 한국 선교사가 개척한 어느 시골 교회를 찾아가게 되었어요. 마침 그때가 5월이었고, 그 선교사의 어머님도 아들을 만나러 왔었어요. 두 시간 가까이 현지인들과 예배를 드리는데, 이들이 참 예배를 주님께 드리고 있구나 생각되더군요. 우리 예배는 너무 형식에 매여 있는데, 이들은 진정으로 주님께 마음과 정성을 드리며 주님이 내려 주시는 은혜를 체험하는 것 같았어요. 예배를 드리고 돌아오면서 외할머니로부터 들었던 한국의 초대 교회 예배 때의 그 감격을 짐작하게 되었어요."

현선은 그때 일을 말했다.

예배가 끝나자 교인들이 모처럼 목사님 어머님이 멀리서 오

비정한 도시

셨으니 이야기나 나누자고 해서 모였다. 한 30여 명이 교회 안에 둥그렇게 둘러앉았다. 한 사람씩 서로 인사를 나누었다. 그중에 몇 분의 이야기가 감동적이었다.

"몽골 풍습으로는 부모가 막내를 꼭 데리고 삽니다. 선교사님이 막내 아드님이라는 말을 들었어요. 그런데 어머님께서 그렇게 사랑하는 막내아들을 멀리 몽골로 보내 주셔서, 선교사님이 이곳에 교회를 세우셨기 때문에 우리가 주님을 만나게 되었습니다. 어머님께 감사를 드립니다. 선교사님이 안 계셨더라면 제가 어떻게 주님을 만날 수 있었겠습니까?"

중년을 넘긴 부인은 눈물을 글썽이면서 선교사 어머님께 감사하다고 했다.

그다음 50세가 거의 된 부인이 일어나 선교사 어머님께 고맙다는 인사를 했다.

"저는 몽골 정부의 공무원입니다. 남편이 세상을 떠난 뒤 정말 힘든 생활을 하게 되었는데, 이곳에 교회가 세워지고 목사님을 통해서 신앙을 갖게 되면서 새로운 인생을 시작하게 되었습니다. 목사님이 그 먼 고향을 떠나 이 낯선 땅에 와서 기막힌 어려움을 이기면서 교회를 세워 주셨기 때문에, 이 지역 많은 분들이 주님을 만나 새로운 인생을 살아가게 되었습니다. 선교사님은 우리의 생명의 은인이십니다."

이어서 여러 사람들이 이야기를 했다. 그들의 말은 모두 이곳에 교회를 세워 주신 선교사님께 감사하다는 내용이었다. 그것은 흔히 들을 수 있는, 선교사 어머님을 만난 의례적인 인사가 아니었다. 그들의 표정과 말투와 태도에서 그들의 진정성을 읽을 수 있었다.

"목사님, 저는 그때 선교사의 사명이라는 것이 얼마나 중요한 것인가를 깨닫게 되었습니다. 책으로만 읽던 선교사의 일생을 다시 생각하게 되었고, 학교에서 배운 슈바이처 박사가 그 화려하고 편안한 생활을 접어 두고 죽음과 맞서며 살아야 하는 아프리카로 떠날 수 있었던 그 이유를 알게 되었습니다. 그리고 120년 전, 지구상에 이름도 낯선 코리아를 찾아 수륙 몇 만 리를 넘어온 이방인 선교사들을 생각했습니다. 그들이 있었기에 목사님도 예수를 믿게 되었던 거 아닙니까? 저는 제 외가가 초대 교회 때부터 예수를 믿었던 집안이라, 외할머니로부터 종종 초대 교회 이야기를 들었습니다. 편안히 살아갈 수 있는 여건에도 불구하고, 고향을 버린 채 문화가 다르고 인종이 다르고 민족과 국가가 다른 이 낯선 나라에 와서 복음을 전한 서양 선교사들의 사역이, 자국의 국력을 과시하면서 제국주의적 발상에서 우리나라를 지배하려는 정치적인 의도가 있었다고 말할 수 있을까요? 저는 믿을 수 없어요."

현선은 묵묵히 제 말을 듣고 있는 경 목사의 마음을 헤아리면서 속 시원하게 털어놓았다.

"그래요. 복음을 전하기 위해서 목숨을 아깝지 않게 생각하고 일했던 분들이 많았어요. 그것이 선교의 본 모습이지요. 그런데 한국 교회의 선교에서는 그러한 열정과 순수성이 모자라니까 문제가 되지요. 초대 교회 미주 지역에서 온 선교사들의 선교의 순수성을 부정하는 것은 아니지만, 나라에 따라서는 식민지 지배를 위해 선교사가 그 일을 감당했던 경우도 많아요. 그 대표적인 나라가 중국이지. 아편전쟁 때에 선교사가 한 일 중에는 영국의 중국 지배를 위한 하수인 노릇도 있었지요. 그래서 중국에서 기독교가 뿌리내리지 못했어요."

경 목사는 현선은 설득하려고 했지만 중요한 논점을 비껴가고 있었다.

"기독교 안에 지배자와 피지배자가 어디 있겠습니까? 그렇게 배웠고, 그렇게 받아들이고 있습니다. 궁극적으로 하나님의 문화는 평화의 문화이고, 평등의 문화이고, 자유의 문화인데, 어찌 신앙에서 지배세력과 피지배세력, 가진 자와 가난한 자, 문화적 우월자와 열등자로 나눌 수 있겠습니까? 저는 목사님이 어느 날인가 전화 인터뷰한 내용을 기억하고 있습니다. 제국주의적 발상이라느니, 충성심을 보이기 위한 일이라느니, 이해가 안 되었습니다."

"물론 이해가 안 되겠지. 그러나 그동안 우리 경제가 잘 풀려서 어느 정도 잘살게 되었고, 특히 교인들의 헌금으로 돈이 많아진 대형 교회들은 도와준다는 의미에서 돈을 쓸 때에 시혜자로서의 마음이 작용하지 않을 수 없지. 그것이 처음에는 덜하다가 점점 더해져서 결국에는 자기 돈으로 도와주는 듯한 생각을 하게 되면서 소위 제국주의적 발상을 하게 되는 것이지. 누구도 시혜를 베푸는 사람의 입장에서는 자신이 제국주의적 발상을 하고 있다고 생각하지 않거든. 그런데 사실 분석해 보면 그 울타리에서 벗어날 수 없거든."

경 목사는 제국주의적 발상에 대한 생각을 굽히지 않았다.

"그렇다면 이번 봉사활동에 참여한 사람들도 그러한 생각을 갖고 갔을까요? 아주 단순하게 말하면 폼을 재기 위해서 그 고생을 마다하지 않고 갔을까요?"

그 말에 경 목사는 대답하지 않았다.

"목사님, 하나만 물을까요? 주님은 우리 아빠의 논조가 옳다고 하실까요?"

"그건 누구도 모르지."

"목사님께서도 한국 교회가 예수의 모습을 잃어버리고 있다고 하셨는데, 그렇다면 예수님은 어떤 모습일까요?"

경 목사의 눈길이 잠시 현선의 얼굴에 머물렀다.

"그것도 모르지. 아마도 모든 사람이 생각하는 예수님의 모습은 그분의 일부분에 지나지 않을 거야. 나만이 예수님의 모습을 확실하게 안다고 주장한다면 그것도 자칫 우상이 될 수 있지."

"그렇다면 왜 예수님의 모습을 근거로 해서 한국 교회를 비난하죠? 한국 교회는 교회대로 예수님의 모습을 닮기 위해 일한다고 생각하고 있거든요."

"그래서 사람의 생각은 완전하지 못하지."

"경 목사님은 완전하지 못한 사람의 생각으로 왜 한국 교회를 비판하십니까?"

"이제는 노골적으로 나를 비난하는군. 아버지께도 꼭 같이 이런 말로 공격했겠군."

경 목사는 현선의 말을 어린아이 말로 넘겨 버리려 했다.

"그런데, 한국의 기독교는 핍박을 넘어서 이 땅에 뿌리내리기 시작하지 않았습니까? 어떻게 제국주의 종교라고 하십니까? 지

　　　　　　　　　　　　　　　　비정한 도시

금도 핍박을 받고 있지 않습니까?"

결국 이 말을 하고 싶었다.

"성 양, 이번 사태로 한국 교회가 사회로부터 비판을 받는 것을 핍박이라고 생각하지 말아요. 교회는 그렇게 교인들을 설득하겠지만, 잘못되었기에 비판을 받는 것이고, 그것을 넘어서면서 교회가 새로워지게 되겠지. 아버지나 나와 같은 사람의 언어는 그런 의미에서 필요해요. 너무 부정적으로 생각하지 말아요."

경 목사는 어서 말을 마무리하고 싶은 모양이다. 그러나 현선은 할 말이 많았다.

"목사님, 이번 아프간 봉사활동으로 인해서 문화 충돌을 빚을 수 있다고 말씀하셨더군요. 그래서 우월한 문화 의식을 갖고 모슬렘을 지배하려 한다고 말입니다. 그런데 전 그 문제에 대해서 동의할 수 없어요."

"종교와 문화는 분리될 수 없어. 종교적 힘을 문화로 옷 입었을 때에 완전히 자리 잡을 수 있지. 종교 싸움은 곧 문화의 싸움이야."

"그것은 형식 논리이고, 바로 제국주의적 발상입니다. 우리가 기독교를 수용했다고 해서 우리가 미국화, 서양화되었습니까? 부분적인 것, 교리나 풍속사적인 아주 작은 부분은 모르지만, 그것은 근본적인 것이 아니지 않습니까?"

"그러나 소위 종교문화주의자들은 종교를 통해서 문화를 지배하려 하거든. 우리의 경우는 좀 특별한데, 타 민족의 종교를 받아들이는 민족의 입장에서는 그 문제를 꺼리니까, 종교전쟁이 문화전쟁을 유발한다고 보거든."

"그것은 잘못된 생각이거든요. 우리가 불교를 받아들였다고 우리 문화가 불교의 원 고향인 인도나 스리랑카의 문화로 변하지 않았지요. 기독교도 그렇고요. 우리의 경우 신앙은 문화나 민족, 국가를 초월하지 않을까요? 형제간이나 부모와 자식 간에도 종교는 다릅니다. 종교는 가족의 윤리와 국가와 민족의 집단문화와는 별개라는 것입니다. 기독교가 그렇지 않습니까? 유대 나라의 전통을 거부한 것이 예수님 아니었습니까? 종교는 개인의 존재론적인 선택의 문제입니다. 모슬렘이라고 해서 기독교인이 되지 말라는 법은 없습니다. 한국의 기독교 전래에서 그 문제가 분명해집니다. 전통적인 유교, 불교 문화에서 기독교를 수용했습니다. 왕이 명령을 내려서가 아니고, 할아버지의 명에 의하여 그 자손들이 예수를 믿게 된 것이 아닙니다. 그런데 왜 이번 사태가 일어나자 종교를 문화와 국가 민족의 문제와 같이 인식하는지 그 의도를 모르겠어요. 기독교가 미국의 종교라는 생각도 허무맹랑하고, 더구나 기독교가 강한 종교라고 생각하는 것 자체가 편견 아닙니까? 오히려 가장 강한 종교는 모슬렘 아니겠습니까? 정교가 분리되지 않았으니 강할 수밖에 없지요. 정치적인 힘과 종교적인 힘이 일반 개인의 종교적 신앙의 선택을 억압하고 있습니다. 이것은 가장 큰 폭력 아닌가요? 그런데 한국의 신학자와 종교 문제 연구자들은 왜 이러한 현실을 외면하고 이번 사태를 바라보는지 의아해요. 선교는 이러한 폭력과의 싸움이라고 생각합니다. 만약 아프간 봉사단이 선교를 목적으로 갔다고 하면 그들은 용기 있는 사람들입니다. 그들은 총을 들고 나서지 않았습니다. 과거 서양 제국이 다른 나라를 침략할 때에 선교사가 그 일의

한 부분을 감당하였다는 것은 기독교의 부끄러운 부분이라고 생각합니다. 십자군 전쟁이 기독교의 비극이라고 말합니다. 종교개혁 중에, 종교와 정치가 결탁해서 무서운 권력으로 사람들을 억압했던 교회의 역사적인 사안들이 왜곡된 기독교의 실상을 보여 주는 거 아닙니까? 기독교는 강한 나라나 그 집단과 결탁했을 때에 부패했습니다. 로마와 영국과 유럽이 그 본보기이고, 미국도 어쩌면 그러한 전철을 밟을 수가 있습니다. 그런데 한국은 강한 나라가 아니지 않습니까. 교회가 아프간에 구호품을 전달해 주고 병원을 건립하는 등 도와주는 것이 가진 자의 오만을 떨기 위한 일이라고 생각하십니까? 그들이 거기에 가서 정치적인 사안과 관계를 맺고 힘을 행사하려고 했습니까…?"

현선은 가만히 듣고 있는 경 목사를 향해 마구 퍼부었다. 그는 지성적 기독인 학자라고 자청하고 있지만, 그것이 얼마나 독선이고 편견인가? 병든 지성인의 모습이라고 생각되었다.

"비판이든지 핍박이든지 간에 이번 사태는 한국 교회의 잘못된 모습과는 문제가 다르지 않아요? 사람이 불한당들에게 붙잡혀 있습니다. 그들은 구출하지 않고, 그들이 잘못했으니까 잡혀 있다는 식으로 말한다면 그것이 예수님 가르침에 합당한 처사입니까? 그들은 사람의 목숨을 하찮게 생각하고서 오로지 정략적으로 이득을 얻기 위해 선량한 형제자매들을 인질로 잡아 두고 있습니다. 인질은 가장 잔인한 행위입니다. 더구나 그들 중에는 환자도 있고, 대부분이 여성들입니다. 목사님은 그들의 무사 귀환을 위해 기도하셨습니까?"

현선은 감정이 복받쳐서 눈물을 쏟고 말았다.

경 목사는 난감한 표정을 지었다. 현선은 자신의 행동이 공연히 한 사람에게 피해를 준다는 생각이 들어 얼른 눈물을 씻고 일어났다.

"죄송합니다. 안녕히 계십시오."

현선은 인사도 제대로 차리지 못하고 방을 나와 버렸다.

6

한나라당 대통령 후보 경선준비위원회 소회의실도 아프간 사태로 골머리를 앓고 있었다. 후보 경선 분위기를 고조시켜 본선까지 이어 가면서 대선 분위기를 주도하려고 했는데, 온통 나라 안 관심이 피랍사태에 몰려 있으니, 선거에 대한 관심이 엷어지지 않을까 걱정되었다.

"후보 경선이 유권자들 관심에서 멀어지는 거 아냐? 고조된 경선 잔치 분위기를 계속 끌고 나가 본선에서 이겨야 할 텐데."

경선준비위에서는 피랍자 중 둘이나 희생당하는 마당에서 경선 분위기를 띄우지 못할 것을 우려했다.

"그렇게만 볼 것도 아니지요. 이번 사태는 오히려 여당에 부담이 될 수도 있지요. 우리나라 사람들은 일이 터지면 정부가 나서서 해결해 줄 것을 기대하는데, 이 사건으로 대통령이 골머리를 앓게 되었어. 만약 희생자가 더 많아지면 국민들은 우선 정부의 협상 능력을 들고 나올 것이 뻔해. 한국의 개신교도가 얼마인가? 겉으로는 이번 사태가 교회의 독선적인 선교 정책 때문이라고 비판하지만, 막상 희생자가 늘어나면 그 화살이 정부로 돌아갈 것은 빤하거든. 노통 임기 말에 할 일도 많은데 다시 혼 빼게 되었지."

"그 말도 일리가 있어요. 가뜩이나 지지도가 추락하여 더 이상 추락할 여지가 없는 형편에 다시 이 일이 터졌으니…."

"그리고 남북정상회담으로 한 건 올리려는 것도 국민의 관심에서 멀어지게 됐어. 사람들이 죽고 사는 문제가 눈앞에 걸려 있는데, 폼 재면서 정일이가 만나 준다고 해도 누가 알아주겠어?"

"그런데 국회가 이 사태를 구경만 할 수 없지. 어떤 액션이라도 취해야 체면이 설 텐데. 여야 대표가 사건 해결을 위해 나서야 하는 거 아닌가?"

"나선다고 묘책이 있겠어?"

"없어도, 국민들의 눈도 있고, 피랍자 가족들에게도 체면이 서니까, 일종의 알리바이를 만드는 거지. 결혼식장이나 초상집에 얼굴 내밀듯 뭔가 시늉이라도 내야 할 것 같아."

"그래. 우리 당에서 여당에 제안해 보는 것도 모양이 서지 않겠소?"

"그럽시다."

방담처럼 부담 없이 말을 하면서도 모두들 경선에 관심이 쏠려 있었다.

그날 저녁뉴스에 국회 여야 대표가 이번 사태 해결에 미국이 힘써 줄 것을 요청하기 위해서 의원외교 차원에서 미국 조야를 방문하게 된다는 기사가 났다.

그리고 하루가 지나서 출국하는 여야 의원 대표들 얼굴이 신문과 TV에 보도됐다. 공항에서 출국하는 의원 방문단 대표인 여당 중진에게 기자들이 의례적으로 한마디씩 물었다.

"미국에 가셔서 무슨 일을 하실 계획이십니까?"

"글쎄 가봐야지요. 탈레반의 요구가 미국과 관계가 있으니까, 미국의 협조 없이는 이 사태 해결을 기대하기 어려우니, 적극적으로 나서 달라고 주문해야지요."

"우리 요구를 들어주리라고 기대하십니까?"

"기대를 하니까 가는 것이지요."

"좋은 성과 기대하겠습니다."

여야 의원 여섯은 여행이라도 떠나는 기분으로 출국장으로 들어갔다.

여당에서는 재빨리 피랍자대책위원회를 구성하였다.

"이번 사태 해결과 그 뒤에 따르는 여러 문제에 효과적으로 대응하기 위해 피랍자대책위를 구성하고 오늘 밤부터 가동하려고 합니다."

여당 사무총장이 기자들 앞에서 브리핑을 하였다.

"이 사태에 대한 해결 방안을 생각해 보았는가요?"

기자가 질문했다.

"해결은 피랍자의 조속한 석방 아닙니까? 이번 사태는 복합적인 원인이 개재되어 있습니다. 우선 아프간의 정국과 관련이 있지 않습니까? 그러니까 아프간 정국과 밀접한 관계를 갖고 있는 미국의 영향도 크지 않다고 할 수 없겠지요. 탈레반의 요구는 우리 인질과 탈레반 억류자의 맞교환인데, 이 문제에는 미국이 개입되어 있기 때문에, 결국 피랍자 석방 문제에서 미국의 역할

비정한도시

을 간과할 수 없지요. 그래서 우리는 모슬렘과 협상을 벌이는 한편 미국에 대해서도 일정한 역할을 요구할 생각입니다."

당 대변인은 은근히 미국의 역할을 강조했다.

"그렇다면 이번 사태에 대한 국내 여론이, 미국의 중앙아시아 정책에 어떤 주문을 하게 되는 결과를 가져오지 않을까요?"

"그렇다고 꼭 꼬집어서 말할 수는 없지만, 어느 신문 칼럼에서 이 문제를 단순히 한국과 탈레반의 문제로 한정할 수 없다는 논조를 읽었습니다."

"선거에 미치는 영향은 어떨까요? 여야 어느 당이 유리하고 불리할까요?"

기자는 여당이 가장 우려하는 문제를 물었다.

"지금 그런 문제를 생각할 여유가 없습니다. 어서 속히 피랍자의 석방을 위해 여야가 힘을 합쳐 뭔가 해야 할 때입니다."

기자는 사무총장의 말이 거짓임을 알고는 빙긋이 웃었다. 여야 선거전과 이 사태를 맞물려 생각한다면 시민들의 비난을 받게 될 것이 빤하지만, 속마음은 그렇지 않다. 어떻게 하면 이 사태를 선거에 유리하게 만들어 낼까 고민하는 것이다. 여당 입장에서 다행인 것은 한나라당 경선이 시민의 관심에서 되도록 멀어지고 있다는 것이다. 경선이 박빙일수록 시민의 관심은 고조되는데, 그 분위기가 본선까지 이어진다면 그리 좋을 일이 아니다. 그런데 마침 이 사건이 터져서 속으로는 은근히 다행이라고 생각하고 있지만, 그렇다고 그러한 속내를 내놓았다가는 큰 봉변을 당하기 십상이다. 행여 그러한 기미를 눈치챌 만한 말도 조심해야 한다.

"그런데 말입니다. 만약인데, 석방이 장기화되거나 다시 희생자라도 생긴다면 정부에 부담이 되고, 여당의 선거 전략에도 부정적인 영향이 미치지 않을까요?"

기자는 여당에서 뭔가 이번 사태를 지나쳐 가려는 것을 눈치챘다.

"아니, 그런 일은 꿈에라도 생각하고 싶지 않습니다. 사람의 목숨은 천하보다 귀하다고 했습니다. 이 상황에서 당리당략을 생각할 여유가 없지요. 정부에서도 다각도로 석방을 위해 애쓰고 있다고 들었습니다. 좋은 소식을 기다릴 수밖에 없지요. 그런데 우리가 특위를 구성한 것은 정부 차원과 달리 민간 차원에서도 피랍자의 석방을 위해 일할 수 있는 길을 모색하려는 것입니다. 그럼 이만…."

사무총장은 서둘러 기자들을 내보내고 싶었다. 오래 잡아 두었다가는 말꼬투리가 잡힐지 모른다.

"잠깐! 정부에서 유엔을 통해서, 아니면 세계 인권기관을 통해서 이번 사태를 호소하고 탈레반의 정략적인 납치 행위를 규탄하는 강공법으로는 나가는 것도 유효하지 않을까요. 그동안 한국 사회에서는, 특히 기독교를 제외한 다른 종교에서는 이번 사태에 대해 함구하다시피 조용합니다. 논평을 내어도 아주 의례적인 내용에 그쳤고요. 인권단체와 시민단체 연합으로 세계 인권단체, 또는 엔지오에게 이번 사태의 조속한 해결을 위해서 나서 줄 것을 호소할 수도 있지 않겠습니까?"

"그런 것도 하나의 방법이 될 수 있겠지요. 석방을 위하여 유효하다면 방법을 가리지 않을 것입니다. 그러면 오늘은 이만…."

비정한 도시

여당 사무총장이 서둘러 브리핑을 마쳤다.

그리고 이틀 후에 여당 국회의원들이 성명서를 발표했다.

〈아프가니스탄 관련 미국결단 촉구 제안서〉

굳건한 한미동맹을 위해 미국의 결단을 촉구합니다. 먼저 아프
가니스탄에서 피랍되어 희생되신 두 분의 명복을 빌며 희생자 가
족 여러분에게 깊은 위로의 말씀을 드립니다.

아프가니스탄에서 우리 국민을 납치한 단체는 우리 국민의 생명
을 빌미로, 수감된 동료의 석방을 요구하고 있습니다. 하지만, 그
들 스스로도 잘 알고 있다시피 우리에게는 그럴 권한이 없습니
다. 수감자 석방 문제는 전적으로 미국의 의지에 달려 있는 것이
엄연한 현실입니다. 이처럼 우리 국민의 생명이 우리가 어찌할 수
없는 조건과 상황에 결정될 수밖에 없는 현실, 이것은 비극입니
다. 하지만, 어쩌면 결론은 간단합니다. 우리 정부가 '한미동맹
의 공고한 발전을 도모'하고자 아프가니스탄에 파병했듯이, 이
제 미국이 '공고한 한미동맹을 위해' 우리 국민의 생명을 위해 적
극적으로 나서면 됩니다.

미국의 현명한 선택에 의해서, 납치된 우리 국민이 가족의 품으
로 돌아오는 것만큼 더 큰 한미동맹은 없습니다. 우리는 이러한
이유로 미국의 올바르고 빠른 선택을 기대합니다.

2007. 8. 2

강기전, 홍미영 등 36명

어느 신문의 사설도 이 사태에서 미국의 책임론을 주장했다.

아프가니스탄 탈레반 무장세력이 끝내 한국인 인질을 살해했다는 충격적인 소식이 들려온 어제 우리는 '탈레반의 만행을 규탄한다'는 제목의 사설을 실었다. 그렇다. 우리는 분노할 수밖에 없었다. 어째서 탈레반은 전쟁과는 전혀 무관한 제3국의 민간인을 무참하게 살해했는가. 더구나 그는 고생스러운 오지행을 자원한 봉사단의 일원이었다. 누가 탈레반에게 이런 권리를 주었단 말인가.

그러나 이젠 치밀어 오르는 분노를 가라앉히고 냉정을 되찾아야 한다. 분노만으로는 사태 해결에 도움이 되지 않는다. 그리고 한번 찬찬히 사태의 본질을 생각해 볼 필요가 있다.

우리는 누차 아프간과 이라크에서 철군해야 한다고 주장한 바 있거니와 한 걸음 더 나아가 반전 평화운동이 더욱 활발하게 펼쳐져야 할 필요성을 제기한다. 이번 아프간 피랍사건은 우연히 발생한 것이 아니었다. 근인(根因)을 따져 보면 미국의 침공과 한국 정부의 적극적인 파병 정책이었다.

이러한 분위기는 "미국이 앞장서 이 사태를 해결해 달라"고 요청하는 촛불집회라도 대대적으로 열어야 하는 거 아니냐는 쪽으로 흘러갔다. 사건의 빌미는 미국이 제공했으니 책임지고 해결해야 한다는 것이다. 아프가니스탄 정국의 책임은 원천적으로 미국에 있다, 인질과 포로 교환 석방 문제도 미국이 앞장서 해결해야 한다, 이러한 한국민의 요구를 묵살할 경우에 우리는 미국에 대해서 도덕적 책임을 물을 것이다, 이러한 논조가 국민들로부터 꽤 설득력을 얻고 있었다.

비정한 도시

"허허, 반미 세력들이 이 사태를 이용하려는구나."

사람들은 한국에서 사태가 터지면 반미와 친미의 논리로 대응하려는 사회 분위기가 한심스럽기만 했다. 내놓고 말은 못하지만 이러한 분위기를 두려워하고 있었다.

정부는 탈레반 납치 사건 수습대책위원회를 구성하였다. 거물급 외교관을 아프가니스탄으로 급파했다. 대통령 임기 말에, 만약 저들이 무지막지하게 23명을 모두 살해하기라도 한다면, 다음 대선은 하나마나이다. 이런 악수가 어디 있나? 중동 연구가들과 친 중동 세력들을 모아 보자. 주한 중동지역 대사를 초청해서 도움을 요청하자. 청와대와 외통부, 국가정보원 수뇌들은 머리를 맞대고 대책을 강구했다.

중동지역학 교수들과 모슬렘들, 중동지역 관련 인사들이 동원되었다. 그들은 바빠졌다. 방송과 신문에 얼굴들을 내밀어서 모슬렘에 유화적 발언을 쏟아내었다. 모슬렘이 폭력적인 듯이 이해하는 것은 오해이다, 그들은 인명을 존중한다, 특히 외국인이나 여성의 인명을 더욱 소중하게 생각한다, 이번 배 목사의 살해에는 그만한 이유가 있을 것이다, 탈레반에 저항했던지, 모슬렘을 비난했던지, 아니면 피치 못할 사정이 있었을 것이라는 내용 등을 쏟아 내었다.

신문에는 배형규 목사가 지병으로 이동이 곤란해서 살해했다는 미확인 보도가 나왔다. 사람들 입으로는 배 목사가 그들 앞에서 성경을 읽고 찬송가를 부르면서 저항했고, 몸이 허약한 여자들에 대한 배려가 부족하다고 항의하다가 살해당했다는 추측성 보도가 나돌았다. 네티즌들은 기다렸다는 듯이 또 한 번 들끓었다.

수화는 현선과 함께 유현의 어머니를 만나려고 교회를 찾아 갔다. 둘이 함께 가다니? 전혀 생각지 못한 일이었다. 수화는 피랍자 중에 두 사람이 살해되자 유현이도 그런 처지가 될 수 있다는 생각에 왠지 모르게 눈물이 나왔다. 가지 않아도 될 곳을 일부러 찾아간 그를 이해하기 위해서 많은 시간을 보내었다. 더구나 현선과 그 일로 말싸움을 벌였던 일이 부끄러웠다. 왜 그랬을까? 내가 할 수 없는 일을 한 유현에 대한 자기 콤플렉스였을까. 유현의 일로 괴로워하는 현선을 보는 순간 그 감정은 더해졌다. 수희는 며칠 동안 자신의 마음 상태를 정직하게 점검해 보았다.

교회가 보이는 골목길에 이르렀을 때에 길 건너에 젊은이들 대여섯이 주먹을 쳐들고 소리 지르고 있는 광경이 눈에 들어왔다. 수화는 눈을 똥그랗게 뜨며 현선을 쳐다보았다.

"뭐하는 애들이야?"

"세상에 대한 분노가 커서 저러는 거야."

"왜 하필 불난 집에 부채질하러 왔지?"

"저들 주장은 그 불난 원인을 밝히라는 거야."

"불이나 꺼 놓고 그러지."

"끌 사람은 따로 있으니까."

둘이 교회 구내로 들어가는 동안 그들의 외침소리가 등 뒤로 계속 들려왔다.

— 교회는 진정으로 이번 사태에 대해서 책임을 통감하라.

— 교회는 종교적 우월의식을 버리고, 타 종교를 존중하라.

— 기독교만이 진리냐? 한국 교회는 세계 선교의 오만함을 버려라.

비정한 도시

청년들은 네모난 피켓을 잡은 손을 추켜올렸다 내렸다 하면서 악을 쓰듯이 고함을 질렀다.

"기독교는 각성하라!"

꽹과리 소리도 어지럽게 들렸다.

교회 후문으로 들어가려는데 건장한 청년 몇이 두 사람을 제지했다.

"저는 민유현의 친군데요, 이번 봉사단원으로 가 있는 유현 자매 어머님을 만나러 왔어요."

"아무도 만날 수 없어요. 그분들은 누구와도 만나기를 원치 않아요."

"만나기로 약속이 되어 있어요."

현선은 만나야 한다고 간청했다.

"그래도 지금은 안 됩니다. 가족들이 외부 사람들을 만나고 나서는 더 괴로워해요. 그래서 그분들은 누구와도 만나고 싶어 하지 않으세요."

"저도 그 언니와 함께 이번 봉사단에 참여하려고 교육까지 받았다가 사정이 있어서 못 갔어요. 유현의 어머님을 꼭 만나게 해주세요. 친한 언니 어머님이에요."

"그러면 더 만날 수 없어요. 당신같이 가려다가 안 간 사람을 보면 더욱 안타깝지요. 안 그러겠어요?"

청년의 말이 모두 옳다. 가족들은 누구도 만나고 싶지 않을 것이다. 만난다고 무슨 위로 말을 드릴 수 있을까? 현선은 이내 포기하고 뒤돌아섰다.

둘은 교회를 벗어나 길 건너 빌딩 입구에서 마치 유현 언니를 기다리는 마음으로 막연히 서 있었다. 그때였다.

"아니!"

교회 뒷문으로 들어가는 유현의 어머니 뒷모습이 보였다. '어머니!' 현선은 소리쳐 보았지만 목소리가 입안에서만 맴돌았다.

"어머니!"

현선은 마치 고함이라도 지르듯이 외치면서 길을 건넜다. 유현의 어머니가 뒤돌아섰다.

"아니, 현선이가!"

현선은 어머니 손을 부여잡았다.

"어머니, 죄송해요. 저도 같이 갔어야 했는데…."

현선이는 말을 끝맺지 못하고 울먹였다.

"안심해라. 현선이가 여기 있으니 다행이야. 유현이도 그렇게 생각하고 있을 거야. 여기서 기도하면 되지 않겠니. 너는 따로 할 일이 있어서 못 갔지 않았냐?"

"아니에요. 제가 아르바이트를 해서 돈을 좀 벌려고…."

현선은 울먹이며 봉사활동에 불참하게 된 사연을 고백하듯 털어놓았다.

"곧 풀려나겠지. 네가 유현이 대신 내 곁에 있어 마음 놓인다."

여인은 흐느끼는 현선의 등을 도닥이면서 오히려 위로했다.

7

수화는 유현의 어머니를 만나고 돌아와서 심한 몸살을 앓았

·

다. 예전에 가사 도우미를 하시던 때의 모습과는 전혀 달랐다. 딸이 인질이 되어 생사를 해매고 있는 데도 조금도 흐트러지지 않은 그 모습을 보니 세상을 당당하게 살아왔다고 자부하고 있었던 자신의 생활이 허물어짐을 느꼈다.

"유학에서 돌아왔다는 소식은 들었어. 축하해. 어른들께서도 다 평안하시고…?"

경황이 없을 텐데도 집안 어른들의 안부를 묻는 그 여유도 수화로서는 범접할 수 없는 여유였다.

"우리가 어려웠을 때 어른들께서 많이 도와주셔서 늘 고맙게 생각하고 있어. 유현이도 수화 이야기를 종종 했는데, 그 애가 돌아오면 같이 만나자."

어려웠던 과거를 거리낌없이 말하는 그 마음도 이해하기 어려웠다.

"유현의 소식 듣고 너무 놀랐겠구나. 이렇게 찾아와 줘서 고맙고 위안이 된다."

그녀는 수화의 손을 꼭 잡으면서 고마워했다.

"내가 집안에 가서 일을 돌볼 때에도 수화는 명랑하고 착하고 영리했는데, 여전하구나. 어른들께서 많이 좋아하시겠구나."

그녀는 딸 걱정을 뒤로하고, 수화를 만난 반가움을 숨기지 않았다.

"어머니, 죄송해요. 제가 유현 언니와 함께 갔어야 했는데…."

현선이는 계속 울먹였다.

"여기 남아서 이렇게 찾아와 주니, 오히려 위로가 되고 힘이 된다. 여기 남아서 기도하고 염려해 주는 걸 유현이도 알고 있을 거야."

오히려 친구를 보내고 걱정하고 있는 현선을 위로하였다.

"저도 나중에 이 친구를 통해 들었어요. 얼마나 마음고생이 많으시겠어요. 무사히 돌아올 거예요. 세계의 눈이 그들을 지켜보고 있는데, 안 보내겠어요?"

수화도 진심으로 말했다.

"이렇게 걱정해 주니 마음이 놓여. 세상이 너무 각박해서 돌팔매를 던지는 사람들도 많은데, 내 딸이 세상의 비난받을 일을 하러 갔는가 생각하면 안타깝기도 하고…."

수화는 얼굴이 화끈거렸다. 유현을 비난했던 너무도 추하고 야박했던 자신의 모습이 떠오른 것이다.

"주님께서 보호해 주시리라 믿어. 탈레반들도 사람인데, 더 심한 일은 일어나지 않겠지."

수화는 유현의 어머니의 안정된 모습에 마음이 놓였다.

"믿으니, 세상 사람들의 말에도 귀를 막을 수 있게 되더라. 그러니 주님의 목소리만 들려오는 거야. 나를 연단시키기 위해서 유현이를 그곳으로 보낸 모양이야. 내가 요즈음 세상일에 너무 관심을 많이 두었거든. 생활이 어느 정도 안정되어 걱정이 좀 줄어드니 사람의 마음이 요망을 부리는 거야. 이 기회에 많이 회개하고, 감사하게 되었어. 사람 사는 데 고통이 늘 따라다니지 않겠어. 다 자업자득이지. 유현이에게는 미안하지만. 친구들이 많이 기도해 주잖니? 더구나 그 비서실 분들이 고맙기만 하지. 그런데 오히려 그분들은 유현의 일로 비서실 분위기가 변했다고 하더라. 비서실만이 아니라, 회사 전체 젊은이들 분위기가 달라졌다는 거야. 억지로 고생을 사서 하는 유현이의 마음을 생각하다가, 젊은이들 사이에 '유현이와 함께'라는 모임이 생겼다네. '남과 함께 사는 즐거움을 찾아보자'는 취지라나. 참 주님의 섭리는 놀라워."

수화는 들을수록 가슴이 텅 비는 것 같았다. 그 빈자리에 무언가가 들어앉아 자신을 짓누르는 듯했다. 그럴수록 자랑처럼 지니고 살았던 자기 우월감이 여지없이 구겨지는 것을 느꼈다.

수화는 집으로 돌아오면서 심한 자괴감에 빠졌다. 이러한 부끄러움을 누구에게 털어놓고 싶은데 마땅한 대상이 없었다. 현선에게 말하기에는 아직도 자존심이 허락하지 않았다. 그 앞에서 유현을 비난했는데, 이제 와서 그 생각이 달라졌다고 말하기가 어려웠다. 그렇게 생각하니 가슴이 답답해 오면서, 외로움 같은 감정이 느껴졌다.

집으로 돌아오자 몸이 무겁고 힘이 빠져서 꼼짝도 하고 싶지 않았고, 아무 일도 손에 잡히지 않았다. 침대에 쓰러져서는 도무지 일어나지 못했다. 기운도 없고, 기분도 우울하고, 입맛이 없었다. 하룻밤을 지내고 나자 완전히 탈진 상태가 되었다. 몸에서 열이 나고 입안에 혓바늘이 돋고 가슴이 이따금 울렁거리면서 머리가 멍했다.

새벽에 잠이 깼다. 온몸은 땀으로 절어 있었다. 목이 말라 냉수를 마시러 주방으로 나가는데, 현관문 앞에 신문 떨어지는 소리가 들렸다. 밤새 인질들 소식이 궁금했다. 수화는 신문 기사를 읽어 나가다가 신부의 기고문을 보았다.

··· 아프가니스탄의 탈레반 무장 세력에 우리 국민 23명이 납치되었고 그중 단장인 배형규 목사에 이어 박상민 씨가 살해되었다. 이 사건을 대하면서 자연스럽게 떠오르는 영상이 있다. 3년 1개월 전 이라크에서 있었던 김선일씨의 참혹한 죽음 장면이다. 이 영상 때문인지 연일 처형을 경고하고 있는 탈레반들이 더 섬뜩해진다. 탈레반, 그들은 누구인가. 누구이기에 자기 나라를 도우러 간 봉사대원들을 감금하고 살해하겠다고 경고하는가.

이어 원리주의자인 탈레반의 노선에 대해서 설명하고, 피랍 사태가 장기화되면서 봉사단원들과 교회를 원망하는 방향으로 선회하고 있다고 설명했다. 그러한 태도는 문제가 있다고 하면서 다음과 같이 결론을 지었다.

··· 배 목사가 살해되었다는 소식을 듣고 다음 날 아침 다른 종교의 지도자들과 함께 피랍자 가족들을 찾아 위로 방문을 갔다. 그쪽 관계자들과 이야기를 나누면서 적어도 이번 봉사대 파견은 광신적 개신교의 행위는 아니라는 것을 알 수 있었다. 그저 사망한 배 목사에게 애도를 표하고, 죽음의 위기에 처한 이들의 무사 귀환을 기원해야 한다. 이것이 한 국민 된 도리 아닌가?

수화는 기사를 읽고 또 읽었다. 신문에 진실을 말하는 사람도 있구나.

현선은 현관 앞에 신문 떨어지는 소리를 듣고 밖으로 나갔다.

신문을 배달하는 청년은 집 울타리 밖에서 정확히 현관 문 앞에 신문을 던져 놓았다. 새벽마다 이 신문을 아버지 서재 앞으로 갖다 놓는 것은 현선의 일이다. 그녀는 신문을 들고 들어오다가 1면에 게재된 한 신부의 글이 눈에 띄었다. 〈피랍자를 위해 우리가 할 일〉 우리가 할 일이 무엇인가? 별로 기대를 갖지 않고 읽는데, 눈물이 나왔다. 이러한 때에 바른 말을 하는 사람도 있구나. 현선은 신문을 들고 이층 계단을 오르려다가 뒤돌아와 거실 소파에 앉아서 그 글을 다시 읽었다. 특별한 내용은 아니었다. 그런데 이번 사태 이후에 이런 글은 처음이다.

현선은 수화와 함께 유현의 어머니를 찾아뵈었을 때의 그 어머니 모습이 되살아났다. 너무나 안정되어 있고, 오히려 걱정해서 찾아간 딸의 친구들을 위로했다. 그러한 힘은 어디서 얻을 수 있을까? 수화도 그 어머니 모습을 보며 충격을 받았다고 했다.

아침 식사 후에 현선은 수화에게 전화를 했다.

"나 신문에서 말이야…."

수화의 반응이 헷갈렸다.

"왜 그 글이 그렇게 감동적인지 모르겠구나. 별스러운 내용도 아닌데…. 우리 사회에 진실이 너무 메말라 있었는데, 그 와중에 소박한 진실을 만났기 때문이야. 사람들의 마음이 시멘트 바닥처럼 굳어져 있는데, 진솔한 마음을 읽게 되었어…."

수화의 말끝이 흐려졌다.

현선은 통화를 마치고서도 그녀의 모습이 여전히 눈앞에 어른거렸다.

8

2주가 넘어도 상황은 달라지지 않았다. 다만 사태의 빌미를 제공했던 교회와 봉사단원들에 대한 비난은 좀 누그러졌다. 대신 언론이나 네티즌들은 사태 해결의 기미가 보이지 않자 정부의 무기력을 추궁하기 시작했다. 사람들은 경박한 생각을 경박한 목소리로 토해 내는 데 여전히 열을 올렸다.

배형규 목사가 살해된 지 닷새 만에 박상민이 살해되었다. 사람들은 다시 희생자가 발생할까 두려워했다. 탈레반이 국제 사회의 여론을 무시하고 더 희생자를 내지 않을 것이라고 생각하면서도, 협상의 유리한 고지를 얻기 위해 정략적으로 행패를 부릴 수도 있다는 두려움도 떨쳐 버리지 못했다.

탈레반 대변인이라고 자처하는 카리 유수프 아마디는 두 번째 인질을 살해한 뒤 한 국내 언론과 가진 간접 통화에서 '순차적 살해' 방침과 함께 '여성 인질 살해' 의사를 밝혔다. 이와 같은 주장은 아프간 문화와 이슬람 정신에 정면 배치되는 것이라고 언론은 논평했다. 그런데 그들에게서 어떻게 이슬람 정신을 기대할 것인가? 그들은 협상에서 유리한 입장을 얻기 위해서 그럴 수도 있다. 그래도 국제적으로 자신들의 입지를 약화시키는 일은 하지 않을 것이라고 생각하면서도 불확실성은 여전했다. 그런데 언론들은 탈레반이 돌발적인 사태를 벌일 수 있다고 생각해서인지 조심스러워했다. 그들의 비위를 거슬러서는 아무런 이익이 없다고 생각했던 것이다.

인질사태가 해결점을 찾지 못하게 되자 이제는 그 책임에 대해 공방이 벌어졌다. 탈레반과 협상 다리를 놓고 있는 아프간 정부도 인질 문제보다는 이 사태를 통해 얻게 될 자국의 이익에 더 큰 관심을 두었다. 그들은 한국 정부가 대통령 특사까지 보내 '유연한 대응'을 호소했지만, 변변한 협상도 해보지 못하고 탈레반과 갈등만 더하게 만들었다.

언론은 정부가 협상의 한계성을 드러낸다고 떠들었다. 탈레반은 추가 살해의 주기가 짧아질 것이라고 공언하는 등 압박의 강도를 높이고 있지만, 정부는 대응 전략이 전무하다고 했다. 탈레반이 요구하는 인질과 탈레반 수감자의 맞교환은 우리의 영향력 밖에 있었다. 더구나 아프간 정부는 이 기회에 세계의 여론을 업고 강압적인 군사 작전을 펼 가능성도 배제하지 않겠다는 소문을 퍼뜨렸다. 그들은 이 기회에 자국의 이익을 충분히 얻으려는 것이다. 만약 사태가 악화된다면 도리어 비인도적인 탈레반의 처사를 세계에 알릴 수 있는 좋은 기회가 될 수 있기에 내심으로는 불행한 사태가 일어나기를 바랄 수도 있다.

탈레반은 협상 시한을 몇 번 연기하다가 7월 31일 오후 4시 30분(한국 시간)을 다시 제시했다. 정부는 다양한 채널을 통해 명분을 앞세우면서 물밑 협상을 시도한다고 했다. 전혀 예측할 수 없는 통로를 통해서 탈레반의 막후 세력과 접촉하고 있다는 추측이 나돌았다.

현선은 아버지 생각이 어떤지 궁금했다. 경 목사를 찾아간 일을 알고 있는지 모르겠다.

강 권사 모녀의 기도는 여전했다. 한성교회 원 목사는 노인네들의 성화를 나이 때문이라고 하면서도 이따금 이번 사태에 대한 자기 생각을 점검하기도 했다. 인질들에게 더 나쁜 일이 닥친다면, 교인들은 이 사태에 대한 내 태도에 대해 어떻게 생각할까 두렵기도 했다. 두 노인이 나서면 나를 궁지에 몰아넣을 수도 있다. 교회가 시끄러워진다면 모처럼 이루어 놓은 교계에서의 내 위치에 막대한 손상이 끼칠 것이다. 원 목사는 사회로부터 비판을 받고 있는 한국 교회 안에 그래도 깨끗하고 교회다운 교회가 있다는 인식을 심어주는 데 어느 정도 성공했다. 비판하는 데도 용기가 필요한데, 그 용기로 이번 사태에 대처한 것에 대해 나름으로 만족하고 있다. 그런데 두 노인 때문에 좀처럼 마음이 놓이지 않았다.

이런저런 생각에 잠겨 있던 원 목사는 성 교수에게 전화를 걸었다.

"요즈음 바쁘시죠?"

둘은 막역한 사이이다. 이따금 원 목사는 성 교수에게 설교도 부탁하였고, 현안이 있을 때마다 서로 의논했다.

"그렇지 않아도 목사님께 위로 말씀을 드리려던 참인데…."

성 교수는 장모가 목회자를 괴롭힌다고 생각하고 있다.

"별 말씀을…. 권사님이 계셔서 든든하지요. 제가 미처 모르고 있던 문제를 깨우쳐 주시곤 해서 권사님을 존경합니다. 더구나 모녀 권사님이 저를 아주 든든하게 만들어 주십니다. 제 부족한 점을 사랑으로 채워 주시거든요."

원 목사는 성 교수가 하려는 말을 미리 알고는 말을 막았다.

"목사님의 어려운 점 다 알지요. 제가 언제 사모님을 모시고 식사 자리를 마련하겠습니다. 이번 사태가 무사히 끝나면 위로를 해드리지요."

비정한 도시

"위로 받을 분은 성 교수님이시죠. 옳은 말씀하시느라 얼마나 애쓰시고 마음고생을 하셨습니까? 제가 다 들어 알고 있습니다. 지난번에 경 목사와 통화할 기회가 있었는데, 현선이가 경 목사를 찾아가 일대 토론을 벌였다더군요. 따님 참 순수하다고 경 목사가 부러워하셨습니다."

"처음 듣습니다. 그 어린것이 무슨 일을 저질렀는지, 전 집안에서 여자들 기세에 눌려서 편할 날이 없습니다."

"그래요? 그렇다면 여자들은 빼놓고 단둘이 만나서, 아니 경 목사와 셋이서 만나지요."

"그럽시다. 언제 날을 잡아 보시지요. 이 사태가 좀 잠잠해지면, 어떻든 풀려날 것입니다. 우리 정부에서도 비선을 통해서 협상을 벌이고 있답니다. 대통령에게도 종교를 떠나서 더 이상 희생자가 나타난다면 원인이 어떻든 짐이 되겠지요. 임기 말에 악제를 만난 것입니다. 하여튼 대통령도 교회에 대해서 한이 많으시겠어요."

"저도 그렇게 생각합니다. 세상에 돈 주고 싫다는 사람 있습니까? 뭐 큰 명분 싸움도 아니고, 그들도 돈 받고 풀어 준다면 인명을 소중히 생각하는 모슬렘의 정신을 세상에 알리고, 아프간에 대해서 도덕적인 우월성도 얻을 수 있고 일거 삼득 아닙니까? 아마 두 사람으로 끝낼 겁니다. 그래도 협상이 성에 안 찰 때마다 인질의 고통스러운 모습을 세상에 알리면서 으름장을 놓겠지요. 그러나 결국은 잘될 겁니다."

"그렇게 되리라고 믿습니다. 여름이 지나면 뜨거운 열기도 수그러지지요."

통화를 끝내고서 원 목사는 이번 사태에 대한 기사를 모아 둔 스크랩북을 대강 읽어 보았다. 그중에 사태 해결을 위해서는 미국이 적극 나서야 한다는 미국의 책임론을 직접 언급한 기사들에 관심이 갔다.

"다시 반미 논란이 일겠군. 하기야 근본 원인은 아프간 전쟁에 있으니까, 그런데 미국이 개입하지 않았다면 아프간에 평화가 이루어졌을까?"

원 목사는 역사를 단선으로 보는 소견 좁은 사람들 생각이 답답하게 여겨졌다.

원 목사는 소위 진보적 인사들이 이번 사태에 대한 미국의 태도를 비난하는 칼럼을 읽었다. 미국의 책임론을 강조한다면, 교회는 자연히 반미와 친미로 나눠질 수 있다. 이와는 다른 기사가 눈에 띄었다.

문명사회의 원칙을 깨뜨린 탈레반에 일차적인 책임이 있다는 미국의 주장은 정당하다. 미국이 모든 열쇠를 쥐고 있다는 생각은 사실과 다르다는 청와대의 주장도 납득할 수 있다. 미국 정부의 곤혹스러운 입장도 이해는 간다. 그렇다고 '테러와의 전쟁'을 주도해 온 미국이 그 과정에서 발생한 이번 사태 해결에 적극성을 보이지 않는다면 무책임한 처사다. 미 고위 관계자들이 "이번 사태를 심각하게 우려"하며 "창의적인 노력을 다하고 있다"고 밝힌 것도 미국의 책임을 인정한 대목이다. 그런데 미국 책임론에 대해 인질극을 미국 탓으로 돌리려는 반미 선동으로 간주하는 국내 일각과 보수 언론의 시선은 이해하기 힘들다.

여기에 한발 더 나가서 직접적으로 '음모론'을 제기하는 논조도 있다. 한 신문에 게재된 어떤 소설가의 글은, 이번 사태가 미국의 음모론과 무관하지 않다고 했다.

자국 사태에도 맥을 못추는 아프간 정부는 아주 '의연'하다 싶게 침묵 중이다. 그게 다 미국 눈치를 보느라 그러는 줄은 온 세계가 다 아는데, 미국에 말발 안 서기는 우리나라나 아프간이나 다를 바 없어서 백악관에 보내야 할 특사를 아프간에 보내 놓고 발동동 구르는 줄도 온 세계가 다 안다. 정작 미국은 아무 반응 없다. 해결은커녕 아프간 정부와의 정상회담을 앞두고, 아프간의 군사 움직임만 예사롭지 않다.

원 목사는 스크랩북을 덮었다. 기사들을 읽다 보니 생각의 갈피가 더 잡히지 않았다.

스크랩한 기사의 내용들은 각각 특색 있다. 언론들은 정상회담에서 인질 문제가 논의되지 않았다는 사실에 분노를 터뜨렸다. 정부의 외교 능력의 한계를 꼬집는가 하면 미국에 대한 불만을 숨기지 않았다. 언론의 논조도 이번 피랍사태가 장기화될 것을 우려하면서 근본적인 문제는 한국, 미국 및 아프가니스탄의 3각 관계 안에서 풀어야 한다고 했다. 그런데 세 나라의 입장은 각기 자국의 이해관계에 따라 다르다. 그렇다면 해결의 실마리는 없는가?

하미드 카르자이 아프가니스탄 대통령은 현재 심각한 위기 상황에 직면해 있는데도, 이번 정상회담에서는 탈레반을 패배

한 세력이고 비겁한 행동을 일삼는 세력이라고 매도하면서 구경꾼처럼 행세했다. 인질 사태가 자기네와 무관함을 강조하기 위해 인질은 처음부터 몸값을 받기 위한 비즈니스였다고 규정하였다. 이 사태에서 탈레반의 비인도적 행태를 국제사회의 알림으로써 그들이 비난 대상이 되도록 유도하고 있다. 카르자이 정권은 인질 사건을 통해서 자신의 통치기반을 강화하려는 것이다. 미국도 적극적으로 나서지 않고 있다.

원 목사는 머리가 복잡했다. 모두들 자국의 이익에 배치되는 일에는 관심을 두지 않는다면, 교회는 어떤 태도를 취해야 할 것인가? 원 목사 자신의 생각이 단순했음을 비로소 느끼기 시작했다.

TV 뉴스가 인질을 구출하기 위해 군사 작전도 고려할 수 있다고 보도했다.

뉴스는 이어졌다.

"한 외신은 아프간 정부가 거액의 몸값을 탈레반 측에 지불해서 인질 8명이 곧 풀려날 것이라고 합니다. 바그람 기지 국군부대에서는 풀려날 인질들을 위해 모든 준비를 다 갖춰 놓고 기다린다는 것입니다."

8명이라도 다행이다. 더구나 여자 단원 중에는 음식이 맞지 않아서 영양실조에 걸린 데다 공포감까지 더해져서 상당히 어려운 상태에 처해 있다지 않은가. 이들이 석방된다니 다행스러운 일이다. 원 목사는 인질들 중에 자신의 가족이 있다고 생각해 보았다.

그런데 7시 저녁 뉴스에는 불길한 소식이 전해졌다. 현지 인질 협상 대책반은 아프간 정부 인사에게 거액의 몸값을 배달하도록 했는데, 이 돈이 증발했다. 탈레반이 돈을 받고도 약속을 이행하지 않았다는 말도 떠도는 한편, 아프간 당국자는 몸값은 틀림없이 전했으니 인질들은 풀려날 것이라고 말한다. 원 목사는 초조했다. 무슨 일이 곧 일어날 것만 같다. 그 상황에 처한 인질들의 마음은 어떨까? 저 뉴스를 듣는 가족들은 얼마나 초조할까? 그들의 고통이 실감되었다.

9시 저녁 뉴스에서 인터뷰하는 여성 봉사단원의 사진이 공개되었다. 헤자브(베일이 달린 망토 모양의 이슬람 여성 의복)를 쓴 그들의 표정은 절망과 체념과 공포에 짓눌려 있었다. 도저히 봉사단원이라고 믿어지지 않았다. 지난 8월 1일에 탈레반 카리 유수프 아마디 대변인이 아프간이슬라믹프레스(AIP)와의 통화에서 "여성 인질 2명의 건강 상태가 악화돼 사망할 수도 있다. 우리는 약도 없다"고 했을 때의 그 기사가 생각났다.

내가 이들이 처한 상황에 대해 너무 무심했구나. 내 아들과 딸이 그러한 상황에 있다면, 아니 우리 교회 청년 몇이 인질이었다면 내가 지금 어떤 처지였을까? 기도실에서 기도하는 늙은 권사들 얼굴이 떠올랐다. 그들은 한평생 내가 상상할 수 없는 고통을 겪으면서 살아왔다. 나는 생활의 고통을 모른다. 일부러 금식하기 위해서 밥을 굶어 보았지 없어서 굶은 적은 없다. 누구에게 신체적인 억압을 당한 적도 없다. 군목이 되기 위해 훈련 때에 집단 기합이나 훈련 정도를 받은 게 고작이다. 신체의 자유가 유보된다면 얼마나 고통스러울 것인가. 생각할수록 자신의 체험과 사유가 하찮음을 느꼈다. 얼굴이 뜨거워지면서 강단에서 교인들에게 하나님 말씀이라고 전했던 설교의 진실성이 의아해졌다. 내가 확인한 진실을 전했던가? 그 언어가 바로 하나님의 언어였던가? 생각할수록 부끄러움이 더했다.

7. 윤 선생의 일기

I

7월 27일 밤이었다. 우리가 막 잠자리에 들려고 하는데, 밖이 어수선했다. 무장한 탈레반 청년 둘이 들어오더니, 모든 짐을 갖고 마당으로 모이라고 했다. 나는 손목시계를 보았다. 습관이 되었다. 언제부터인가, 인질로 있는 동안의 일들을 기록하기로 했다. 볼펜으로 셔츠 자락에도 쓰고, 바지 안에도 썼다. 우선 급하면 손바닥에 써놓았다가 잠자리에 들기 전에 정리해서 적어 놓았다. 탈레반은 우리를 납치하고서, 절대로 이 상황을 기록으로 남기지 말라고 지시했다. 만약 발각될 때에는 간첩으로 인정하겠다고 했다. 우리는 되도록 탈레반의 요구대로 따르기로 했다. 그렇다고 이러한 특수 상황을 기억에만 의지할 수 없어서 중요한 내용을 기록으로 남기기로 했다.

탈레반은 우리를 한곳에 오래 머물게 하지 않았다. 이동은 항상 밤중에 했다. 언제 적이 공격해 올지 모르기 때문이라는 것이다. 특별히 이번 인질사건으로 미군과 유럽 연합군과 아프간 경찰이 예민하게 탈레반의 이동을 추적하고 있기 때문에, 야간에 이동할 수밖에 없다고 했다.

우리는 마당에 모였다. 그저께 이곳 산 중턱에 있는 독립가옥으로 이동해 왔다. 마당에 나서자 주위가 너무 조용했다. 좀 떨어진 동네에도 모두 불이 꺼져 있어서 단지 별빛으로 희미하게 주위를 분간할 수 있었다.

"여러분들은 이제 아프간 경찰에 수감되어 있는 우리 동지들과 교환하기 위해서 가는 것이니 그리 알라."

탈레반 중 한 사람이 한 말을 선교사가 전했다. 그들은 이동할 때마다 그런 말을 했다. 처음에는 내심 기대를 가졌으나 이제는 별로 마음 쓰지 않았다. 그렇다고 믿지 않을 수도 없었다.

산비탈 길을 조금 내려가니, 길가에 오토바이 세 대가 기다리고 있었다. 그들은 우리를 오토바이에 나누어 태우고는 전날 밤우리가 왔던 길로 되돌아갔다. 오토바이는 헤드라이트를 끈 채엔진 소리를 내지 않으려 천천히 움직였다. 맞바람이 얼굴에 부딪치자 싸늘했다.

얼마를 가다가 오토바이가 벌판 가운데 멈췄다. 우리는 모두 내렸다. 그리 멀리 오지 않은 것 같았다. 아마 산 중턱에서 산기슭평지로 내려온 것 같았다. 그들은 오토바이에 실었던 돗자리 같은 것을 꺼내어 땅바닥에 펴 놓더니 그 위에서 산을 향해 절하며뭔가 중얼중얼 기도를 드렸다. 그러더니 우리에게도 앉으라고 했다. 우리는 돗자리에 쪼그려 앉았다.

그들 중 한 사람이 핸드폰으로 어딘가에 연락을 했다. 우리는정말 그들의 동지들과 맞교환되는가 기대를 가졌다. 오늘 교환되면 이 사람들과도 마지막이구나. 그런 생각도 해보았다. 그때 우리를 태워 온 청년 탈레반이 내게로 다가왔다. 그와는 숙소에 있을 때에 이야기를 나눈 적이 있었다. 나이는 스물이 채 안 되었고, 고교를 졸업했다고 말했다.

"미군과 카르자이는 우리의 원수이다. 카르자이는 미국을 등에 업고 동족을 몰살시켜 정권을 영원히 잡으려고 하고 있다."

이름이 에르판이라는 그는 흥분해서 말했다. 선교사의 통역으로 그 말을 알아들을 수 있었다. 그리고 카르자이를 이렇게 죽이고 싶다며 자기 팔을 토막토막 자르는 시늉을 하였다. 그러면서 그는 입고 있던 카키색 조끼를 뒤집어 보였다. 폭탄을 잔뜩 넣어 꿰맨 조끼는 꽤 묵직해 보였다. 그는 이렇게 폭탄으로 무장해서 미군 탱크가 달려오면 몸을 날려 폭파할 것이라고 신나게 말하였다. 나는 그 말을 들으면서 얼마 전에 폭탄 차량이 한국군을 공격한 사건이 생각났다. 평소에는 우리에게도 아주 친절하게 대해 주었던 청년이었는데, 미군과 카르자이 이야기가 나오면 순식간에 달라졌다. 나는 덜컥 겁이 났다. 언제고 저들이 흥분하면 그들이 입고 있는 폭탄조끼가 터질 것이고, 우리 모두 몰살할 수도 있겠구나 생각되었다.

휴대폰으로 전화 연락을 하던 에르판이 갑자기 화를 벌컥 내었다. 우리는 어둠 속에서도 그의 긴장된 표정을 감지할 수 있었다. 그가 뭐라고 투덜거리더니 자리에서 일어나면서 우리에게 다시 오토바이에 타라고 소리를 질렀다. 아마 인질 교환이 수포로 돌아간 모양이다. 나는 맥이 풀렸다. 더구나 화난 에르판이 두려웠다. 우리는 말없이 한 오토바이에 셋씩 탔다.

오토바이는 조명등을 끈 채 다시 천천히 움직였다. 우리는 하늘의 별들을 바라보면서 입속말로 '주님'을 찾았다. 하늘의 별들을 보니 마음이 좀 편안해졌다. 저 별들은 전쟁을 하지 않는다. 그때 내가 탄 오토바이 맨 뒤에 탔던, 현지어를 잘하는 민영자 자매가 중얼거리듯이 현지어로 말했다.

"하늘의 별들이 참 아름답군요."

그 말에 오토바이를 운전하던 에르판이 뒤를 돌아보면서 뭐라고 말했다.

"아름답지요. 하늘에는 전쟁이 없으니까, 악한 사람이 살지 않으니까, 별들이 아름다울 수밖에 없지요."

민영자 자매가 통역을 해줬다. 에르판의 목소리가 나지막한 것을 보면 마음이 좀 가라앉은 것 같았다. 나도 차츰 편안해졌다. 누구도 말을 하지 않고 모두 하늘을 쳐다보았다. 어둑한 산 그림자가 앞으로 다가왔다. 다시 산속으로 들어가는 것인가. 주위가 조용하자 투투투 오토바이 엔진 소리만이 적막을 흔들었다. 길은 차츰 오르막이었다. 나무도 없고, 주변에는 헐벗은 작은 구릉들이 연이어 눈앞을 스쳐 갔다. 오토바이는 구릉들 틈을 이리저리 피하면서 느릿느릿 앞으로 달려 나갔다.

고원지대가 시작되는 산기슭에 꽤 넓은 개활지가 있는데, 그 건너에 동네가 나타났다. 모두 불이 꺼져 있으나, 사람이 살고 있는 동네라는 것을 짐작할 수 있었다.

오토바이는 외딴집 앞에 멎었다. 에르판은 흙집 마당에 우리를 내려놓고 집 안으로 들어가도록 했다. 우리가 집 안으로 들어가는데, 마당가에서 기척이 나고 짐승 우는 소리도 났다. 당나귀

비정한도시

우리였다. 그들은 당나귀 우리 한편에서 밤을 지내도록 말하고 사라져 버렸다. 당나귀 우리 한편에 깔려 있는 지푸라기 위에 앉았다. 나는 시계를 꺼내 보았다. 2시가 가까워 오고 있었다. 신발도 벗지 않은 채 벽 쪽에 짐을 놓고 거기에 기대었다. 잠시 후에 에르판이 담요 몇 장을 들고 왔다. 그는 한쪽에 쌓여 있는 짚더미를 날라다가 당나귀 우리와 잠자리 사이에 높직이 쌓아서 경계를 만들었다. 그리고 짚단을 여러 개 풀어 바닥에 두툼하게 깔았다. 우리는 그가 움직이는 모습을 무심히 바라보았다. 그는 짚이 깔려 있는 바닥에 풀썩 앉아 보고는 뭐라고 한마디 하더니 나가 버렸다.

"잘 자라는 인사예요."

통역하는 자매의 말에 나는 폭탄조끼를 입고 카르자이를 죽이고 싶다던 에르판이 동생처럼 친근하게 느껴졌다. 잠이 잘 올 것 같았다.

2

에르판의 집에서 이틀을 묵은 다음 우리는 다시 이동하였다. 한밤중에 에르판이 우리를 깨웠다. 그의 곁에는 그보다 좀 나이가 든 청년 탈레반이 우리에게 미소를 지으며 서 있었다.

우리는 짐을 들고 밖으로 나왔다. 밤 날씨가 쌀쌀했으나 기분이 상쾌했다. 이제는 옮겨 다니는 것도 두렵지 않았다. 마당으로 경운기가 들어왔는데, 그 엔진 소리도 친근하게 느껴졌다. 그들은 우리의 다리와 발이었다. 에르판이 다가와서 내 손을 덥석 잡으며 뭐라고 말했다.

"에르판이 작별 인사를 하네요."

민영자 자매가 나직하게 속삭였다. 나는 갑자기 목이 아르르 저려 왔다. 그가 고향에 있는 조카처럼 느껴졌다. 어둑해서 표정은 분명하지 않았으나, 이제 한창 꿈을 키워 갈 나이에 폭탄조끼를 입고 카르자이에 대한 분노를 안고 살아가는 그의 처지가 안타까웠다. 나는 그의 손을 꼭 잡으면서 무슨 말이라도 하고 싶었지만 얼른 말이 나오지 않았다.

"며칠 동안 고마웠다. 이제는 정이 들 만한데 갈리게 되는구나. 건강히 지내고 몸을 아껴라. 언젠가 전쟁이 끝나면 한국에 와. 너를 환영하겠어."

나는 한국말로 말했다. 옆에서 우리는 지켜보던 민영자 자매가 서툰 푸슈튠어로 통역해 주었다. 내가 잡은 그의 손이 따스해졌다.

우리가 탄 경운기가 적막을 흔들면서 움직였다. 뒤를 돌아보니 그가 손을 흔들고 있었다. 목이 메었다.

'너는 절대로 죽어서는 안 된다. 제발 조끼 안에 끼워 넣은 폭탄을 빼어 버려라. 주님, 저 청년을 보호해 주소서. 이 땅에서 전쟁이 끝나게 하소서.'

울먹이면서 기도했다. 민영자 자매의 기도 소리도 들렸다. 에르판네 집이 보이지 않았다. 탈레반이 뭐라고 지껄였다. 민영자 자매가 그에게 대답하고는 내게 말했다.

"우리더러 뭐라고 중얼대느냐고 물었어요. 에르판을 위해 기도한다고 말했지요."

비정한도시

어둑한 공간으로 에르판의 얼굴이 선명하게 나타났다가 사라졌다.

하늘을 쳐다보는데 갑자기 눈앞이 환해졌다. 벌판을 막아 둘렀던 산들 위로 약간 이그러진 달이 떠오르고 있었다. 달빛에 산들이 모습을 드러내기 시작했다. 하늘에도 별들이 총총 빛나고 있다. 탈레반에 억류된 이후 처음으로 마음 놓고 바라보는 밤하늘이었다. 왜 오늘에야 밤하늘을 바로 바라볼 수 있었을까? 그동안 늘 밤에만 이동했으니, 아프간 하늘의 달은 보았을 것이다. 오늘 밤 유난히 달이 아름답게 보이는 것은 에르판 때문이다. 그가 우리에게 정을 나누어 주었기에, 우리가 그를 위해 기도했기에, 그와 우리의 마음이 하나 되었다. 그러한 우리 마음이 달에게까지 전해졌구나. 총을 메고 우리를 인솔하는 탈레반 청년도 그리 두렵지 않았다.

순간 한국에 있는 얼굴들이 생각났다. 그들은 밤을 새워 가면서 우리를 위해 기도하고 있을 것이다. 고향으로 생각이 달려갔다. 어릴 때 살던 고향 집, 아내와 아이들의 얼굴이 떠오르는 순간 가슴이 미어질 듯이 울렁거리면서 눈물이 마구 흘러내렸다. 나는 무사하게 있는데, 나이 드신 부모님께서는 얼마나 걱정하실까? 지금 내가 보고 있는 달을 바라보고 있을 것이다. 달은 모든 나라, 모든 사람들에게 그 얼굴을 숨기지 않고 공평하게 비춰 주고 있다. 달처럼 주님도 우리 모두와 함께 있을 것이다. 차츰 마음이 가라앉았다. 그때였다. 유성이 꼬리를 길게 그으면서 산 너머로 사라졌다. 우리를 안내하고 있다고 생각되자 마음이 더 편해졌다.

한 농가에 도착했다. 우리가 마당으로 들어섰을 때에 한밤중인데도 축사에서는 염소 울음소리가 났다. 마당 한편에 축사인 듯한 허름한 건물이 있는데, 그 안에서 짐승들 기척이 들렸다. 우리는 창고 같은 곳으로 들어갔다. 칸막이로 꾸며진 방 밖에는 짚단들과 부대들이 쌓여 있었다. 가축들의 먹이와 곡식부대인 것 같았다. 우리가 들어간 방은 흙벽인데, 바닥에는 천으로 된 요가 깔려 있었다. 짐을 풀어 놓자, 우리를 안내해 왔던 청년이 담요를 몇 장 갖고 왔다. 우리는 겨우 신발만 벗고 누웠다. 눈을 붙이려는데, 다시 그 사내가 들어와서 뭐라고 말했다.

"잠자리가 불편하지 않느냐고 묻는데요."

통역하는 자매의 목소리가 멀리서 들려오는 것 같았다. 청년이 나가고 나자 밖에서 '철그럭' 하고 금속성이 들렸다. 자물쇠로 문을 채우는 소리였다.

아침에 일어나 보니 집 주위는 채마밭이고, 집 너머에는 키 작은 나무들이 듬성듬성 있는 바위산이 있었다. 그 산세가 얼마나 심한지 모두 깎아 세운 바위로 이루어져 있고, 그 사이사이 틈틈이 나무들이 있었다. 그러한 산들이 첩첩이 연이어 있다. 산 속으로 들어가면 길을 찾기 힘들 것 같았다. 산 맞은편은 벌판인데, 거기에 동네가 보였다. 우리가 머물고 있는 농가는 마을에서 멀리 떨어져 있었다. 나는 우리를 이곳으로 옮겨 온 탈레반의 의도를 알았다. 무슨 일이 일어나면 우리를 곧장 산속으로 이동시킬 것이고, 산속으로 들어가면 적으로부터 보호받을 수 있을 것 같았다.

나는 용변을 보기 위해 밖으로 나왔다가 집 주위를 살펴보았다. 집 안이 떠들썩한 걸 보니 식구가 많은 것 같았다. 넓은 마당에는 우리가 머물고 있는 별채와 안채 그리고 축사로 쓰는 건물이 있다. 축사에는 젖소와 양과 염소와 토끼 등이 여럿 보였다. 닭장에서는 닭 소리도 들렸다.

나중에 알았지만, 이 집 주인 이름은 아스카라였다. 집 안에서는 아이들의 떠드는 소리, 축사에서 짐승들의 울음소리, 야단치는 엄마의 소리로 시끌벅적했다. 아스카라는 자그마한 키에 마흔쯤 되어 보이는 농부였다. 그런데 우리의 숙소를 제공하는 것을 보면 단순한 농부는 아닌 듯했다.

아침 식사가 나왔다. 아스카라가 열대여섯 살 되는 소년과 함께 음식 접시를 들고 들어왔다. 접시 하나에는 기름에 볶은 감자가 있고, 다른 접시에는 계란 프라이가 담겨 있었다. 그런데 감자 볶은 것은 너무 기름져서 입맛에 맞지 않았다. 자매들은 음식에 예민했다. 특히 이곳 음식 냄새에 약했다. 그래도 우리는 감사한 마음으로 접시를 다 비웠다. 음식을 다 들자 우유를 갖다 주었다. 비릿한 냄새 때문에 우유는 조금만 마셨다.

식사를 가져온 마르드라는 소년은 이 집 둘째아들이라고 했다. 형은 뭘 하느냐고 물으니 대답하지 않고 웃기만 했다. 그는 우리가 우유를 마시지 않는 것을 알고는 얼른 나가더니 작은 주전자와 찻잔을 갖고 들어와 따라 주었다. 홍차였다. 느끼한 음식을 먹어 텁텁한 입안이 홍차를 마시자 좀 개운해졌다. 마르드는 우리가 홍차를 잘 마시는 것을 보더니 안심된다는 듯이 빙긋이 웃었다. 그들이 우리 식사를 걱정하는 것을 알았다. 우리를 적으로 생각하지 않고 제 집에 들어온 손님으로 대하는 그 마음이 너무 고마웠다.

한낮이 되자 날씨가 맑고 꽤 더웠다. 그래도 그늘 아래만 있으면 서늘했다. 마르드는 열다섯 살인데 중학교를 다니다가 그만두었다고 했다. 형은 고등학교까지 나와서 탈레반 본부에서 일한단다. 우리는 탈레반이 이 집 주인을 신임하고 있다는 것을 알게 되었다. 그렇게 생각하니 기분이 묘했다. 더구나 이 마르드가 어쩌면 우리를 지키는 책임을 맡고 있을지도 모른다. 그러고 보니 소년에 대한 감정이 사뭇 달라졌다.

점심 식사로 홍차와 함께 목제 그릇에 삶은 감자를 가득 담아왔다. 점심을 먹고 나자 마르드가 우리에게 밖으로 나오라고 했다. 그는 우리를 마당 한편에 있는 우물로 데려갔다. 거기에는 샴푸와 비누가 있고, 세숫대야 같은 그릇에 물이 가득 담겨 있었다. 대야는 무쇠로 만든 솥뚜껑처럼 생겼는데, 바닥이 얇고 널따랗다. 마르드는 우물에서 펌프로 물을 퍼 올리는 방법을 말해 주면서 직접 해보였다.

우리는 교대로 머리를 감았다. 빨래도 했다. 집 안에는 그 소년 외에 아무도 없었다. 동생들은 학교에 갔다면서 동네 쪽을 가리켰다. 그동안 빨래를 할 수 없었다. 갖고 있던 내의를 오래 입어서 몸에서 냄새가 났다. 여유롭게 빨래를 해서 마당가에 널었다. 그러고 나자 졸음이 왔다. 마음이 좀 여유가 생기고 한가하기 때문일까. 방으로 들어와 오랜만에 마음 놓고 낮잠을 잤다.

문 두드리는 소리에 잠이 깼었다. 일어나 문틈으로 내다보니, 우리를 여기로 데려왔던 무장한 탈레반과 아스카라가 보였다. 내가 문을 밀고 밖으로 나가자 그들은 빙긋 웃으면서 모두들 밖으로 나오라고 했다.

　탈레반은 보자기에 싼 것을 내밀었다. 비스킷과 콜라, 환타와 화장지 두루마리였다. 그동안 우리는 화장지가 없어서 걱정을 많이 하고 있었다. 둘은 뭐라고 이야기를 나누었다. 나는 고개를 끄덕이면서 "고맙습니다" 하고 한국말로 인사했다. 그때 나는 아스카라가 들고 있는 주먹만 한 무전기를 보았다. 아스카라는 탈레반 병사는 아니지만, 그들로부터 꽤 신임을 받고 있는 사람이었다.

　저녁이 되자 이 집 아이들이 마당으로 나온 우리를 신기한 눈으로 쳐다보았다. 여남은 살 되는 여자아이와 그 바로 아래 동생인 자매와 막내인 대여섯 살 된 사내아이였다. 모두 얼굴이 가무잡잡하게 탔으나 눈망울은 초롱초롱했다. 우리가 방으로 들어오자 그들도 뒤따라 들어왔다. 민 자매가 낮에 탈레반으로부터 받은 비스킷을 주었더니 고개를 흔들면서 집에도 있다고 손짓으로 말했다.

　저녁에는 호떡과 같이 밀가루로 만들어 구운 떡에 양파 잎사귀 절인 것을 내놓았다. 피랍 기간 중에 처음으로 먹어 보는 채소였다. 마르드의 누이인 레흐마르가 양파 잎사귀 절인 것에 떡을 조금 떼어 싸서 먹으라고 손짓으로 시늉하면서 설명했다. 그러나 자매들은 양파 냄새가 너무 자극적이라면서 좀처럼 먹지 못했다. 먹지 않는 자매들 모습을 보던 레흐마르의 표정이 어두워졌다. 그녀는 얼른 집으로 달려가더니 비스킷을 갖고 와서 내밀었다.

　"우리도 있어."

그 소녀의 얼굴을 보던 두 자매는 양파 절인 것에 떡을 싸서 천천히 먹었다. 톡 쏘는 냄새 때문에 도무지 먹을 엄두가 나지 않았는데, 막상 먹어 보니 괜찮았다. 레흐마르의 표정이 곧 밝아졌다.

저녁에는 기름밥을 맛있게 먹었다. 볶음밥 비슷한 것인데, 야채는 전혀 없고 밥을 기름에 볶은 다음 소금으로 간을 맞춘 것이었다. 그래도 우리가 먹기에는 거친 밀가루로 만든 떡보다는 한결 나았다.

저녁 후에 레흐마르가 우리 방으로 오더니 밖으로 나오라고 했다. 나가 보니 마르드와 그 동생 그리고 어머니가 마당에 거적을 깔고 앉았다가 자리를 비켜 주었다. 우리는 그들과 이야기를 나누었다. 그들의 집안 사정 이야기였다. 부인은 남편과 둘째 아들과 함께 농사를 짓는다고 했다. 그리고 남편은 예전에는 공무원으로, 우리로 말하면 군청에서 일하다가 이제는 공직을 그만두었단다. 그러나 지금도 이 주위 마을 일을 돌본다고 했다. 민영자 자매의 설명을 들으면 아마 탈레반의 일반 조직 책임자인 것 같았다.

우리는 한국에 대해서 조금 설명했다. 그리고 아프간에서 어려움을 당하는 어린아이와 홀로 된 여인들과 병자를 도우려고 왔다고 했다. 부인은 고개를 끄덕이면서 이해하는 것 같았다. 불편한 점이 있으면 말하라고 했다. 나는 큰아들 이야기를 물을까 하다가 참았다. 이야기를 하는 동안에 마르드의 오른발 둘째 발가락이 반쯤 짧다는 것을 알았다. 내 시선이 그 발가락에 오래 머무는 것을 눈치챘는지, 마르드가 "비행기 폭격으로 포탄 파편에 맞아 발가락이 잘려져 나갔다"고 설명했다. 큰아버지와 할아버지도 전쟁 중 폭격에 숨졌다고 그의 어머니가 말했다.

탈레반들은 집 주인에게 우리를 맡기고 이삼일에 한 번씩 찾아와 점검을 하고 돌아갔다. 올 때마다 비스킷과 음료수를 갖고 왔다. 자매 둘이 음식을 제대로 먹지 못하고 있다는 것을 알았던 것이다.

그 집에서 머무는 동안 우리는 그 집 딸인 레흐마르와 친해졌다. 열 살밖에 안 된 그 아이는 행동이 어른스러웠다. 아마 큰딸이어서 어머니를 도와 집안 일도 많이 하는 것 같았다. 학교에 다녀오면 꼭 우리 숙소로 와서 이것저것 살폈다. 그러고는 뭐라고 말을 했다. 불편한 것이 없느냐고 묻는 것이었다.

레흐마르는 동생들을 데리고 학교를 다녔다. 학교 가는 시간이 되면 그가 소리를 지르면서 동생들을 재촉했다. 학교에 다니지 않는 막내는 어머니와 함께 밭에 갔다. 낮에는 집이 비었는데, 마르드가 종종 들락거렸다. 주인의 얼굴은 저녁에나 볼 수 있었다. 레흐마르는 학교에 다녀와서 집안을 청소하고는 저녁 준비를 하였다.

아스카라가 저녁 식사 후에 밖으로 나와서 바람을 쏘이라고 했다. 우리는 마당에 깔아 놓은 거적에 앉아서 밤하늘을 쳐다보았다. 그들은 우리에게 많은 배려를 해주었다. 우리도 그들에 대해서 적대 감정을 갖지 않았다. 우리는 모두 같은 사람들이다. 함께 지내다 보면 정이 든다는 것을 알았다. 민족이나 국가나 사상과 종교를 떠나서 누구나 친구가 될 수 있다.

3

며칠 동안 별 일이 일어나지 않았다. 해가 뜨면 하루가 시작되는구나 생각하면서 아침 요기를 했고, 어서 하루가 빨리 지나가기를 기다렸다. 시간이 지나가면 뭔가 좋은 일이 일어날 것만 같았다. 정부가 인질 석방을 위해 애쓰고 있을 것이다. 그러한 생각을 갖고 하루하루를 살았다.

날씨가 너무 더워 견디기 힘들었다. 아침 식사를 마치고 나면 어서 저녁이 오기를 기다렸다. 저녁에 이동을 하지 않으면 그런대로 불편한 자리에서나마 발을 뻗고 잠잘 수 있다. 그런데 어떤 때는 이동하는 것이 기다려지기도 했다.

아침 식사 후에 조용히 예배를 드리고 나서 (우리가 거처하는 방은 좀 떨어져 있어서 밖으로 소리가 새어 나가지 않기 때문에 예배를 드리는데 문제가 없었다) 모두들 오늘 무슨 일이 일어날까 생각에 잠겨 있었다. 마음속으로 걱정 반 기대 반이었는데, 간호사로 일하였던 한 자매가 재미있는 이야기를 하겠다고 말문을 열었다.

우리는 그의 이야기에 귀를 기울였다.

"이것은 정신병원에서 실시했던 실험 결과인데, 우리 처지에 한 번쯤은 생각해 볼 만해서 나누려 해요. 결론을 말하면 우리를 노리는 적은 탈레반이 아니라 공포라는 것입니다. 하나님께서 우리와 함께하시니까 두려워할 필요가 없지요. 그런데 우리는 약하고 내일이 불확실하기 때문에 공포감에 짓눌려 버릴 수도 있어요. 이 이야기는 공포의 실체를 잘 설명해 주는 사례거든요. 저는 한때 정신병원에서 근무한 적이 있어요."

그 자매는 어떤 실험 내용을 소개했다.

비정한 도시

어떤 사람을 포박하고 눈을 가린 채 눕혀 놓고는 "나는 널 죽일 거야"라고 말하면서 그의 이마에 물방울을 한 방울씩 톡 톡 계속 떨어뜨리면 그 사람은 결국 죽게 된다. 붙잡힌 사람은 그 물방울을 죽이기 위한 무기로 생각하게 된다. 이제는 살길이 없다는 공포심 때문이다. 그래서 자신의 머리에 떨어지는 물방울이 마치 자신을 겨냥한 총알처럼 느껴져서 결국 심장마비와 호흡곤란으로 사망하게 된다.

"여러분, 우리가 가장 두려워할 것은 탈레반이 아니라, 미래에 대한 불확실과 그로 인한 공포감입니다. 차라리 구타하면 맞고 견디지만, 언제 어떤 일이 벌어질지 모르는 상황에서는 죽음의 그림자가 곁에 따라다니는 것처럼 생각되기 때문에 고통스럽게 됩니다. 여러분, 지금까지 겪어 보았듯 탈레반들도 한 사람 한 사람씩 상대해 보면 우리와 같은 사람들이고, 그 성품도 악하지 않다는 것을 알았습니다. 우리의 지금 처지를 지구상에서 우리들이 알지 못하는 이웃들의 생활을 체험하면서 공부하는 기회로 생각하십시다. 그러한 학습을 통해 우리가 여기에 와서 봉사 활동을 해야 하는 이유도 비로소 알게 될 것입니다."

자매는 경쾌하게 결론을 내렸다. 우리는 다 함께 어깨를 맞댄 채 목소리를 낮추어 기도했다.

"이 땅에 살고 있는 모든 사람들을 사랑할 수 있는 넓은 마음을 허락해 주시옵소서. 저들에 대하여 증오감이나 연민이나 적대감을 갖지 말게 하옵소서. 저들도 우리에게 그러한 마음을 갖지 않도록 주님이 인도해 주시옵소서."

기도하고 나니 마음이 한결 가벼워졌다. 방 안이 찜통처럼 더

웠으나 더위를 느끼지 못했다.

"다가올 시간에 대해 불안해하지 맙시다. 우리가 겪는 일은 무의미하지 않습니다. 주님께서 허락해 주신 시간 안에서 살아가고 있습니다. 우리의 시간은 다 의미가 있습니다. 그래서 기록으로 남겨야 합니다. 기록한다는 것은 이 생활이 의미 있음을 전제하는 것입니다. 지금 제대로 일기를 쓸 수 없는 형편이니까, 어떤 방법으로든지 생활을 기록으로 남겨 둬야 합니다."

그 자매의 제의에 모두가 동의했다.

"탈레반에게 들키면 공연히 트집을 잡힐 수 있으니까 그 점을 유의해야 합니다."

우리는 각자의 형편대로 기록하기로 했다. 잠자기 전에 옷의 안감에 쓰거나, 갖고 있는 휴지에 써서 그것을 또 다른 휴지 중간중간에 끼워 넣는다든지, 글씨를 낙서처럼 난잡하게 쓴다든지, 여러 방법에 대해 의견을 나누었다.

밤 11시쯤 다시 이동하게 되었다. 12인승 봉고에 8명이 탔다. 차가 마을을 빠져나가 얼마쯤 가다가 길가에 멈췄다. 인솔하던 탈레반이 모두들 내리라고 했다. 우리는 여기에서 풀려나구나 생각했다. 이따금 그들은 우리가 곧 석방하게 될 것이라는 말을 은근히 흘리기도 했다. 한참 기다렸으나 소식이 없었다. 호송하던 탈레반 두 사람이 뭐라고 중얼거렸다.

우리는 초조하게 기다렸다. 그때 오토바이 소리가 멀리서부터 점점 가까이 들려왔다. 우리는 오토바이가 달려오는 쪽을 향해 귀를 모았다. 잠시 후 오토바이가 도착하자, 탈레반이 그쪽으로 다가가서 지껄였다. 그런데 왔던 오토바이가 휙 하니 뒤돌아

비정한도시

가 버렸다. 탈레반이 불만스럽게 투덜거렸다.

그는 우리를 한 줄로 세워 놓더니, 선교사에게 다가가서 뭐라고 말했다. 이번에 맞교환할 계획이었는데, 중간에서 사고가 생겨 석방하지 못하게 되었다고 통역했다. 우리는 낙담했다. 그런데 다시 생각하니, 한국 정부에서 우리 석방을 위해 애쓰고 있는 것을 알게 되어 마음이 놓였다.

그런데 탈레반은 우리 소지품을 검사하기 시작했다. 우선 노트와 필기도구를 다 내놓으라고 했다. 만약 안 내놓으면 간첩으로 인정하겠다고 했다. 우리는 한 사람씩 탈레반 앞에서 필기도구인 볼펜과 연필 그리고 공책을 모두 내놓았다. 탈레반은 짐도 조사했다. 글을 쓴 수첩이나 메모지도 모두 빼앗았다. 그런데 김연선 자매의 핸드백 속에 있는 성경책은 한 번 쭉 훑어 보더니 그냥 돌려주었다.

나는 마치 이러한 일이 앞으로 벌어질 것을 예견이나 한 듯이 그동안 수첩에 메모해 둔 것을 모두 휴지에 옮겨 놓고는 그것을 다른 휴지 사이에 끼워 놓아서 뺏기지 않았다.

다시 봉고에 타서 한 시간쯤 이동했다. 마을을 지나 한 10분쯤 더 가서 한 독립가옥 마당으로 들어섰다.

아침에 아마드네라는 아이가 식사를 갖다 주었다. 아이는 친절했다. 열세 살이라는데 학교에 다녀오면 집안을 차근차근 정리했다. 아버지는 안 보였고, 밭일은 어머니와 아이의 누이가 도왔다.

그 집에서 이틀을 지내는 동안 우리는 아마드네 식구들과 친해졌다. 나는 선교사를 통해 그 아이에게서 노트와 볼펜을 좀 빌려 달라고 했다. 아마드네는 씩 웃으면서 고개를 끄덕였다. 저녁 식사를 갖고 들어온 그는 누런 공책과 볼펜을 한 자루 갖다 주었다. 여기서만 쓸 수 있고 다른 데로 가져가면 안 된다고 했다. 아이는 참 똑똑했다. 그는 노트 페이지마다 일련번호를 적어 놓고는 웃으며 보여 주었다. 한 장이라도 없어지면 안 된다고 했다.

우리는 어떻게 일기를 기록할까 궁리했다. 어떤 자매는 조그만 종이 조각에 메모해서는 탈레반이 사다 준 치약 통 안에 숨겼다. 다른 자매는 마침 베이지색 계통의 바지를 입고 있었는데, 바지를 걷어 올려 그 안쪽에 기록해 놓은 것을 보여 주었다. 각자 지혜를 모아 하루의 일들을 기록했다. 그전에 있었던 일들도 기억을 되살려 기록했다. 그렇게 하다 보니, 이곳에서 생활하는 순간순간이 예전과는 다르게 생각되었다. 이곳 생활이 무의미하지 않다는 것을 알았고, 그렇게 생각하니 쓰는 일이 즐거웠다. 더구나 기록할 수 있는 자유가 보장되지 않았기 때문에, 하루 일과 중에서 무엇이 중요한 것인가를 생각하게 되었고, 그중에 키워드가 되는 말을 마음에 새겨 두기도 했다. 우리는 이렇게 기록할 것을 생각하는 동안 마음에 여유가 생겼고, 앞일에 대해서 두려움이나 걱정도 덜하게 되었다.

8월 13일이었다. 아침을 먹은 후에 우리를 감시하는 탈레반이 라디오를 들고 우리 숙소로 들어와서 열심히 들었다. 푸슈툰어로 하는 방송을 우리는 알아듣지 못했지만 무언가 중요한 뉴스가 있는 것 같았다. 선교사를 통해 무슨 일이 있느냐고 물었다. 탈레반은 자랑스러운 표정으로, 오늘 자매 두 명이 풀려나 카불을 거쳐 코리아로 간다고 했다. 몸이 아파서 보내 주는 것이라고 했다.

탈레반은 라디오 다이얼을 이리저리 돌리더니 영어 방송을 찾아서는 라디오를 내 앞으로 내밀었다. 자기는 영어를 못하지만 내가 영어는 알아들을 것이라고 생각했던 모양이다.

라디오에서는 중국 상해에서 방송하는 중국 국제영어방송 뉴스가 흘러나왔다. 아나운서는 우리가 탈레반에 인질로 잡혀 있다는 소식을 전했다. 인질 스물한 사람 가운데 두 사람이 오늘 풀려난다는 것이었다. 그러면서 원래 스물세 사람이 피랍되었었는데 두 명은 이미 피살되었다는 말을 했다. 나는 그 말을 듣는 순간 눈앞이 깜깜해졌다. 그동안 우리 모두를 안전하게 지켜 달라고 기도했는데…. 당혹스러웠다. 그 순간 자매들이 이 소식을 들으면 충격을 받을 것이 걱정되었다. 나는 얼른 표정을 수습했다. 다행히 자매들은 두 사람의 피살 소식을 눈치채지 못한 것 같았다. 나는 아무렇지도 않은 듯 다이얼을 이리저리 돌려서 다른 영어 방송이 들리는지 찾아보았다. 혹시라도 다른 소식을 들을 수 있을까 해서였다. BBC와 이집트와 화란에서 영어 방송을 들었다. 그러나 아프간 소식은 더 이상 나오지 않았다.

라디오를 탈레반에게 돌려준 뒤 곰곰이 생각해 보았다. 누가 희생을 당했을까? 한 사람은 배형규 목사님일 것이다. 배 목사님은 우리가 피랍되어 함께 붙잡혀 있을 때에, 만일 탈레반들이 인질 협상을 위하여 우리들 중에 한 사람이라도 희생시키려 한다면 자신이 먼저 나서겠다고 말했다. 아마 탈레반들은 배 목사님이 팀의 리더이고 목사라는 것을 알았을 것이다. 그러면 다른 한 사람은 누구일까? 여러 생각이 오락가락하면서 생각이 복잡해졌다.

밤에 잠을 이룰 수 없었다. 낮 동안은 누가 눈치챌까 봐 조심하면서도 일행 중에 둘이 희생되었다니 슬픔을 이길 수가 없었다. 소리 내어 울지는 못했지만 뜨거운 눈물이 양 볼을 타고 흘러내렸다.

"하나님, 데려가시려면 나이 많은 저를 데려가시지요. 우리가 피를 흘려야 합니까? 주님의 뜻은 어디에 있습니까?"

나는 밤새 소리 없이 울다가 새벽녘에야 겨우 잠이 들었다.

우리는 점심 식사 후 숙소에서 나와 마당가에 있는 나무 그늘에서 바람을 쐬고 있었다. 갑자기 동네 건너에서 "따다다" 하는 총소리가 들렸다. 총성이 더 잦아졌다. "드르륵" 하는 기관총 소리 같았다. 이어서 "쿵, 쿵" 하고 포탄 터지는 소리도 들렸다. 집에서 멀지 않은 곳에서 총격전이 벌어지고 있는 모양이다. 마침 우리와 함께 있던 탈레반이 겁먹은 얼굴로 숙소 안으로 들어가라고 고함을 질렀다. 우리와 어울려 놀던 그 집 아이들도 집 안으로 뛰어 들어갔다. 뒤를 이어 아마드네 어머니가 탈레반 청년과 뭐라고 소곤거렸다. 그러더니 부인이 마당가로 나와서 총소리가 나는 쪽을 쳐다보면서 중얼거렸다. 나는 방문 앞에 서서 그들이 하는 짓을 눈여겨보았다. 아마 탈레반인 자기 남편이 걱정되는 듯했다.

한참 동안 이어지던 총소리가 뜸해졌다. 탈레반과 부인이 마당 밖으로 나갔다 돌아와서는 다시 뭐라고 크게 떠들었다. 종종 웃음소리도 들렸다. 마을에는 그리 큰 피해가 없는 모양이었다.

저녁에 집 주인이 들어와서는 낮에 있었던 이야기를 했다. 저녁을 먹은 후에 마당에 나와 바람을 쏘이는데, 남자 주인이 나타나서 우리를 보면서 떠들었다. 뭔가 즐거운 모양이다. 선교사의 통역에 의하면 (선교사도 그들의 말을 전부 제대로 들을 수 있는 것은 아니다) 이날 다국적군과 정부군이 마을을 수색하러 나왔는데, 위장하고 대기해 있던 탈레반의 기습을 받고 퇴각했다는 것이다. 이날 미군과 영국군이 5명이나 죽고 탈레반 측은 1명이 부상을 당했다고 한다. 그 말이 사실인지 모르지만, 집 주인은 아주 신나게 그 전투 장면을 손짓 발짓으로 재현하면서 즐거워했다.

"아마 미 제국주의자들이 한국 인질이 이 부근에 수용되어 있다는 것을 알고 수색을 벌였을 것인데…."

주인은 이렇게 말하면서 선교사를 쳐다보았다. 말은 알아들을 수 없지만 그 눈총으로 봐서 뭔가 우리를 꺼리고 있다는 것이 느껴졌다. 문득 가슴이 철렁 내려앉았다. 이들에게 잘못 보이면 안 된다. 나는 그의 시선을 피하며 얼른 숙소 안으로 들어와서는 밖의 사정을 사실대로 말했다.

"천만다행이군. 다국적군이나 미군이 만약 우리 숙소를 알았다면 어떻게 되겠어. 총격전이 벌어졌을 테고, 그러면 우리는…."

우리는 서로 얼굴을 쳐다보았다. 차마 그다음에 예상되는 상황은 생각하고 싶지 않았던 것이다. 모두 아무 말도 하지 않았다. 더위도 잊어버렸다. 겨우 숨소리가 들릴 정도로 숙소 안이 조용했다. 이 집에 우리가 갇혀 있는 줄 알고 미군이 숙소를 포위하였다면 어떻게 되었을까? 생각만 해도 끔찍한 일이었다.

잠을 자려는데 탈레반이 들어와서 짐을 가지고 나오라고 했다. 자주 있는 일이어서 별다르게 생각하지 않고 마당으로 나왔다. 밤공기가 찼다. 한국의 초가을 날씨 같았다.

"오늘이 며칠이지요?"

누가 물었다. 나는 마음으로 헤아려 보았다. 8월 13일쯤일 거다.

"혹시 여러분에게 좋은 소식이 날아들지 모르지요. 8·15해
방 기념일이니, 우리에게도 해방의 기쁜 선물이 오겠지요."

선교사가 낮에 있었던 총격 사건의 공포심과 이동하는 데 뒤
따르는 어수선한 마음을 달래려고 말했다.

"그렇군요. 8월 15일 광복절에 좋은 소식이 있을 테지요."

누군가 되받았다. 그런 한두 마디에 우리 기분이 좀 풀렸다.

그때 자동차 소리가 들려왔다. 처음에는 자동차 소리가 불안
했는데, 이제는 오히려 기다려지기도 했다. 한곳에 머물러 사나
흘쯤 지나면 은근히 다른 곳으로 가고 싶은 마음이 생겼다. 움직
이는 것이 몸에 익숙해진 것이다. 옮기고 옮기다 보면 한국으로
돌아갈 수 있을 것이라는 생각을 하게 되면서 차차 장소를 옮기
는 것이 두렵지 않고 오히려 기다려졌다.

우리가 차를 타기 위해 마당에 모여서 있는데, 주인 여자가
나와서는, "안녕히 가세요" 하고 서툰 한국어로 말했다. 우리는
갑자기 목이 메었다. 저들이 한국어를 말하는구나. 나도 두 팔로
하트 모양을 만들어 보이면서 소리치듯이 고백했다.

"사랑해요."

현지어로 말하자 부인의 얼굴이 밝아졌다. 달빛에 그 얼굴이
환하게 보였다. 나는 이 집 큰아들인 다마드네를 만났으면 했다.
모두들 봉고에 탄 뒤 내가 맨 나중에 오르려고 하는데, 집 안에
서 눈을 비비면서 다마드네가 나타났다. 그가 뭐라고 소리를 지
르면서 봉고로 달려왔다. 나는 그의 두 손을 덥석 잡고 흔들었다.

"친구여, 건강하게 자라거라."

나는 한국어로 말했다. 차에 탔던 선교사가 나와서 다마드네에게 서툰 현지어로 통역했다.

우리를 지켜보던 탈레반이 손목시계를 보면서 뭐라고 중얼거렸다.

"어서 떠납시다."

선교사가 재촉했다.

내가 마지막으로 봉고에 오르자 탈레반 둘이 올라탔다. 봉고가 떠나는데 다마드네와 그 어머니가 손을 흔들었다.

4

우리는 그동안 사흘에 한 번씩은 옮겨 다녔다. 8월 20일경에 도착한 곳은 마을 한복판에 있는 꽤 규모가 갖추어진 집이었다. 그 집 좀 넓은 방은 바닥에 매트리스가 깔려 있었다. 남자와 여자가 따로 지내도록 방이 두 개 배당되었다. 건물 한쪽에는 화장실 겸 샤워장이 남녀 구분하여 구비돼 있었다. 탈레반의 고급 간부급이 거처하는 건물인데, 우리를 특별 대우해서 마련했다고 인솔자가 설명했다. 우리는 오랜만에 잠을 잘 잤다. 식사도 괜찮았다. 우리는 직감적으로 석방될 날이 가까웠다고 생각했다. 세계의 이목도 있으니, 석방되는 우리 모습이 그래도 건강하게 보이도록 배려하는 것 같았다. 그렇게 사나흘을 보내었다. 그런데 사람 마음이란 게 참 이상했다. 생활 환경이 좋아지자 더 초조했다. 석방이 가까웠다는 것을 느끼면서부터 하루가 더 지루했다. 아침

이 되면 오늘은 무슨 좋은 소식이 올 것인가 하루 종일 기다렸다.

오후에 탈레반 셋이 왔다. 그중 나이가 많고 뚱뚱한 '굴잔'이라는 사람은 탈레반 대변인으로 자처했던 오마르와 외모가 비슷했다. 그는 종종 우리 숙소에 드나들었던 적이 있었다. 그가 우리를 감시하는 탈레반과 이야기를 주고받았다. 그는 우리 숙소에올 때마다 핸드폰을 꺼내어 어딘가에 전화했다. 그는 핸드폰을여러 개 갖고 있는 것 같았다. 무기를 소지하지는 않았지만 항상무장한 탈레반이 그를 호위했다.

그가 핸드폰으로 어디론가 전화를 걸었다. 푸슈튜어로 통화를 하더니 핸드폰을 나에게 주면서 받아 보라고 했다.

"여보세요!"

핸드폰을 받자 한국말 소리가 들려왔다.

"아!"

나는 얼른 대답을 하지 못했다. 얼마나 듣고 싶었던 말인가? 굵고 나지막한 남자의 목소리가 들려왔다.

"나는 당신들을 석방시키기 위해서 이곳에 온 한국 정부 대표단의 한 사람입니다."

그는 자신의 신원을 밝히고는 이곳에 같이 있는 여덟 사람의이름을 알려 달라고 했다. 가슴이 떨려서인지 동료들 이름이 얼른떠오르지 않았다. 그래도 침착하게 모든 동료의 이름을 전했다.

"언제쯤 석방되는 겁니까?"

나는 더듬거리면서 물었다. 행여나 석방되기가 어렵다는 대답을 들을까 조마조마했다.

"그동안 고생 많았지요. 곧 나가게 될 테니 염려하지 말아요.

건강 때문에 하루 이틀 견디기 어려운 대원이 있나요?"

나는 그런 대원은 없다고 말했다. 그는 다행이라면서 열심히 노력하고 있으니, 마지막까지 건강에 유의하라고 당부했다. 통화가 끝났다.

내가 이 사실을 대원들에게 전하자 모두들 멍하니 내 얼굴만 쳐다보았다. 믿어지지 않는 모양이다.

"힘을 내세요. 정부에서 우리 석방을 위해서 노력하고 있어요. 국가가 고맙지요. 그동안 우리를 위해 기도해 주신 한국 교회와 한국의 기독인들, 국민 모두가 정말 고맙지요. 주님은 사람들을 통해서 놀라운 섭리를 우리에게 보여 주십니다."

우리는 밖에 들리지 않게 조용히 말하면서 감사 기도를 드렸다.

8월 29일이다. 피랍된 지 43일 만이다. 아침부터 무슨 일이 있을 것 같은 예감이었다. 그런데 석방이 가까웠다는 소식을 들은 후부터 생각이 복잡해졌다. 정말 석방될 것인가? 일행 모두 무사할까? 두 사람이 살해되었다는 소식은 사실일까? 누가 희생되었을까?

오후 3시가 조금 넘어서였다. 숙소 밖에서 인기척이 어지럽게 들리더니, 문을 잠근 자물쇠 소리가 났다. 나는 가슴이 뛰고 호흡이 가빠졌다. 문이 열리고 무장한 탈레반 셋이 방으로 들어왔다. 지난번 왔던 그 사람들이었다. 우리는 "쌀람왈레이꿈" 하면서 인사를 나누었다. 그는 오늘 코리아로 돌아간다고 말했다. 그런데 네 사람은 오늘 돌아가지만 나머지 넷은 내일 간다는 것이다. 그러면서 주머니에서 휴대폰을 꺼내 어디론가 전화를 하였다. 몇 마디 주고받더니 내게 전화기를 건네 주었다. 나는 얼른 휴대폰을 두 손으로 덥석 받았다.

지난번 통화했던 정부 대표단 요원이었다.

"별일 없지요? 오늘 일부가 석방될 겁니다. 우리의 지시대로 따르세요."

"나머지 대원은 어떻게 되나요?"

"내일 풀려나요."

탈레반의 말과 같았다.

"같이 나갈 수 없나요? 누군 나가고 누군 남아요?"

나는 부탁해도 되지 않을 줄 알면서도 떼를 쓰듯이 말했다.

"그러면 아까 통화했던 그 탈레반을 바꿔 줘요."

나는 전화기를 탈레반에게 넘겼다.

그들은 한참 동안 푸슈튠어로 통화했다. 나는 탈레반의 표정과 말투에 온 신경을 모았다. 통화가 끝나자 탈레반이 고개를 끄덕이면서 빙긋이 웃었다. 그는 오늘 모두 나가게 될 거라면서, 먼저 네 사람이 떠나고 다섯시 쯤 다시 네 사람을 데리러 오겠다고 하였다.

우리는 떠날 준비를 했다. 모든 생각이 정지되었다. 한국으로 돌아간다니… 얼른 믿어지지 않았다. 불과 40여 일 동안 감시를 받으며 생활하면서 한 시간 일도 예측할 수 없었는데 이제 돌아간다는 사실이 믿어지지 않았다. 짐을 쟁기는 손길이 왠지 떨리면서 서툴었다.

비정한도시

모두 숙소 밖으로 나왔다. 나는 맨 나중에 나오다가 숙소 안을 살펴보았다. 남기고 가는 물건이 있는지 확인하기 위해서가 아니었다. 불안과 공포와 절망적인 상황에서도 우리를 감싸 주고, 우리의 마음을 보듬어 주었던 이 방이 특별하게 생각되어서였다. 그동안 여러 곳을 전전하면서 한곳에 머물렀다가 다른 곳으로 가게 되면 오히려 불안하곤 했다. 지금 내 몸을 지탱하고 있는 이 공간이 편하고 안심되었다. 이상하다. 공간은 육신을 머물게 하면서 우리 혼까지 머물게 하는 것 같았다.

　네 사람이 군용 지프에 타서 먼저 떠났고 나와 선교사는 나중에 가기로 했다. 나는 먼저 떠나는 그들을 배웅하면서 석방된다는 사실이 비로소 실감되었다. 나는 다시 방 안으로 들어와 챙겨 놓은 짐에 기대어 눈을 붙이려 했다. 평온함이 온몸으로 밀려들었다. 잠시 잠을 잤던가…. 깨고 보니 4시 반이었다. 옷매무새를 다시 살폈다. 얼굴이 노출되지 않도록 차도르로 머리와 얼굴을 가렸다. 마당으로 나왔다. 탈레반은 좀 전에 몰고 왔던 지프의 시동을 건 채 기다리고 있었다.

　우리는 차에 탔다. 온 땅에 햇볕이 내리쬐고 있었다. 오랜만에 한가하게 마음 놓고 주위를 둘러보았다. 낮에 이동하기는 처음이다. 주위는 산이었고, 마을이었고, 들판이었다. 대낮에 보는 마을은 낯설었다. 동네는 어림잡아 모두 열 가구쯤 되어 보였다. 지프가 달리기 시작했다. 산악지대 쪽으로 달려가니 산기슭인데도 평평한 개활지가 나타났다. 그 한쪽 끝에 바위가 있고, 그 앞에 먼저 떠난 동료들이 탈레반 감시하에 앉아 있었다. 우리를 만난 대원들이 눈물을 글썽였다. 서로 헤어져 있으니 더욱 불안하더라고 말했다. 우리는 마치 오랫동안 헤어져 있던 사이처럼 서로 손을 잡고 반가워했다. 지프는 우리를 내려놓고 떠났다. 탈레반 둘이 우리를 지켰다.

한 시간쯤 지났을까. 산악지대 반대편 들판 끝에서 자동차 불빛이 나타났다. 가슴이 요동치기 시작했다. 불빛이 점점 가까이 다가왔다. 차가 나타났다. 세 대의 SUV 차량이 헤드라이트를 켠 채 서서히 다가왔다. 차량 지붕에 붉은색의 적십자 마크가 선명히 새겨진 깃발이 펄럭이고 있었다.

"하나님 감사합니다!"

우리는 서로 부둥켜안고 울면서 입속말로 기도했다. 세상에 태어나서 이러한 감격은 처음이다. 매임에서 풀려남이, 죄인의 신분에서 자유함이 얼마나 감격적인 일인가 실감할 수 있었다.

적십자 차량들이 가까이 다가왔다. 차량들과 우리의 거리가 가까워질수록 우리는 더욱 행복했다. 드디어 차가 우리 앞에 와서 멎었다. 서양인으로 보이는 두 사람과 현지인으로 보이는 두 사람이 차에서 내렸다. 국제적십자사 요원들과 통역들이었다.

우리는 숨을 죽이고 그들의 지시를 따랐다. 국제적십자사 요원 한 사람이 현지인 복장을 한 나를 보더니 싱긋 웃었다. 나는 무슨 말을 기다렸는데 그는 아무 말도 하지 않았다.

우리를 태운 적십자사 차가 움직였다. 크게 숨을 쉬었다. 이제 탈레반 땅을 떠나 국제적십자사 공간으로 들어와 있다는 것을 알면서 비로소 '해방되었다'는 것을 실감했다.

마음이 편안해지자 나는 그동안 궁금했던 것을 적십자 요원에게 물었다.

"두 사람이 피살되었다는데 사실입니까?"

사실은 대답을 듣고 싶지 않았다.

책임자인 듯한 사람이 고개를 끄덕였다. 그 순간 나는 생각이 멈춰 버렸다. 사실이었구나. 그동안 탈레반들이 거짓말을 하도 많이 했기 때문에 그 소식도 거짓이기를 바랐던 것이다.

"살해당한 사람의 이름은?"

책임자는 싱긋 웃으면서 이름을 기억하지 못한다고 했다.

두 사람이 살해되었다는 것을 확인하는 순간 들떴던 마음이 착 가라앉아 버렸다. 여러 생각이 복잡하게 얽혔다. 나이 많은 내가 살아 있다는 것이 송구스러웠다.

갑자기 차가 멈춰 섰다. 밖을 내다보니 복면을 하고 AK소총으로 무장을 한 탈레반이 도로 위에 나와서 우리를 향하여 총을 겨누고 있었다. 도로 옆 주변에도 복면을 한 채 기관총과 RPG로 무장한 탈레반 몇 명이 총을 겨누고 있었다. 나는 온몸이 굳어졌다. 또 다른 음모가 도사리고 있구나 생각되었다. 석방한다고 해놓고 다시 납치하려는 것이 아닌가? 서로 쳐다보는 일행들의 안색은 공포에 질려 있었다. 처음 납치될 때보다 더 절망적인 상황이었다.

탈레반 중에 한 사람이 적십자 차량으로 다가오더니 뭐라고 소리를 질렀다. 내 옆에 앉아 있던 현지인 통역이 영어로 말했다. 한참 말을 주고받던 통역이 팔로 내 옆구리를 치면서 빙긋이 웃었다.

"밖을 내다보면서 손을 흔들어 달라고 하네요."

그제야 밖을 내다보았다. 언제 몰려왔는지 수많은 기자들이 카메라를 들고 우리가 탄 차를 향해 사진을 찍으려 하고 있었다. 우리는 통역이 시키는 대로 그들을 향해 손을 흔들어 주었다.

"손만 흔들지 말고 좀 웃어 주세요."

우리는 통역의 요구대로 밖에서 사진을 찍으려는 사람들을 향해 밝은 미소를 지어 보였다. 한참이나 그런 연기를 하고 나자 총을 겨누고 차를 가로막고 있던 탈레반 병사가 비켜섰다. 차가 움직이기 시작했다. 손을 흔들면서 미소 짓는 우리 일행의 사진이 전 세계로 전해질 것이다.

얼마 동안 차가 달렸다.

"여기가 당신네들이 납치되었던 곳이오."

안내하던 적십자사 직원이 밖을 가리켰다.

'카라바그'라는 도로 표지판이 보였다.

비정한 도시

8. 사람들이 사는 세상

I

우리 일행 8명은 해가 저물 무렵에 가즈니에 있는 적신월사 건물에 도착하였다. 정부 대표단 사람들이 마중 나와 있었다. 경찰들이 삼엄하게 경계하는 가운데 우리는 차에서 내려 건물 안으로 들어갔다. 잠시 후에 다시 군용 지프차를 타고 미군 기지로 향했다. 국군 장교 두 사람이 우리를 안내했다.

미군 기지에서 우리는 몸 검색을 받았다. 검색대를 통과하자 한국군 의무장교들과 간호장교들의 안내를 따라 의무병동에서 신체검사를 받았다. 단원들은 건강에 큰 문제가 없었다.

신체검사 후 막사에 들어와 보니 검사를 먼저 끝낸 자매들이 먹을 것을 준비하고 있었다. 사발면, 햇반, 김치, 오징어채 조림, 들깻잎 통조림 등이 먹음직스럽게 놓여 있었다. 우리는 맛있게 먹었다. 43일 만에 먹는 한국 음식이었다. 커피까지 마시고 나서야 비로소 석방되었다는 것을 실감할 수 있었다. 모두들 눈시울이 붉어졌다.

식사 후에 일행은 헬기 두 대에 나누어 탔다. 이륙한 지 한 시간이 조금 못 되어 카불 공항에 도착했다. 공항에는 정부 대표단 관계자들이 나와 있었다. 우리는 삼엄한 경비 속에 정부 관계자들과 함께 승합차를 타고 호텔로 향했다. 차 안에서 서로 단원들의 안부를 물어보았다. 누구도 자기 일 외에는 아는 것이 없었다.

카불 세레나 호텔에 도착했다. 카불 시내에 있는 유일한 5성급 호텔이었다. 정문 입구부터 경비가 삼엄했다. 폭탄 차량이 접근하지 못하도록 입구를 미로처럼 구불구불하게 만들어 놓았고 육중한 철문이 굳게 닫혀 있었다. 로비에 도착하니 앞서 풀려났던 대원들이 기다리고 있었다. 40여 일 동안 그토록 걱정하고 무사하기를 기도했던 형제요 자매들이었다. 우리는 서로 끌어안고 반가워했다.

호텔은 깨끗했다. 오랜만에 목욕을 했다. 목욕 후에 운동복으로 갈아입고 외교통상부의 현지 책임자와 함께 식사를 하면서 여러 이야기를 나누었다. 국내에서 봉사단원들에 대한 여론이 좋지 않다는 것을 듣고는 의아했다. 인천공항을 떠날 때, 우리 중 한 사람이 배웅 나온 친지들과 함께 아프간 여행을 자제해 달라는 안내판 앞에서 V자를 그리며 사진을 찍은 것이 여론을 악화시키는 빌미가 되었다고 했다.

식사 후에 대책본부 사무실에서 한국 가족들과 통화를 하였다. 즐겁고 행복한 통화였지만 마냥 기뻐할 수만은 없었다. 배형규 목사님과 박상민 형제가 탈레반에게 살해된 것을 알게 되었다. 잠자리에 들었으나 잠은 오지 않았다. 탈레반에게 붙잡혀 있었을 때는 잠을 잘 잤는데, 자유가 된 지금은 여러 가지 생각으로

비정한 도시

잠이 오지 않았다. 거의 뜬눈으로 밤을 새웠다.

마지막 7명이 풀려나던 날이다. 저녁이 되기 전에 만날 수 있다고 했는데, 저녁 늦게 되어서야 일행이 호텔에 도착했다. 차에서 내리는 단원의 모습을 눈 뜨고는 볼 수 없었다. 우리는 서로 부둥켜안고 울음을 터뜨렸다. 반갑고, 슬프고, 감사한 감정이 엉켜 복잡한 마음이었다. 배형규 목사님과 박상민 형제의 안타까운 소식에 단원들은 슬픔을 가누지 못했다. 우리는 외교통상부 직원들의 안내를 받아 호텔로 들어갔다. 정부 대책본부 요원들의 친절한 배려가 고마웠다.

밤늦게 외교통상부 직원이 방으로 찾아왔다. 내일 아침 호텔에서 한국 기자들을 상대로 기자회견이 있다고 했다. 그동안은 보안 때문에 한국 기자들은 아프간 입국이 허용되지 않았는데, 이제야 취재를 허용했다는 것이다.

처음에는 단원 전원이 기자회견을 하기로 계획되었는데, 아침 식사 후 나와 또 한 자매 두 사람만 회견하면 좋겠다고 했다. 나는 피랍자 중에서 나이가 많아 대표 자격으로, 한 자매는 남매가 함께 참여해 국민의 관심이 컸기 때문이라는 게 이유였다.

아침 식사 후 단원들이 휴식을 취하는 동안 기자회견을 했다. 기자들은 피랍 과정에 대해 집중적으로 물었다. 나는 우리가 당했던 일을 기억나는 대로 상세하게 설명했다. 자매도 바지에 쓴 일기를 내보이며 그동안 겪었던 일들을 이야기했다.

기자 회견 후에 점심을 먹고 떠날 준비를 했다. 외통부 직원이 가방 두 개를 갖다 주었다. 가져갈 짐이 있으면 넣으라고 했다. 가져갈 짐이 별로 없었다. 다만 미군부대에서 받은 운동복으로 갈아입은 터라 우리가 입고 있던 옷들을 넣을 가방이 필요했다. 그대로 버려도 하나 아까울 것이 없는, 다시 입을 수 없는 옷들이 었지만 피랍 동안 입었던 옷이라 버릴 수 없었다. 그런데 가방 두 개로는 모든 단원의 옷을 넣을 수 없었다. 호텔 옷장을 열어 보니 세탁물을 넣어서 맡길 때 사용하는 쇼핑백이 몇 개 있었다. 단원 들은 각자 입었던 옷들을 호텔 로고가 새겨진 쇼핑백에 넣어서 들고 갔다.

우리는 공항으로 향했다. 주변에는 경비가 삼엄했다. 버스의 앞뒤로 경찰 호송차가 뒤따랐다. 첩보에 의하면 폭탄 테러가 있 을 것이라고 하였다. 그 전날 어디선가 폭탄을 가득 실은 승용차 가 카불을 향해 떠났다는 제보가 들어왔는데 아직 잡히지 않았 다고 했다. 실제로 그날 차량 폭탄 공격으로 공항에서 두 명이 사 망했다고 했다. 카메라 기자들의 추격전도 만만치 않았다. 이리 저리 버스를 추월해 가면서 취재하는 모습이 위험해 보였다. 심 지어 픽업 트럭 뒤 화물칸에 서서 몸을 끈으로 지탱한 채 카메라 를 들고 촬영하는 기자도 있었다.

카불 공항에서 출국 수속을 끝내고 탑승했다. 군인들이 서비 스를 하고 있었다. 유엔에서 운영하고 있는 항공기인 듯했다. 자 리에 앉아 비행기 유리창을 통하여 주위를 둘러보았다. 멀리 솟 아 있는 산들이 보였다. 황량하고 나무 하나 없는 적갈색의 돌산 들이었다. 마음이 착잡했다. 오직 사랑으로 어려움 당하는 사람 들을 섬기려고 왔는데, 오히려 소란스러운 일만 만들어 놓고 떠 나게 되었다.

두바이 공항에 도착했다. 우리는 밖으로 나가지 못하고 공항

안에서 한참을 기다려야 했다. 여권을 모두 탈레반들이 압수해 갔기 때문에 카불에서 한국 대사관이 여행 증명서를 발행해 주었는데, 그 증명서로는 공항 밖으로 나갈 수가 없었다. 외통부 직원들이 문제를 해결하려고 여기저기 돌아다니는 동안 우리는 공항 한쪽 구석 의자와 바닥에 피곤한 몸을 맡긴 채 기다렸다. 그동안 워낙 열악한 환경에서 지냈기 때문에 아무런 거리낌도 없이 바닥에 앉을 수 있었다. 자매들은 머리에 터번을 두르고 전통 아랍 복장을 입은 채 주위를 지나는 아프간 사람들을 보며 불안해했다. 그렇게 애를 써서 우리를 탈레반들로부터 구출해 놓고 여기서는 왜 이렇게 방치하듯 내버려 두는지 이해가 안 되었다. 외통부 직원에게 불안한 심정을 털어놓으니 여기는 절대로 안전하니 안심하라며 웃었다.

거의 두 시간이나 지나서 버스를 탔다. 외통부 직원의 안내를 따라 밖으로 나가는데 출입구에 카메라 기자들이 몰려와 있었다. 그들은 우리가 지나가자 부지런히 셔터를 눌렀다.

두바이 시내에는 이미 어두움이 깔려 있었다. 여기저기 고층 빌딩들이 키를 자랑하듯이 서 있었고, 널따랗게 뚫인 거리에는 차량들이 물 흐르듯 지나가고 있었다. 조금씩 서울로 가까이 가고 있다는 생각이 들었다. 삼성물산에서 짓고 있다는 세계에서 제일 높은 빌딩도 보였다.

우리는 두짓두바이라는 호텔에 도착했다. 지은 지 얼마 되지 않은 듯 꽤 깨끗하고 괜찮은 호텔이었다. 외통부 직원은 한꺼번에 많은 방을 예약하느라고 힘이 들었다면서 한방에 두세 사람씩 자는 게 조금 불편하더라도 하룻밤만 참으라고 했다.

호텔 로비는 카메라를 가진 기자들로 북새통을 이루고 있었다. 다른 팀원들은 호텔 안내원을 따라 숙소로 올라가고, 나와 또 다른 형제와 한 자매는 외통부 서기관의 안내를 받아 호텔 로비에서 기자 인터뷰에 응했다. 기자들은 주로 피랍 과정에 대해 질문했다. 대답은 주로 카불에서 인터뷰를 하지 않은 형제가 했다.

호텔은 쾌적하고 조용했지만 우리는 잠을 이룰 수 없었다. 드디어 가족의 품으로 돌아간다는 기쁨보다는 국민들께 심려를 끼쳐 드렸다는 자책감이 더 컸다.

두바이에 도착한 다음 날 오후 대한항공편을 이용해 귀국길에 올랐다. 카불에서 철수한 우리 정부 대표단들과 동승했다. 우리는 747 최신형 비행기의 2층을 외통부 직원들과 같이 사용하게 되었다. 최신형 비행기라 쾌적하고 좋았다. 기자들의 접근을 막기 위하여 2층으로 가는 통로는 폐쇄하고 승무원이 지켰다. 기자들은 물론이고 심지어 가족 대표들조차 접근을 할 수 없도록 했다. 우리는 좌석을 확인하고 앉자마자 신문을 찾았다. 우리에 관한 소식이 어떻게 보도되고 있는지 궁금했다. 한국의 신문을 보는 것은 근 50여 일 만에 처음이었다. 우리는 여러 종의 신문들을 돌려 가면서 읽고 또 읽었다.

비행기가 인천공항에 도착한 것은 9월 2일 이른 아침이었다. 비행기가 착륙하자 외통부 담당관이 비행기 안으로 들어왔다. 우리는 일반 승객들이 다 내린 후에 공항 경비대의 안내를 따라 내려 수속을 마치고 출구로 나왔다. 많은 카메라들이 우리를 기다리고 있었다. 잠시 사진을 찍도록 멈추어 섰다가 공항 경비대와 외통부 담당관의 안내를 따라 잠시 기자회견을 했다. 나는 기자들 앞에서 미리 기내에서 준비한 도착 소감문을 읽었다.

기자들의 질문을 받으려고 하는데 외통부 담당관이 이제 그만하면 됐다며 빨리 나가자고 했다. 할 수 없이 안내하는 대로 따라 나가는데 어떤 사람이 뭐라고 크게 소리치는 것이 들렸다. 질문을 받고 가라고 하는 것 같았다. 우리는 공항 경비대의 경호를 받으면서 서둘러 밖으로 나갔다. 밖에는 안양 샘병원의 버스와 앰뷸런스가 기다리고 있었다. 왜 병원인가? 잠시 의아했으나, 우리의 건강을 점검하기 위해서 병원으로 간다고 누군가가 말해 주었다. 우리는 버스를 탔다. 단원 중에 탈진한 한 자매는 앰뷸런스에 탔다.

차창 밖으로 보이는 한국의 하늘은 맑고 투명했다. 아아, 여기가 천국이구나. 이때처럼 한국 사람으로 태어난 것을 다행으로 생각해 본 적이 없었다. 지나가는 차량들과 시원하게 뚫린 고속도로, 양편으로 펼쳐지는 갯벌, 멀리 보이는 낮은 산들과 솟아 있는 아파트들, 그 모두가 정겨웠다. 가슴이 뭉클했다. 대한민국이 있기에 우리를 구해 줬지. 차 안에 타고 있는 19명의 얼굴들이 모두 그러한 감회에 젖어 있었다. 누구도 말을 하지 않았다. 순간 이렇게 아름다운 하늘과 땅과 사람들을 다시 못 보고 먼저 하늘나라로 간 배 목사와 박상민 형제가 생각났다. 눈물이 주루루 양 뺨으로 흘러내렸다. 주님, 그들은 이보다 더한 아름다운 곳에서 주님의 평안을 누리게 하옵소서.

우리를 태운 버스는 서울 외곽순환도로로 들어섰다.

"그동안 여러분은 열악한 환경 가운데 공포와 불안을 느끼며 생활했기 때문에, 신체검사를 받을 필요가 있습니다. 그래서 안양 샘병원으로 직접 갑니다. 그렇게 아세요."

인솔자가 설명했다. 그제야 사정을 알게 되었다. 나중에 우리는 모두 '외상 후 스트레스 증후군' 환자였다는 사실을 알게 되었다.

병원에 도착하니 가족들이 기다리고 있었다. 모두들 서로 얼싸안고 눈물을 흘렸다. 교회 담임목사님과 사모님, 그리고 장로님들이 여러분이 오셔서 우리를 맞아 주었다. 귀국 예배를 드리면서 주님의 은혜에 감사드렸다. 우리가 피랍되어 있는 동안 국내외적으로 여러 가지 일들이 벌어졌지만, 그 일들이 어떤 모습으로 나타날지 아무도 모른다. 그리고 그러한 체험을 통해서 한국을 더 사랑하게 되었고, 한국 교회의 문제를 생각하게 되었고, 그동안 아프간에서 탈레반 사람들, 특히 순진한 아이들을 만나게 되었다. 그런 만남을 통해 사람들은 이념이나 사상을 떠나서 모두 하나가 될 수 있다는 가능성도 생각하게 되었다. 그런 마음으로 예배를 드리니 지금까지 전혀 체험하지도 생각하지도 못했던 여러 생각과 감정이 떠올랐다. 주님의 은혜였다.

우리는 새로 개원한 전인치유병동에 입원했다. 병원 의료진들이 우리를 극진히 보살펴 주었다. 그런데 치료를 받는 동안 우리는 외부로부터 철저하게 차단되었다. 가족들에게만 하루 한 차례 면회가 허용되었다.

인질이 되어서 생명의 위협을 당하거나 전쟁에 참전한 사람들이 흔히 겪는 외상성 스트레스 증후군을 앓고 있다는 이유 때문이었다.

모두 열심히 치료를 받았다. 치료를 받는 동안 누구나 정신 질환을 앓을 수 있으며, 그것도 인간의 한 모습임을 이해하게 되었다. 악몽과 같은 40여 일이었지만 그 악몽이 바로 우리 곁에 늘 일어날 수 있는 일임을 알게 되었다. 지금 우리가 알고 깨달은 것이 인간의 참모습인가? 한국 교회가 사회로부터 비난과 야유와 비판을 받게 되었다는 것도 어쩌면 다행스러운 일이다. 교회와 사회가 소통할 수 있는 계기가 마련된 것일 수도 있다. 우리는 배 목사님과 박상민 형제, 그분들이 흘린 피가 사랑의 씨앗이 되어 평화의 밑거름으로 그 삭막한 아프간 땅과 탈레반의 가슴에 살아 있기를 기도하였다.

2

"아버지, 인질들이 석방된대요."

7시 뉴스를 듣던 현선이가 2층 성 교수 서재로 뛰어 올라가면서 소리를 질렀다. 성 교수는 그 사실을 외신을 통해 접하여 이미 알고 있었다.

"그동안 현선이도 마음고생이 많았겠지. 친구가 그 지경을 당했으니…"

성 교수는 딸을 위로했다. 그동안 이 사태 때문에 딸이 마음고생을 많이 했다는 것을 알고 있다. 경 목사에게 현선이가 사무실로 찾아갔던 일도 전해 들었다.

"아버지, 처음에는 유현 언니 때문에 마음이 아팠지만, 그보다도 아버지나 아버지 같은 분들 때문에 혼란스러웠어요. 지금도 아버지 진심을 저는 모르겠어요."

현선은 아버지에 대한 불만을 서슴없이 털어놓았다. 성 교수는 의외였다. 자신의 글과 말과 처신이 딸에게 그렇게 큰 혼란을 주었다는 것이 당혹스러웠다.

"어떤 문제에 대해 각각 다른 입장을 취할 수 있다. 부부, 부자, 형제간에도 이견이 있을 수 있다. 그것 때문에 가족 간에도 서로 어긋나서 큰 문제를 일으킨단다. 부부나 형제도 신앙이 다를 수 있지 않겠니?"

성 교수는 부디 그 문제 때문에 부녀 관계가 어긋나지 않기를 바랐다.

"생각이나 가치의 문제가 아니에요. 죽음 앞에 처한 사람들을 우선 살려 놓고 봐야지요. 안 그래요? 교회에 대한 사회의 적대 감정에 불을 붙이는 데 아버지와 같은 분들이 즐겁게 동참한 겁니다. 안타까운 것은 학문의 세계를 어렵게 지켜 나가시는 분들이 사회의 조류에 너무 쉽게 휩쓸렸다는 거예요. 저는 우리 사회가 봉사단에 대해, 기독교의 선교 방향에 대해 감정적인 비난을 할 때에 아버지만큼은 사회의 여론을 아랑곳하지 않고 정론으로 대응하기를 기대했지요. 좀 늦긴 하였지만 지난번 신문에 기고한 한 신부님의 글에 저는 감동했어요. 새로운 논리나 뜻을 펴지는 않았지만 소박하게 자신의 입장을 정직하게 내놓았기 때문이에요. 읽어 보세요. 아버지도 그 생각에 동의하실 겁니다."

성 교수는 자기의 글이나 방송 대담에 대해 딸이 너무 예민하게 반응하고 있음을 알았다.

"내가 가족들에게 미안한 것은 가족들을 생각하지 못하고 내 주장만 솔직하게 내놓은 거야. 어머니나 외할머니 마음도 생각을 했어야 했는데 말이다."

성 교수는 이쯤에서 딸과의 대화를 마무리하고 싶었다.

"아버지, 그게 아니에요. 전 아버지 생각 자체를 이해할 수 없어요."

현선은 이대로 물러서고 싶지 않았다. 이 기회에 아버지나 경 목사나 원 목사와 같은 사람들의 의식을 좀 연구하고 싶었다.

"현선아, 그런 문제로 아버지의 입장을 이해하려면, 아버지 나이쯤 되어야 한다."

딸의 공세로부터 벗어나는 데는 이 길밖에 없었다.

"제가 아버지 나이가 되면 아버지는 다시 그렇게 말씀하시겠지요. 네가 내 나이가 되어 봐야 알게 될 것이라고…."

"그렇다면 결국 대화가 안 된다는 말이겠네."

"저는 아버지의 생각을 직접 듣고 싶었을 뿐이에요. 대중들을 상대로 하는 말과 딸에게 하는 말은 다를 수도 있지 않겠어요?"

"두 분이 희생되었지만 모두 무사하게 돌아왔으니 다행이다."

성 교수는 현선이가 이제 그만 물러서기를 바랐다.

"아버지. 이건 가정인데요, 우리 사회의 안티 기독교 세력들은 내심 봉사단원들이 더 많이 희생되어서 이 기회에 한국 교회가 세상을 향해 얼굴을 들지 못할 정도로 무너져 버리기를 원하지 않았을까요. 이번 사태에 교회와 기독교를 비난했던 기독교인들과 소위 지성인들도 그런 생각을 속으로 했겠지요? 또 아프간 정부나 미국도 그렇게 생각하고 있었을 거예요. 이 기회에 탈레반의 비인도적인 작태가 온 세상을 떠들썩하게 만든다면 오히려

아프간 전쟁의 명분도 얻게 될 것이고….''

현선은 차츰 아버지 표정이 굳어지는 것을 보고 주춤했다. 성 교수는 가슴이 울렁거렸다. 정말 현선의 말처럼 내 무의식에 그런 생각이 깔려 있었던가.

"그건 너무 정략적이다. 현선아, 세상을 그렇게만 봐서는 안 된다."

성 교수는 딸을 이해시키려 하였지만 결국 자기 변명임을 알았다.

"아버지는 그런 생각을 갖지 않으실 것이라고 믿어요. 제가 너무 과민했나 봐요. 이해해 주시죠. 인질들이 석방된다고 했으니 어머니와 외할머니께 사과하세요."

현선 자신도 말해 놓고 보니 너무 심했다고 생각되었다. 더 앉아 있는 것이 어색해서 외할머니께 석방 소식을 전하겠다면서 서재를 나왔다.

현선이 거실로 내려오자 휴대폰 신호음이 울렸다.

구 기자였다.

"어쩐 일이야? 이제 좀 심심하게 되겠구나."

현선은 야유조로 말했다.

"심심하다니! 아직도 쓸 일이 많아. 현선아, 모두 석방된다니 다행이지. 네 소감은 어떠니?"

"석방된다는 데 무슨 소감? 빤한 내용을 가지고 뭘 다시 만들어 내려고 그래?"

현선은 급한 전화가 있다고 핑계를 대고 통화를 끝내었다.

비정한 도시

현선은 아침 신문에 구 기자가 쓴 봉사단원 석방에 대한 사회의 반응을 읽었다.

시민들은 천만다행이라면서도 이런 일 다시 일어나서는 안 된다며 모두 자성해야 한다는 소리가 높다. ··· 탈레반 피랍 인질 19명이 28일 모두 풀려났다는 낭보가 전해지자 시민들은 전 국민의 애를 태우던 사태가 해결된 것에 대해 일제히 환영의 뜻을 나타냈다. 하지만 왜 이런 사태가 벌어졌는지 냉정하게 짚어 봐야 한다는 비판적인 목소리도 많았다.

한 진보적인 시민단체의 실무 담당자는 "비록 2명의 희생자를 내긴 했지만 나머지 19명이 무사 귀환한다니 정말 잘됐다"며 환영했다. 그는 "우리 국민들이 예기치 않은 어려움을 겪게 된 것은 한국 정부가 한·미동맹의 이름으로 무분별하게 미국에 끌려갔기 때문"이라며, "다시는 이런 일이 없도록 국민들의 생명을 먼저 생각하고 미국에 할 말은 당당하게 할 수 있는 계기로 삼아야 한다"고 지적했다.

보수적 성향을 가진 한 시민단체의 정책실장도 "나머지 19명이 무사 귀환하게 돼 다행"이라며 안도의 한숨을 내쉬었다. 그는 "이번 일을 계기로 재외국민, 여행자의 안전 문제에 대해 많은 고민을 할 수 있기를 바라며, 비상시를 대비해 구출을 위한 협상력이 발휘될 수 있도록 정부뿐 아니라 민간에도 다양한 통로를 마련할 필요가 있다"고 말했다.

각종 포털 사이트 게시판엔 도를 넘은 해외 선교활동을 반성하는 계기로 삼아야 한다는 비판적인 목소리가 많았다. 직장인 이

모 씨는 "석방 조건으로 얼마나 지불했는지 알 수 없다"며 "석방
자들이 돌아오면 개신교계에서 일부라도 지불해야 하는 것 아닌
지 모르겠다"고 말했다.

3

탈레반에 억류되었던 열아홉 사람이 돌아오는 날이다. 공항
에는 마중 나온 사람들보다 경비하는 경찰들이 더 많았다. 경찰
들이 입국자들이 나오는 출구 주변을 빙 둘러싸고 사람들의 접
근을 막고 있었다.

수화와 함께 이 정경을 보던 현선은 의아스러웠다. 인질로 붙
잡혔다가 살아서 돌아오는데 대체 왜 이러는가?

"저기 봐!"

현선은 수화가 가리키는 쪽을 바라보다가 가슴이 섬뜩해지
더니 울렁거리기 시작했다. 스무남은 된 청년들이 피켓을 들고
출구 쪽을 노려보고 있었다. 그들 주위에는 경찰관들이 지켜서
있었다.

"한국 교회는 각성하라!"

"정부는 석방 조건을 낱낱이 밝혀라."

"한국 교회는 온 국민 앞에 사과하라!"

"아니, 저 사람들은 인질들이 살아 돌아오는 것이 그렇게 분
한가? 아니, 소란을 피워야 할 곳이 따로 있지. 죽었다 살아 돌아
오는 사람들을 맞이하는 저들 태도가 어디 사람 짓인가?"

등 뒤에서 소곤대는 중년 여인의 말소리에 현선은 눈물이 나

왔다.

사람들이 술렁이기 시작했다. 경찰관들의 눈빛이 빛나면서 긴장하였다. 무전기를 든 경비원들이 이리 뛰고 저리 뛰면서 서둘렀다.

출구가 열리면서 대기해 있던 경찰관들이 출구 양쪽에 마주서서 사람으로 벽을 만들었다. 잠시 후에 아랍인 복장을 하고 수염을 길게 기른 사람이 맨 앞에 서서 나왔다. 그 뒤로는 봉사단원들이 두 줄로 나왔다. 그들은 모여 선 사람들을 휘 둘러보고 놀라더니 곧 고개를 푹 숙이고 출구를 빠져나왔다. 경찰들이 사람들의 접근을 막았다. 신문기자와 방송국 카메라만이 위세를 떨치며 버티어서 일행들을 향해 셔터를 터뜨렸다. 단원들 중에는 얼굴을 내리깔고 흐느끼는 사람도 있었다. 마중 나온 가족들도 숨을 죽였다. 다시 만나는 기쁨과 감격은 전혀 나타내지 못했다.

그 흔한 환영 피켓 하나 없고, 꽃다발을 들고 온 사람들도 없다. 현선과 수화는 마련해 온 꽃다발을 들고 있다가 슬며시 등 뒤로 숨겼다.

유현이 걸어 나왔다.

"유현 언니!"

현선이가 고함치듯 버럭 소리를 지르면서 경계선을 치고 서 있는 경찰을 밀쳤다. 사람들이 현선을 쳐다보았다. 꽃다발을 든 그녀를 본 경찰관이 눈을 휘둥그레 뜨면서 막아섰다.

"왜 막아요. 유현 언니 파이팅! 파이팅!"

"조심하세요. 저기 봐요."

여경 둘이 그녀의 두 팔을 양옆에서 끼고 한편으로 가면서 속삭였다.

"한국 교회는 무모한 선교를 지양하라!"

"서울제2교회는 국민들에게 사죄하라! 사죄하라!"

스무남은 청년들이 경찰의 제지를 받고도 피켓을 흔들면서 고함을 지르고 있었다. 마중 나온 사람들은 소리 지르는 그들을 힐끗힐끗 돌아보면서도 입을 다물었다.

"유현아, 파이팅!"

수화도 소리를 질렀다. 둘의 시선이 유현과 마주쳤다. 유현의 눈빛이 반짝 빛났다. 그녀는 고개를 끄덕이면서 미소를 지었다.

"유현 언니, 파이팅!"

"유현 언니! 장해요!"

수화가 더 악을 쓰듯이 소리를 질렀다. 그때 플라스틱 빈병이 그녀에게 날아왔다. 현선은 주위를 돌아봤다.

"한국 교회는 오만방자한 태도를 버려라."

"한국 교회는 정부와 국민에게 사죄하라. 무슨 선교냐? 폼 재지 마라. 사람을 죽인 서울제2교회는 책임을 져라."

피켓을 든 무리들이 계속 고함을 질렀다. 여경은 현선과 수화를 한쪽으로 끌고 갔다.

귀국한 사람들이 한곳에 모여 기자회견을 하였다. 경찰들이 그들을 겹겹이 에워쌌다.

맨 먼저 출구를 나왔던 아랍인 복장에 수염이 덥수룩한 중년이 차분히 말을 시작했다.

"그동안 국민 여러분께 심려를 끼쳐드려서 죄송합니다. 정부와 각계에서 저희가 돌아올 수 있도록 애써 주시어 감사합니다.

그러나 두 분이 먼저 우리 곁을 떠나게 된 것이 한없이 슬프고 안타깝습니다. 그들의 피가 헛되지 않을 걸 믿습니다. 감사합니다."

짤막한 인사말이 끝나자 기자들의 질문이 쏟아졌다.

"배 목사와 다른 한 분이 돌아가셨다는 사실은 언제 알았습니까?"

"배형규 목사님과 다른 한 분이 돌아가셨다는 것을 두바이에 와서야 알았습니다. 정말 안타깝고 슬픕니다. 그분들은 우리를 대신해서 돌아가셨습니다."

"그곳에 가서 무슨 일을 하다가 납치되었습니까?"

"봉사활동을 하였습니다. 선교를 위한 어떤 일도 하지 않았습니다. 그곳 일반 주민들은 인질로 잡혀 있는 동안에도 우리에게 따뜻하게 대해 주었습니다."

순간 윤 선생은 그곳에서 만난 여러 어린이들 얼굴이 떠올라 목이 메었다.

그의 눈가가 붉어졌다. 함께 있는 대원들이 고개를 숙인 채 흐느꼈다. 그들은 그 슬픔조차 마음대로 터뜨릴 수도 없었다. 공항은 너무 싸늘했다.

"한국 교회는 각성하라."

"한국 교회는 사죄하라."

여전히 한 무리의 사람들은 피켓을 흔들면서 살아 돌아온 그들을 저주스러운 눈길로 바라보면서 고함을 질렀다.

인질 열아홉은 경찰의 호위를 받으면서 청사 밖으로 나와 대기해 있던 버스에 올라탔다.

현선과 수화는 서로 마주 본 채로 아무 말도 하지 않았다. 전혀 예상할 수 없는 상황을 만났다. 살아 돌아온 이들을 위한 한국 교회의 진심 어린 환영회라도 있을 줄 알았다. 한국 교회 지도자들은 다 어디로 갔는가? 그 많은 기독교인들은 무슨 죄를 지었기에 피켓을 들고 구호를 외치는 청년들의 기세에 눌려 반가움과 기쁨을 표현하기를 꺼리는 것인가?

"한국에 교회가 있나?"

수화는 교회를 다니지 않았지만 아무리 생각해도 이해되지 않았다.

"무슨 말이야?"

"내 보기엔 없는 것 같아. 살아서 돌아온 봉사단원들을 위해서 꽃다발도 주고 그 많은 찬송가도 부르고, 할렐루야 아멘도 외쳐야 하는 거 아니야?"

현선이 듣고 보니 수화 말이 옳았다. 순간 소름이 온몸에 퍼졌다. 혹여 돌팔매라도 맞을까 봐서 아무 소리도 못하고 있는 교인들 모습이 선했다. 교회 지도자라는 사람들은 교회를 향한 비난의 화살이 두려워 모두 숨어 버렸다. 이들이 무슨 기독교인이고, 교회 지도자란 말인가? 살아서 돌아왔다는 것은 얼마나 기쁜 일인가? 이 기쁨을 기쁘다고 할 수 없는 한국 사회가 두려워지기 시작했다.

마중 왔던 사람들이 수군거렸다.

"어디로 갈까?"

"아마 조사를 받지 않을까?"

"아냐. 안양 샘병원에서 집단으로 치료를 받는대. 그다음에 아마 조사를 받게 될걸."

"신문기자들이 바쁘겠는걸."

사람들이 수군거리면서 흩어졌다.

'아니, 웬일이야?"

수화와 현선이 공항버스를 기다리는데, 구 기자가 옆으로 다가오더니 놀란 표정을 지었다.

"구 선배가 웬일이야? 더 쓸 기사가 있어서 여기까지 왔어?"

현선은 구 기자가 낯설게 보였다.

"구 선배, 뭐 느끼는 거 없어요? 살아 돌아온 인질들을 맞이하는 한국 사람들의 표정이 너무 굳어 있지 않아요? 비정의 도시 사람들 같이."

현선이 구 기자를 보면서 따지듯이 말했다.

"비정의 도시에는 비겁자들만 살고 있군."

구 기자가 자조적으로 지껄였다.

"비겁자들?"

현선은 곰곰이 생각해 보았다. 맞다. 비겁자들이다. 약삭빠른 비겁자들, 그중에 구 선배도 나도 끼어 있다.

"구 선배 잘 표현했어. 내가 우선 그렇거든. 유현 언니와 같이 교육을 받고서도…."

현선은 봉사단원으로 참가하지 못한 죄책감을 털어놓았다.

"구 선배도 비겁자 아니야? 사람들의 구미를 맞추기 위한 기사를 쓰기 위해서 쏘다녔으니까…. 실은 나도 비겁자거든. 공연히 유현 언니를 매도했어. 도덕적 우월의식을 자랑하려고 봉사단원에 참여했다고…."

수화의 말에 구 기자는 아무 말도 하지 않았지만 그들의 말이 모두 옳다. 그런데 수화의 변모는 이해할 수 없었다.

"나중에 봐. 다시 좀 볼 일이 있어."

구 기자는 얼른 다시 공항 청사 안으로 들어가면서 손을 들어 보였다. 무슨 냄새를 맡았을까? 그때 들어가던 구 기자가 피켓을 든 그 젊은이들과 같이 나왔다. 주차장 쪽으로 뛰어가는 그들을 구 기자가 뒤따라가면서 뭔가 계속해서 말을 건넸다. 수화와 현선은 그들이 완전히 주차장 안으로 사라진 뒤에야 강남 쪽으로 가는 공항버스에 올랐다.

4

인질들이 석방된 이튿날 한성일보에 "석방된 인질들이 두바이에서 잠시 머무는 동안 한가하게 쇼핑을 했다"는 기사가 실렸다. 그것은 구 기자 솜씨였다. 네티즌들이 벌떼같이 들고 일어섰다. 석방을 위해 정부가 엄청난 대가를 지불했고, 국민들이 무사귀환을 바라면서 가슴 졸였는데, 한가하게 쇼핑을 하다니…. 중동에 유람 갔다 왔느냐는 것이었다. 말에 말이 덧붙여지면서 쇼핑 이야기는 다시 한번 인질들을 매도하는 데 적절하게 쓰여졌다.

봉사단원들은 사실을 부인했다. 인솔을 맡았던 정부 관리들도 그들에게는 쇼핑할 시간이 없었고, 신변의 위험을 받는 처지에서 마음대로 외출할 형편도 아니었다고 설명했다. 나중에 알고 보니, 인질들이 호텔에서 새로 지급받은 체육복을 입고 피랍 당시에 입었던 옷을 버릴 수 없어 호텔방에 있는 쇼핑백에 담아 들고 다닌 것이 빌미가 되었다.

비정한도시

현선과 수화는 병원으로 유현을 만나러 갔다가 병원 로비에서 그 어머니를 만났다. 봉사단원들이 돌아오던 날, 공항에서 어머니를 먼발치에서 보았으나 인사를 드리지 못했다. 분위기가 전쟁터처럼 살벌했던 정황을 보면서 마음 아파할 어머니에게 딱히 위로 말을 찾지 못했던 것이다. 그날 둘은 돌아오는 차 안에서 한마디도 하지 않았다. 도저히 상상할 수 없는 공항 분위기가 혼란스럽기만 했다.

　　둘은 어머니와 함께 유현을 잠깐 만나고 나왔다. 그녀는 생각한 것보다는 건강했고, 스트레스 증후군도 나타나지 않는다고 했다. 오히려 이곳에서 애타게 기다린 가족과 친구들에게 미안해한다고 했다.

　　"난 이번 기회에 세상 공부를 많이 하게 되었어. 그리고 이 세상에는 우리가 생각하는 것보다 착한 사람들이 많고, 참으로 불쌍한 사람들이 많다는 것을 알았어. 세상에는 아름다운 일들이 참 많은데, 그것을 이용해서 역사를 왜곡시키는 세력들이 있기 때문에 전쟁이 그칠 날이 없고, 또 서로 미워하고 대립하고 경쟁할 수밖에 없다는 것을 알게 되었어."

　　유현은 탈레반 가족들 중 천진한 아이들을 만난 이야기를 했다.

　　"그런데 그들도 미국이나 아프간 정부에 대한 분노를 품고 있었어. 탈레반이 어린아이들에게 그렇게 교육시킨 것이야. 천진한 아이들이 미움부터 배웠다는 것은 비극이지. 그런데 그 아이들은 우리에게 너무 친절했어. 우리가 그들을 미워하지 않는다는 것을 알았기 때문이지."

　　유현은 한국 사회가 이번 사태에 대해 취했던 여러 일들을 알고 있는 것 같았다.

"이번에 나는 모든 것을 포용할 수 있는 것은 사랑이라는 것을 다시 한 번 확인했어. 그런데 그 사랑도 이데올로기가 되면 그 순수성이 훼손된다는 것도 깨달았지. 한국 교회가 외치는 사랑도 어떤 가치를 위해 내세운다면 그것은 이데올로기화되면서 그 순수성이 사라지고 말거야. 아마 우리의 봉사활동을 세상에서는 그런 차원으로 인식해서 비난했을 거야. 혹 한국 교회가 행하는 사랑을 내세운 일들 가운데는 순수성이 사라진 경우도 있지. 이제 우리는 이 문제를 정직하게 생각해 보아야 해."

유현은 생사의 고비에서 고통을 당했던 사람답지 않게 모든 사태를 냉정하게 파악하고 있었다. 오히려 이번 일로 걱정하며 마음 아파했던 현선이와 수화를 위로했다.

사회는 인질들의 석방을 환영하면서도 그 근저에는 묘한 기류가 흐르고 있었다. 아무리 생각해도 교회에서 아프간에 봉사단원을 보낸 일을 그냥 넘겨서는 안 된다는 분위기였다. 두 페이지를 가득 채운 한성일보 기사는 그러한 세상 분위기를 꼼꼼히 전해 주었다. 구 기자의 솜씨였다.

기사는 우선 이번 사건의 전말을 일지식으로 정리하고서, 이번 사태에 대한 기독교계와 사회의 반응을 정리했다.

… 매우 난처한 입장에 놓였던 곳이 기독교계였다. 탈레반 피랍을 통해 그간의 반기독교 정서가 한꺼번에 분출되었으며 한편으로 이 사건을 통해 기독교계는 현재의 기독교의 위상을 객관적으로 들여다보고 내부 반성을 도모하는 기회를 가질 수 있었다. 종

비정한도시

교계는 탈레반의 폭력성을 규탄하고 인질들이 무사히 구출되도록 기원하는 데 있어서는 공통된 입장을 보였으나, 선교 방식을 두고서는 서로 다른 목소리가 있었다.

먼저 기존의 선교 방식을 비판하는 입장을 정리하자면, 전직 한 목사는 이번 사태와 관련하여, "아프가니스탄에 억류된 서울제2교회 봉사단원 21명이 무사하게 풀려나길 바란다"면서 "다만 이웃 종교인을 억지로 기독교인으로 만들려는 무모하고 공격적인 선교 정책은 지구마을을 끊임없는 갈등 상태로 몰고 갈 수 있고, 자칫 종교 전쟁의 빌미도 제공할 수 있다"며 한국 교회의 선교 방식을 비판했다. 그는 "공격적 선교 방식은 세상을 다양하게 창조한 하나님의 역사를 기독교인 스스로 제한하고 파괴하며 획일화하는 신앙적 범죄 행위"라면서, "한국 교회는 교리를 전하는 선교에서 하나님의 사랑과 화평을 전하고 나누는 선교 방식으로 바꾸어야 한다"고 강조했다.

신학대학의 선교학 교수는 "선교엔 타자가 있게 마련인데, 타자의 종교·문화를 존중하지 않는 방식은 참다운 선교가 아니다. 선교의 자유는 선교를 받는 상대방을 존중하는 것을 전제로 해야 한다"고 지적했다. 받아들이는 쪽에서 어떻게 생각하느냐가 중요하다는 의미다. 또 다른 교수는 "결국 자신이 믿는 바를 전투적으로 뽐내는 무모한 선교 방식이 문제"라며 "아프가니스탄에 사람들을 보낼 때 종교 훈련은 시켰겠지만 현지의 역사와 문화 정치적 위험 등의 교육은 소홀히 했을 것"이라고 꼬집었다.

기독교 세계 선교 관계 책임자인 한 목사는 "이번 사태는 단기 봉사활동을 하러 갔다 납치된 이들 때문에 일어난 일"이라며 "오랫동안 고아원·학교·병원을 세우며 봉사활동을 해온 분들까지 철수해야 하는 상황이 초래될까 우려한다"고 했다. 그는 "우리가 한국전쟁 등을 거치며 외국으로부터 도움을 많이 받았는데 이제 는 도움을 줘야 할 때"라며 해외 봉사에 의미를 부여했다.

소위 진보적인 또 다른 기독교 연합기관의 실무책임자 목사는 "이번 사건을 통해 그동안 한국 교회의 해외 봉사와 선교를 돌아 보고, 좀 더 효과적이고 안전하게 봉사와 선교를 할 수 있는 계기 로 삼고자 한다"고 논평했다. 그는 "피랍자들이 무사히 귀환한 후 적절한 시기에 대토론회를 개최하는 등 다방면에서 노력을 기 울일 필요가 있다"고 밝혔다.

반면에 학계에서는 배타적 선교 방식을 지적하는 논의가 많았 다. 어느 대학 이슬람 전공 교수는 대한민국 기독교인들이 이슬 람 국가에 가서 선교하는 행위에 대해 우려를 표했다. "종교적 가 치는 상대방이 그걸 수용하고 받아들이고 용인할 때 인정되는 것 이지 그 사람들이 싫다고 하는데 의료나 봉사의 이름으로, 선교 의 목적을 숨기며 활동하는 것은 인도주의와도 부합할 수 없다" 며 "현지 사정에도 어둡고 그 문화나 법에 대해 무지한 상태에서 그 사람들이 받아들이지 않는 봉사가 무슨 의미냐"고 말했다.

현선은 이 기사를 읽으면서 왜 우리 사회와 기독교계는 이번 사태를 기독교 선교 문제로 확대하는지 이해할 수 없었다. 이 사 태를 통해 우리는 지구상에서 정치적 이해나 돈을 노려서 무자 비하게 자행되는 납치, 감금 등 비인도적인 인권의 문제로 접근 해야 할 것이 아닌가?

저녁 후에 식구들이 자리를 같이하여 차를 마시게 되었다. 그 동안 집안 분위기도 좀 부드러워졌다. 봉사단원들이 돌아오게 된 뒤 성 교수는 노구를 끌고 기도한 장모를 위로해 드렸다. 현선 이도 아버지를 많이 이해하게 되었다.

"아버지, 전 이번 사태를 보면서 한국의 기독교인 학자들은 뭔가 심한 콤플렉스에 갇혀 있는 것 같은 느낌을 받았어요. 당당하게 크리스천이라고 내세우지 않을 때가 많지요?"

현선은 아버지도 그렇지요, 하고 말하려다가 참았다.

"종교는 개인 프라이버시에 속하니까, 직접 내세울 필요가 있겠어?"

"제가 왜 이 말씀을 드리느냐면, 적어도 기독교인은 학문의 양심을 지켜야 하지 않을까 해서예요. 그래야 현상을 정직하게 인식할 수 있겠지요. 인질 석방 후의 문제는 한국 교회의 선교 정책이 아니라, 정치적 목적으로 죄 없는 사람들을 납치하고 구금하는 반 인권적 사태에 대해 세계 여론을 환기해야 하리라고 생각해요. 엉뚱한 곳으로 논지를 몰고 가는 것은 지성인의 몫을 포기하는 것 아닐까요?"

현선은 그 기사를 읽으면서 너무 아쉬웠다. 인질 석방 후에도 신문기사는 석방 전이나 다를 게 없었다. 아버지 생각도 여전하실 것이라고 생각하니 가슴이 답답했다. 자기 의사와는 관계가 없는 글을 써서 이름을 알리고 고료를 받는다면, 그것은 사랑하지 않는 사람에게 성을 제공하여 돈을 버는 것과 다르지 않다. 오히려 그보다 더 부도덕하다.

"그리고 저는 종교계 사람들의 이번 사태에 대한 생각에 대해서도 불만입니다. 종교 지도자라면 형식적인 위로의 말만 할 것이 아니라, 세계 곳곳에서 이루어지는 납치 구금 폭력에 대해 이 기회에 소신을 밝혀야지요. 종교와 선교의 문제가 아니라, 이번 사태는 가장 잔인하고 정략적인 폭력의 전형입니다. 그 문제를 세계 종교 지도자들에게 제의해야 합니다. 모슬렘에게도 충고해야 하고요. 타 종교에 대한 선교 문제가 아니에요. 봉사단원들이 직접 선교 행위를 했나요? 그들을 납치한 탈레반은 피랍자들의 실체도 모르고 외국인을 납치하여 정략적으로 이용하려 했던 거잖아요. 그런데 엉뚱한 문제를 운운하고 있으니 한심하지요. 더구나 평소에 인권을 입에 달고 다니는 인권운동가들도 비겁하구요. 이번 사태는 인권과 폭력의 문제예요. 그렇게 생각하지 않는다면 사회 인식에 문제가 있지요."

현선은 평소에 생각하고 있었던 불만을 다 쏟아 내었다. 성교수는 딸의 예리한 안목에 놀라면서 문득 자신의 모습을 되돌아봤다. 학자에게 지성이 있는가? 학자적 양식을 가졌는가?

"그래, 네 말이 맞다. 아버지도 이 기회에 좀 더 생각해 봐야 하겠구나."

성 교수는 딸 앞에서는 솔직해지고 싶었다.

9. 아름다운 도시 이야기

I

배 목사를 저 세상으로 보내는 자리에 함께하기 위해 예배당에 모인 사람들은 숨을 죽인 채 조용히 앉아 있다. 식장 정면에 걸려 있는 배 목사의 웃는 모습에서, 그는 탈레반의 총부리 앞에서도 저렇게 웃었을 것이라고 생각했다. 그는 스스로 '죽음'이란 말을 용납하지 않았다. 그래서 살아 있을 때 그의 뜻을 따라 고별예배가 아닌 '천국환송예배'를 드리기로 했다는 사회자의 인사를 시작으로 예배가 진행되었다.

그곳에 모인 사람들은 예배를 드리면서 죽음 앞에서 순전한 믿음을 지키는 것을 공부하고 있었다. 죽음은 더 귀한 시작이기에 세상에서 겪었던 모든 고통과 외로움과 갈등을 넘는 순간임을 생각하였다. 아무 은원도 없는 사람들로부터 증오에 찬 죽임을 당한 젊은 목사를 통해 그 사실을 믿고 싶었다. 미움의 정체는 무엇인가? 무슨 원한이 그렇게도 컸기에 탈레반은 이 선량한 사람을 사격장의 표적처럼 총을 쏘아 죽여야 했을까.

현선이와 수화는 죽음의 극복이라는 것이 어떤 상황인지 생각하였다. 모두들 죽음을 향하여 달려가고 있다. 몇 년 더 산다는 것은 영원한 시간 앞에서는 별 의미가 없다. 오래 살수록 봐서는 안 될 것을 보게 된다는 말을 어느 노 시인에게서 들은 적이 있다. 90세가 넘도록 정정하게 사시는 그 시인에게 후배 시인이 '복이 많다'는 인사를 건네자 그에 대한 대답으로 했던 말이었다. 그 말은 거짓이 아니었다. 아내를 먼저 보내고, 사랑하는 딸도 먼저 보냈고, 그리고 작년에는 아들까지 보내었다는 것이다. 이것이 오래 산 사람이 감당해야 할 몫이었다. 세상 일은 공평하다. 죽음이 그것을 증명해 준다. 배 목사는 죽음 앞에서도 총을 겨누는 그들을 위해 기도하며 떠난 모습으로 우리 기억에 남아 있을 것이다.

살았을 때 증거했던 배 목사의 설교가 영상으로 전해지고 있다.

미국의 휘튼대학은 지난 반세기 동안 미국 캠퍼스 부흥의 진원지였습니다. 그 대학 출신인 짐 엘리어트와 그의 친구들이 평생 주의 복음을 세상에 전하기로 헌신하고 에콰도르로 갔습니다. 그 나라 밀림 지역에는 서로 죽이고 죽는 와오다니 부족이 살고 있었습니다. 짐 엘리어트는 그들에게 복음을 전하기로 결정했습니다. 에콰도르 정부는 와오다니 부족이 변화되지 않는다면 전부 몰살시키기로 결정했습니다. 그들에게 복음을 전할 기회가 그리 길지 않다는 것을 알게 되었습니다.
짐 엘리어트와 그의 친구들은 그들의 위치를 파악하는 한편 그 부족에서 이탈해 온 다유마라는 소녀에게서 와오다니 언어를 배

우기 시작했습니다. 1956년 1월 10일 그들은 와오다니 족들을 만나기로 되어 있었습니다. 그 당시 선교사들은 신변을 보호하기 위해서 모두들 무기를 소지하고 있었습니다. 상황에 따라 무기를 사용할 수도 있었습니다. 짐 엘리어트 일행도 무기를 소지하고 와오다니 족을 만나러 나갔습니다. 그런데 그날 짐 엘리어트 선교사 일행은 와오다니 족들에게 공격을 받고 세상을 떠났습니다. 세상에서는 그들의 죽음이 너무 허망하다고 생각했습니다. 미국 사회에서도 그 선교사의 죽음에 대해서 논란이 많았습니다. 모든 여론은 '헛된 죽음'이라는 것이었습니다.

그런데 3년 후에 세상이 쓸모없다고 했던 그들의 죽음의 의미가 나타나게 됩니다. 짐 엘리어트의 부인을 비롯하여 그 당시 순교한 다섯 명 선교사 부인들이 다시 그들에게 복음을 들고 나아갔습니다. 그때 와오다니 부족들은 그 여인들에게 창을 겨누지 않았습니다.

나중에 알려진 사실입니다만, 와오다니 부족들은 3년 전 선교사들이 보신용 무기를 지니고 있었으면서 공격해 오는 와오다니 족을 향해 왜 총을 쏘지 않았는지 궁금해했습니다. 그들은 나중에야 그것이 그리스도의 사랑 때문인 것을 알았습니다. 그래서 결국 그 잔혹한 부족들은 주님을 영접하게 됩니다. 그들은 더 이상 살인하지 않게 되었습니다. 그들은 변화되었고 복음화되었습니다.

이 놀라운 사실이 짐 엘리어트가 다녔던 휘튼 대학뿐 아니라 전 미국에서 전해지면서 놀라운 부흥이 일어나 많은 젊은이들이 선교사로 헌신을 다짐하게 되었습니다. 순교적 영성으로 살아가는 삶은 결코 헛된 삶이 아닙니다. 왜냐하면 한 알이 밀알이 땅에 떨어져야만 많은 열매를 맺을 수 있기 때문입니다.

언젠가는 우리도 죽습니다. 그때 주님의 영접을 받고 싶습니다. 주님은 십자가에 달려 돌아가실 것을 두고 이렇게 말씀하셨습니다. 인자가 영광을 얻을 때가 왔도다(요 12:23)라고 합니다. 십자가 형틀은 고난의 형틀이 아니라 영광의 형틀입니다. 그것으로 온 인류가 구원을 받을 수 있었기 때문입니다.

이 땅에서 순교의 영성으로 주님의 순결한 신부로 살다가 주께서 필요하다고 하실 때에 '아멘' 하며 따라갈 수 있는 저와 여러분이 되길 간절히 축복합니다.

현선은 흐르는 눈물을 참느라 배 목사의 설교가 귀에 들어오지 않았다. 죽음을 항상 곁에 두고 살았던 젊은 목사, 자기보다 남을 더 배려하였던 젊은 청년, 남아 있는 그 부인과 자녀들을 생각했다. 그의 육신의 아버지와 어머니가 감내할 그 아픔, 선교사이자 목사였기에, 장로이고 권사이기에 슬픔도 더 터뜨리지 못하고 가슴에 묻어 둬야 했던 그 무거운 마음이 현선을 짓누르는 것이었다. 그런데 바로 앞에 앉아 있는 중년 사내들이 울음을 터뜨렸다. 자식, 갈 때 연락이라도 해야지. 죽으려고 작정하고 가면서, 마지막 우정이라도 나눴어야지. 너무 착한 놈이어서 너를 볼 때마다 조마조마했다. 중얼중얼하면서 두 사내가 흑흑 느껴 울었다. 사람들 눈도 의식하지 않았다. 설교와 기도와 찬양과 배 목사에 대한 고별사가 이어진 뒤 봉사단원으로 참여한 윤 선생이 배 목사와 생활했던 이야기를 전했다. 그다음 찬양대의 환송의 찬

비정한 도시

양 등 순서로 이어졌다.

"이제 예배를 마치고, 2부에는 배 목사님을 기리는 순서를 갖 겠습니다."

사회자의 안내에 따라 사람들이 자리를 고쳐 앉았다. 그 바 람에 앞에 앉아 소리 내어 울던 두 중년 사내가 뒤를 돌아보다 현 선이와 눈이 마주쳤다. 어디에서 봤던 얼굴이다. 아, 고깃집에서 수화와 논쟁을 벌일 때에 칸막이 건너에 앉아서 배 목사 가족을 걱정하던 그들이었다.

엉겁결에 현선은 두 사내에게 고개를 까딱하며 눈인사를 했다.

"예전에 식당에서 두 분을 뵌 적이 있어요. 옆자리에 우리 둘 이 앉아 봉사단원들 이야기로 논쟁을 벌이고 있을 때에 두 분은 배 목사님 걱정을 하셨어요. 우연히 스쳐 지나간 일인데 이렇게 선명하게 기억에 남네요."

현선은 수다쟁이처럼 말했다. 사내의 얼굴에 눈물 자욱이 그 대로 보였다.

"제 친구가 이번에 봉사단원으로 갔어요. 유현이라고, 세웅그 룹 비서실 대린데요."

현선은 비서실에서 벌어진 이야기를 다소 수다스럽게 말했다.

"그래요. 반갑군요. 저는 사실 주일이나 지키는 교인인데, 배 목사가 저를 위해 울면서 기도한 것을 생각하니, 그만 눈물을 참 을 수가 없었네요."

그중에 한 신사가 어린아이처럼 웃으면서 말했다.

예배가 끝나고 배 목사를 기리는 순서에서, 사람들은 배 목사 가 애초부터 순교를 작정하고 그것을 준비하면서 살아왔음을 확인했다. 죽음을 준비하는 삶이 얼마나 진지하고 치열한지를 생각하는 시간이었다. 모두가 욕망에 뒤엉킨 삶을 사느라고 한순간 주어진 행복도 제대로 누리지 못하는 일상에 비해, 죽음을 준비하며 살아간 배 목사는 모든 것이 행복하게 느껴졌을 것이다. 그러니 그의 표정이 항상 밝고 따뜻하고 당당하며 믿음직스러울 수밖에 없었다.

고인을 기리는 특별 찬양 시간이었다. 그와 가깝게 지냈던 친구가 쓴 노랫말에 역시 친한 벗이 작곡을 한 〈그 길〉이란 곡이 연주되었다. 그 곡을 부르기 위해서 앞에 나선 연약해 보이는 젊은 여자가 흐느끼면서 고백했다.

"저는 이 자리에 설 자격이 없는 사람입니다. 이번 이 사태가 일어났을 때 저는 누구보다도 앞장서 인터넷에 악의에 찬 댓글을 열심히 올렸던 한 사람이었습니다."

이후 그녀의 목소리가 흔들렸다.

"제가 이 추념의 노래를 부를 수 있도록 세워 주신 것이 사람의 뜻이라고 생각하지 않기에 감히 응했습니다."

추모객들 모두가 흐느꼈다. 모두들 죽음을 공부하고 있었다. 그들은 '과연 누가 선교할 수 있는가'를 생각했다. 현선의 옆에서 고개를 들지 못하고 있던 수화는 그 추념의 노래를 부르는 저 자매가 곧 자신임을 알았다. 그렇게 유현을 비난하였던 자신의 모습이 너무나 선명하게 눈앞을 가로막는 것이었다.

모든 순서가 끝났다.

배 목사는 교회 밖 길가에 두 줄로 늘어선 사람들 사이를 꽃차를 타고 가면서 미소 지었다. 그는 서울대학병원으로 가서 잠시 쉬다가, 때가 되면 의학도의 칼날을 받으면서 하나님이 창조하신 인체의 신비를 그들에게 직접 몸으로 보여 줄 것이다. 마지막 한 톨의 육신까지 살아 있는 자들을 위해 유용하게 쓰도록 하고 자신은 아주 홀가분하게 빈손으로 아름다운 나라에 들어갈 것이다. 그의 모든 삶은 창조주의 동역자로서 살아온 것이다. 그렇게 생각하자 현선은 마음이 좀 가벼워졌다.

현선은 그의 시야에서 배 목사가 탄 꽃차가 사라질 동안에 한 발짝도 움직이지 못했다. 수화는 계속 흐느꼈다.

"이제 그만 갑시다."

구 기자가 현선이와 수화 옆으로 다가와서 말을 건넸다.

"여기에서 만나네. 구 선배, 이번 사태로 너무 바빴겠네."

현선은 언젠가 구 기자가 자신이 쓴 기사들을 읽으면서 부끄러워질 때가 올 거라고 생각했다.

"날 야유하는군."

배 목사가 탄 꽃차가 사라진 그 빈 공간을 바라보면서 구 기자가 중얼거렸다.

"야유하긴? 누가 누구를 야유해요. 다 비슷비슷한 처지인데…."

수화가 한마디 거들었다.

"교회에서 배 목사를 위한 무슨 기념사업을 계획하고 있나?"

구 기자가 현선에게 물었다.

"기념 사업? 오늘 기삿거리 아직 못 잡았어? 마지막으로 천국 환송예배 기사는 좀 잘 만들어 봐."

현선이는 진심으로 주문했다.

"그게 내 마지막 기사가 될 텐데···. 나도 선교사로나 가볼까 해서."

"선교사는 말고, 현지 취재를 해보는 건 어때?"

그 말에 구 기자의 눈이 번쩍 트였다.

"그렇군. 그거다!"

구 기자는 무슨 급한 볼일이나 있는 것처럼 손을 흔들면서 배 목사가 지나간 그 길로 달음질치듯이 황급히 걸어갔다.

2

유현은 퇴근 무렵에 권채석으로부터 만나자는 전화를 받았다. 권은 지난여름 탈레반에 납치되어 동굴 생활을 할 때 박상민으로부터 이야기를 들어 알게 된 그 청년이었다. 상민에게 어떤 일이 일어나서 권의 결혼식에 참석하지 못하게 되면 대신 참석해서 축하해 주기로 약속했던 것이다. 그 약속을 하고서 이틀 후에 탈레반에 불려간 박상민은 끝내 돌아오지 못했다.

유현은 돌아오는 즉시 박상민 형이 참여했던 그 지체장애우의 독서모임을 찾아가 청년을 만났다. 그리고 그의 약혼녀인 영애도 만났다. 유현은 그들에게 박상민 형제의 이야기를 자세히 들려줬다. 듣던 권채석이 울음을 터뜨렸다.

"그 형이 우리를 만나면서 달라졌어요. 저는 아무렇지도 않은데, 그 형은 늘 도울 일이 있으면 얘기하라면서, 자기도 남을 돕는 일을 하면서 살고 싶다고 했는데···. 결국 봉사단원으로 참가하더니···."

비정한 도시

약혼녀도 따라 울었다.

"참, 하나님 마음은 헤아릴 수가 없어요. 그 형이 살아 있다면 더 좋은 일을 많이 할 텐데요, 왜 그토록 일찍 데려가셨을까요?"

그들은 박상민의 죽음을 너무 안타까워했다.

"그날 저도 인천공항에 갔었어요. 신문으로 박상민 형의 죽음을 알게 됐지만 도저히 믿어지지 않아서…. 영애와 같이 갔었는데…."

영애가 더 크게 흐느꼈다.

"마음이 더 아팠겠구나."

"아프다기보다는 분노가 치밀었어요. 봉사단원들이 무슨 부도덕한 파렴치범입니까? 왜 우리 사회가 이러는지, 화가 치밀면서 공연히 세상 사람들이 미워지기 시작했어요. 단원들을 향해 야유하는 사람들이나 달걀을 던지려는 사람들에 대한 증오를 도저히 감당할 수 없었어요. 그러다가 이거 안 되겠구나. 내가 왜 그들을 미워해야 하나 생각하니, 그렇게 가벼운 자신이 한없이 미워지기도 하고…. 그 때문에 영애도 한동안 괴로워했어요."

유현은 그들의 말을 들으면서 박상민 형이 그토록 좋아하지 않을 수 없었던 이들의 마음을 이해할 수 있었다.

청첩장이 나오는 대로 우편으로 보내 달라고 약속하고 그날은 곧 헤어졌다. 그런데 오늘 청첩장을 갖고 온 것이다.

유현은 권이 내미는 청첩장을 받아들고는 다시 박상민의 모습이 떠올라 목이 메어 아무 말도 할 수 없었다.

"상민 형제가 내게 결혼식에 대신 참석해 달라고 부탁했어요. 어느 날 상민 형제가 동굴 밖에서 들꽃을 꺾었어요. 그 들꽃들은 참 예뻤어요. 그에게 들꽃을 꺾은 사연을 물었더니…."

그때 들은 이야기를 그대로 전했다.

"상민 형제가 돌아오지 않자, 제가 대신 틈이 나는 대로 들꽃을 꺾어 말렸어요. 그것으로 자그마한 화환을 만들어 두었어요. 그 분은 하늘나라에서 두 분의 결혼을 진심으로 축하하면서 기뻐하실 거예요. 그날 좀 번거롭겠지만, 예식 순서에 그분의 선물을 전하는 순서를 마련해 주었으면 해요. 제가 그 마음을 하객들에게 전할게요."

유현은 자꾸 헷갈리는 말을 집어 담으면서 말했다.

"참 좋은 분이에요. 저희 사랑을 기뻐해 주셨어요. 저도 한동안 너무 어려웠어요. 유현 씨에게 솔직하게 말하면, 저는 영애 자매를 진심으로 사랑하는데, 영애가 너무 부담스러워하고, 더구나 처가댁에서 반대를 했어요. 우리 집에서는 제 뜻대로 따르겠다고 하는데, 그 편에서 어느 사내 일생을 망가지게 하려고 네가 욕심을 내어 그를 택했냐고 하는 거예요. 그 어른을 설득하는 게 너무 힘들었어요. 그럴 때마다 상민 형과 약속했기에 물러설 수 없었어요. 그렇기에 저는 행복할 수 있어요. 저희의 모자라고 부족한 것을 주님이 채워 주실 것을 믿기에 영애의 핸디캡이 우리에게는 아무 문제가 되지 않아요. 그런 신념을 갖게 해준 것이 상민 형이었어요. 아마 그가 살아서 돌아왔다면 저는 좌절했을지도 몰라요. 살아 있는 자 앞에서의 약속은 못 지킬 수도 있잖아요. 그런데 상민 형이 제 옆에 안 계시니, 지키지 않을 수 없지요."

유현은 생각했다. 약속을 지키게 하는 힘은 무엇인가?

청첩장을 받은 후에 유현은 아프간에서 가져온 마른 들꽃으

비정한 도시

로 예쁜 화관을 만들었다. 여러 꽃집을 수소문해서 전문가를 찾아 사연을 말하고 특별히 부탁해서 만든 것이었다.

예식이 시작되었다. 근육병 환자인 신부는 걸음걸이가 자유스럽지 못해 신랑과 신부 아버지가 미는 휠체어를 타고 입장했다. 신부는 너무 밝은 얼굴로 행복해했다. 근육병이 하체로부터 시작했는지, 얼굴과 두 손은 조금도 훼손되지 않았다. 예쁘고 복스러운 얼굴이었다. 아름다운 얼굴이면서 평화가 넘쳐 보였다. 유현은 자기 모습을 생각했다. 내가 저렇게 평화로운 얼굴을 가질 수 있을까?

예식이 진행되는 동안은 신부도 자리에서 일어서서 신랑과 나란히 섰다. 주위에서 만류해도 신부는 웃으면서 "오늘 아니면 신랑과 나란히 설 기회가 없어요" 하며 웃었다. 신랑이 한 팔로 신부를 부축하여 섰다.

신부의 어머니는 계속 흐느끼는데, 신랑의 어머니는 진심으로 흐뭇한 모습이다. 예식 순서는 끝났다.

"여러 하객님께 한 말씀드리겠습니다. 이제 이 결혼식에서 가장 아름다운 순서가 남아 있습니다. 아프간 봉사단원으로 참여했던 박상민 형제가 두 사람의 결혼을 축하해 주기 위해서 그 들판에 피어 있는 들꽃으로 화관을 마련했습니다. 박상민 형제는 탈레반에게 희생되는 바람에 화관을 완성하지 못하였는데…."

사회자가 약간 장황하게 화관의 사연을 설명했다.

유현이 조심스럽게 앞으로 나가 가까스로 서 있는 신부의 머리에 화관을 씌웠다. 화관이 너무 잘 어울렸다.

"제가 박상민 형제를 대신해서 이 화관을 오늘의 신부에게

씌워 드립니다. 하늘나라에서 박상민 형제가 이 결혼을 축하해 주고 있을 것입니다. 그리고 하나님께서 영원토록 두 사람의 사랑을 지켜 주실 것입니다."

유현은 목이 메어서 말을 잊지 못했다.

신랑 신부가 양가 부모에게 인사를 하는 순서이다. 먼저 신부 부모에게 인사를 하였는데, 신부의 아버지가 사위를 부둥켜안고는 놓아 주지 않았다. 신랑의 어머니는 장애인인 며느리를 껴안고는 역시 놓아 주지 않았다. 예식장은 박수와 함성과 울음소리로 뒤범벅이 되었다.

에필로그 — 모두가 제 길을 간다

학문보다 더 소중한 일을 찾아 떠납니다. 이렇게 도둑처럼 몰래 떠나는 것은, 아버지 어머니께서 만류하시면 제가 도저히 떠날 수 없을 것 같아서입니다. 그렇게 제가 용기가 없는 아이라는 것을 아버지 어머니도 잘 아시지 않습니까. 그래서 몰래 떠나니, 이해해 주세요. 아버지 어머니 감사해요. 사랑해요. 이 선택이 옳은지 아직도 확실하게 판단이 서지 않지만, 그동안 영악하게 세상을 살아온 제 삶을 되돌아보는 기회가 될 것 같아 떠납니다. 저는 너무 이기적이었습니다. 어렸을 때부터 주위 분들로부터 칭찬과 격려만 받고 살았습니다. 고통을 모르고 살면서 많은 것을 얻기만 했습니다. 그런데 문득 이렇게 살다가 정작 모든 것을 버릴 때가 되면 어떻게 하나 생각하니, 두려웠습니다. 그래서 이제부터 저는 그 마지막 제 몸을 버리기 위한 연습을 하기 위해 떠납니다. 많은 분들의 도움으로 이때까지 살아오면서도 전혀 감사하지 않았던 제 자신이 부끄럽습니다. 이렇게 마음이 굳어져 있는 저를 돌아볼 때마다 참으로 안타까울 뿐입니다. 자신에 대해 참회하는 마음으로 많은 사람들에게 받은 사랑의 빚을 조금이라도 갚기 위해서 떠납니다.

아버지 어머니, 제가 이기심을 버리도록, 비겁하지 않게 살도록, 육신의 평안만을 위하지 않고 살아가도록, 기도해 주세요. 6개월 동안 교육 훈련을 받은 후에, 어디로 갈지 모르겠습니다. 제 생각에는 이 세상에서 가장 어렵게 살아가는 사람들의 벗이 될 수 있는 땅으로 가고 싶어요. 그들에게서 어렵게 사는 법을 배우고, 어려움 가운데에도 행복이 있음을 배우려고 해요. 아버지, 이보다 더한 학문의 길이 어디 있겠어요.

현민아. 내 하나밖에 없는 동생아, 누나가 네 누이 노릇을 제대로 하지 못했다. 이해해 줘라. 우리가 너무 비겁하게 살았다는 것을 아주 늦게야 깨닫고는 용기를 배우러 떠난다. 우리 오누이, 이 세상에 사는 동안 비겁하지 않게 살도록 서로 기도하자.

식구들은 그 편지를 읽고 나서도 그리 놀라지 않았다. 현선이 그 선택을 하기 위해 오랫동안 생각했을 것이라고 믿으면서 오히려 신뢰를 보내었다.

"언제 면회를 가도록 합시다."

성 교수는 울먹이는 강 여사의 등을 도닥이면서 한마디 말을 건네었다.

"너도 누나를 위해 기도 많이 해라. 누나의 마음과 손길이 여러 사람들에게 사랑을 전할 수 있도록…."

성 교수는 아들에게 그러한 부탁을 하는 자신은 정작 딸을 위해 무엇을 해줄 수 있을까 생각해 보았다.

"어, 구 기자. 결재가 났어. 고생 많이 하겠는데….."

지난번 아프간 인질사태 취재팀장이 구 기자 옆으로 다가와서 소곤거렸다.

"정말입니까?"

"거짓말할 것이 따로 있지. 자네가 지난번 인질사태 때 열심히 취재해서 특색 있는 기사를 많이 내보낸 보너스라는 거야."

구 기자는 한 달 전에 해외 취재 기획서를 제출했다. 지난번 탈레반 피랍사건 때 한성일보의 기사가 돋보였다는 평판이 있었으나 그것이 기독교를 비판하기 위한 편향적 의도가 보인다는 여론이므로, 이번에는 세계 각처에서 선교 활동을 하는 기독교 선교 지역을 취재해서 연재하자는 것이었다. 한국 교회의 세계 선교 현장을 취재한다면, 교회가 강변하듯이 그 선교가 이 땅에 하나님의 사랑을 전하는 일인가, 강한 종교를 강제로 수용하도록 하는 전제적 선교인가를 확인할 기회가 될 것이다.

이러한 기획을 하게 된 동기는 다른 데 있었다. 구 기자는 그동안 자기 취재에 대해서 상당한 의문을 갖고 있었다. 내가 정말 정직하게 취재해서 쓰고 있는가? 내가 확인한 사회 현상은 과연 보편성을 가질 수 있는가? 이 기회에 구 기자는 직접 선교사들과 숙식을 같이하면서 선교지에서 일하는 그들의 생활을 직접 체험하고 싶었다. 3대째 내려오는 기독교 집안에서 유아세례를 받고 교회에서는 집사 직분도 받은 그였으나, 아버지 어머니 때문에 교회에 나가는 선데이 크리스천이었다. 이 기회에 그는 진정 신앙인의 삶에 대해서 체험하고 싶었다.

"아버지 어머니, 미안해요. 다 큰 딸이 두 분께 부담을 더해드리게 되었네요. 철이 없지요. 그래도 제 진심이니 그렇게 받아 주세요."

현선은 양팔로 아버지와 어머니 손을 잡고 교육원 계단을 내려오면서 명랑하게 말했다.

"부담은? 너를 위해 기도할 수 있다는 것도 우리에겐 즐거운 일이지. 좋은 일을 위해 기도한다는 것도 주님께서 내려 주신 은혜다. 외할머니가 기뻐하시더라."

강 여사는 딸이 기특했다.

"할머니 잘 보살펴 주세요. 외손녀 사역을 위해 금식하시며 무리하게 기도하시지 마시도록요."

"그래. 알았다."

"현선아, 모든 일을 억지로 하지 마라. 하다가 문제가 생기면 그만둬도 좋다. 세상에 대한 네 사랑과 관심이 네 진실이 되기를 바란다. 그것이 이념이나 가치가 되어 꼭 해야 된다는 생각에 매이면 고통스러워진단다."

성 교수는 딸이 추구하는 것이 경직된 이념으로 굳어지지 않기를 바랐다.

"알았어요. 즐겁게 할게요."

"아버지를 위해서 기도 많이 해줘라. 아버지 학문이 진리를 전하는 데 의미 있게 쓰여질 수 있도록⋯."

"네, 아버지. 저도 이제 어린아이가 아니죠. 참, 경 목사님께 안부 전해 주세요. 그때 제가 너무 당돌하고 무례했나 봐요."

"네가 다 컸구나."

비정한 도시

강 여사는 울먹이며 딸을 꼭 껴안았다.

"어머니, 이번 일 끝내고 제가 시집가면 두 분이 행복하시겠죠?"

현선은 두 분을 즐겁게 해드릴 수 있는 대화가 무엇인가를 생각하다가 불쑥 말했다.

"현선이가 이제 아주 어른이 되었구나."

성 교수가 환하게 웃었다.

부모들은 자식을 항상 어린아이로만 생각하시는구나. 현선은 두 분의 손에서 전해지는 체온이 온몸으로 퍼지는 것을 느끼는 순간 목이 메었다.

10월 25일, 구 기자는 아프리카로 떠나기 전에 현선의 휴대폰으로 전화를 걸었다.

"어쩐 일이야? 선배."

"내가 선교 현장 취재차 한 반 년 나가 있게 되었어."

"선교 현장 취재라고?"

"그래. 공부 좀 하려고."

"지구촌 어느 곳에서 혹 만날지 모르겠구나."

"무슨 말이야?"

"나도 지금 선교 훈련을 받고 있거든. 내년 1월 말에 끝나면 어디로든지 나가게 될 거야."

"선교사가 되는 거야?"

"무슨 선교사야. 그냥 가서 일하는 거지."

"그러면 어디서든 만나게 되겠구나."

"그건 확률로 얼마나 되지?"

"사람의 관념으로는 그렇게 되겠지만 주님께서 만약 우리를 만나게 해주시려고 한다면…."

"아니, 왜 만나게 해주실까? 나는 구 선배를 좋아하지 않는데…."

"좋아하게 될지 혹시 알아?"

"그렇게 변하기를 기도할게."

"약속하는 거다."

둘은 통화를 마쳤다.

현선은 서둘러 식당으로 내려갔다. 오늘은 훈련원생들의 식사 당번이다.

작가의 말

그해 여름, 우리는 이 사회가 얼마나 비정한가를, 보이지 않는 폭력 앞에서 교회가 얼마나 이기적인가를 확인했다. 너무 부아가 치밀었고 한편 생각하면, 부끄러웠던 나날이었기에 다시 생각하고 싶지 않았으나, 소설 쓰기는 그 부아를 참고 부끄러움을 외면하지 않기 위한 일이어서, 그리고 그 폭풍 같은 거친 상황에서도 작은 진실과 순수가 숨 쉬고 있었기에, 여러 해가 지났는데도 이 작품을 세상에 내놓게 되었다.

내전으로 고통당하는 아프가니스탄에서 봉사활동을 하던 단원 23명이 탈레반의 정략적인 납치로 위기에 처해 있을 때에 우리 사회가 보여 준 그 이기심과 비정과 교회의 침묵을 보면서 너무나 실망하고 안타까웠으나, 그것이 인간 세계가 떨쳐 버릴 수 없는 근본적인 속성임을 알았을 때에, 오히려 담담히 그 현실을 받아들일 수 있었다. 이것이 우리의 정직한 모습이었지만, 베드로의 비겁을 가감 없이 기록한 복음서를 생각하며, 소설이 결국 인간의 비겁과 치욕의 기록이었음을 다시 확인하고서 이 작품을 썼다.

그런데 그 사태 이후 8년이 지났는데, 우리 사회는 별로 달라지지 않았다. 사실의 본질보다는 그것을 자기 이념의 잣대로 해석하려는 집단주의가 더욱 공고하게 자리 잡게 되었다. 이러한 세력은 무서운 폭력으로 말없는 다수를 옥박지른다. 허위가 화려한 가치의 탈을 쓰고 광풍이 되어 휩쓸고 지나가는 이즈음에 그해 여름 세상을 아둔하게 만들었던 폭력의 언어들을 다시 생각한다.

이 작품은 봉사단원 중에 제일 연장자인 윤경식 강도사(당시)가 귀국 후에 그 악몽의 시간을 어렵게 되살려 기록으로 남긴 그 진실의 언어에 힘입어 쓰게 되었다. 이 작품으로 독자들은 자신의 순수를 오해받아 마음과 육체의 고통을 당하신 봉사단원들과, 한국 교회의 참 목회자인 배형규 목사의 순교와, 믿지 않는 가정에서 봉사단에 참여한 박상민 형제를 오래오래 기억해 주기를 기대한다. 이들의 순수한 마음과 피 흘림이 언젠가는 탈레반의 분노와 증오를 녹여 줄 것이라 믿는다.

우리는 유현이와 윤 선생의 일기에서 사람들은 개인 개인으로는 모두 순수하고 아무런 증오도 배신도 없이 살아가는데, 그들이 이념의 옷을 입으면 증오를 품고 포악해 졌음을 알게 되었다. 거창한 이념과 가치는 개인의 생각과 삶에 의미를 더해 주지 못하고 오히려 진실을 왜곡함으로 폭력 행사도 불사하는 전사들을 만들어 내고 있음을 환기하고 싶다. 이러한 상황을 값없는 사랑을 무기로 하여 종교가 극복해 주기를 기대하는데, 오늘의 종

350

교는 너무 정치적이고 권력 지향적이다.

작품 출판을 맡아 준 홍성사에 감사한다. 홍성사와는 내 생애 첫 책을 출판하면서 인연을 맺게 되었는데, 30년이 넘어서 이 작품으로 그 인연을 되살리게 되어서 감회가 깊다.

2015년 5월

비정한 도시

The Story of South Korean
Hostage Crisis in Afghanistan

2015. 5. 15. 초판 1쇄 인쇄
2015. 5. 22. 초판 1쇄 발행

지은이 현길언
펴낸이 정애주
국효숙 김기민 김의연 김준표 박세정 박혜민
송승호 염보미 오민택 오형탁 윤진숙 임승철
정한나 조주영 차길환 한미영

펴낸곳 주식회사 홍성사
등록번호 제1-449호 1977.8.1.
주소 (121-885) 서울시 마포구 양화진4길 3
전화 02)333-5161
팩스 02)333-5165
홈페이지 www.hsbooks.com
이메일 hsbooks@hsbooks.com
트위터 twitter.com/hongsungsa
페이스북 facebook.com/hongsungsa
양화진책방 02)333-5163

ISBN 978-89-365-1092-3 (03230)

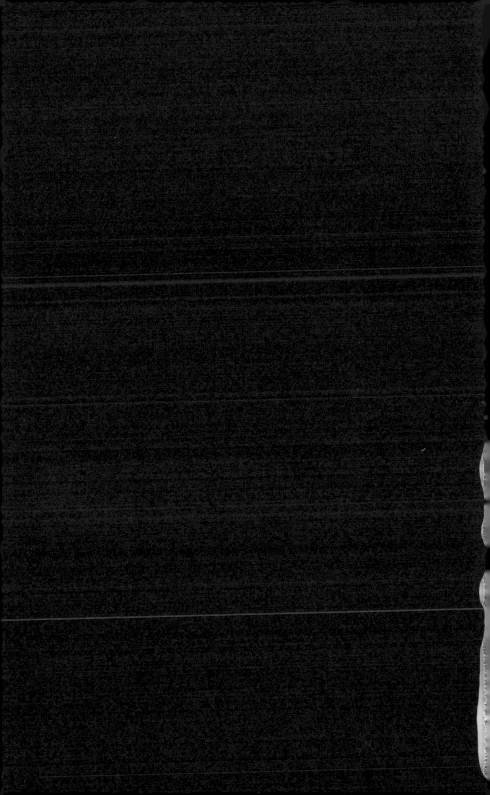